区域增长极的空间极化
与扩散效应研究

朱美光　著

科 学 出 版 社

北 京

内 容 简 介

当前,社会主要矛盾转化为人民日益增长的美好生活需要和不平衡不充分的发展之间的矛盾,促进区域协调发展、解决区域发展不平衡和区域发展不充分问题成为时代共识。本书立足区域增长极极化效应和扩散效应研究,探讨区域增长极功能定位、产业空间集聚与产业转移、区域统筹发展等问题,回应共同富裕的需求,提出针对性的促进区域非均衡协调发展相关政策建议,为纾解区域发展不平衡不充分矛盾提供理论支撑。

本书将区域增长极极化效应和扩散效应作为指导区域经济协调发展的重要指标,通过挖掘多区域技术追赶机制、综合评价区域增长极极化度与扩散度,为长江三角洲区域"一体化发展"提供理论诠释,为珠江三角洲区域"发展落差"和环渤海区域"经济势能"现象及中部地区高质量发展提供理论支持和现实借鉴。

本书可供高校经济学相关专业师生阅读,也可供从事区域经济研究的科研人员及政府行政人员阅读。

图书在版编目(CIP)数据

区域增长极的空间极化与扩散效应研究/朱美光著. —北京: 科学出版社,2024.3

ISBN 978-7-03-078144-4

Ⅰ. ①区… Ⅱ. ①朱… Ⅲ. ①区域经济发展-研究-中国 Ⅳ. ①F127

中国国家版本馆 CIP 数据核字(2024)第 037177 号

责任编辑: 薛飞丽 周春梅 / 责任校对: 马英菊
责任印制: 吕春珉 / 封面设计: 东方人华平面设计部

科学出版社 出版
北京东黄城根北街 16 号
邮政编码: 100717
http://www.sciencep.com

北京中科印刷有限公司 印刷
科学出版社发行 各地新华书店经销

*

2024 年 3 月第 一 版 开本: B5(720×1000)
2024 年 3 月第一次印刷 印张: 10
字数: 201 000

定价: 102.00 元
(如有印装质量问题,我社负责调换〈中科〉)
销售部电话 010-62136230 编辑部电话 010-62138978-2040

前　言

党的十九大报告指出，中国特色社会主义进入新时代，我国社会主要矛盾已经转化为人民日益增长的美好生活需要和不平衡不充分的发展之间的矛盾。当前，人民群众的需求从日益增长的物质文化需要转化为日益增长的美好生活需要，经济社会发展的难题从落后的社会生产向不平衡不充分的发展转变。其中，发展的不平衡主要体现为区域经济领域的非均衡和不协调，发展的不充分则主要体现在区域增长极的极化效应远大于扩散效应，导致欠发达区域的资源、要素仍存在被发达区域增长极"虹吸"的现象。

新时代、新起点、新使命、新征程、新格局，面对当前区域发展上的不平衡和不充分问题，为着力解决区域均衡发展与区域竞争的难题，挖掘区域非均衡协调发展机制，本书依托国家社会科学基金重点项目"众包平台的共生危机纾解与反垄断规制研究"（项目编号：23AGL041）、国家社会科学基金项目"我国区域增长极的极化与扩散效应研究"（项目编号：09CJL042）和国家自然科学基金项目"基于知识溢出的区域空间结构优化与空间互动发展——以河南省产业集聚区为例"（项目编号：U1304709），以及河南省软科学重点研发与推广专项"面向2035年和'十四五'河南省高新技术产业开发区发展战略研究"（项目编号：202400410025）和"河南省高新技术产业开发区高质量发展路径研究"（项目编号：202400410014）的研究成果，通过区域增长极的极化效应和扩散效应研究，探讨我国区域平衡发展、充分发展和高质量发展路径。

改革开放以来，我国区域经济发展历经均衡发展、非均衡发展和非均衡协调发展阶段，目前正处于低水平均衡发展向区域非均衡协调发展转换的重要历史时期。从经济特区到综合配套改革试验区，依托增长极理论，我国区域经济发展逐步形成了经济特区—沿海开放城市—沿海经济开放区—综合配套改革试验区的渐次发展格局，造就了环渤海地区、长江三角洲地区（简称"长三角"）、珠江三角洲地区（简称"珠三角"）等一批带动国民经济高速增长的经济核心区（经济带），以都市圈、城市群为核心的区域增长极网络构架初步成型。由于区域发展大都经过要素集聚、企业集聚、产业集聚、创新集聚、知识集聚等过程，整体来看，我国区域经济发展仍存在区域差距拉大、空间开发无序、同质化竞争激烈等问题。

创变时代，鉴于交通基础设施、现代信息技术等区域一体化条件逐步成熟，随着大数据、云计算、物联网、移动互联网等新一代信息技术行业应用不断拓展和广泛渗透，区域协同、区域合作与区域共生发展的意愿渐趋强烈。鉴于此，我国众多城市群或都市圈纷纷提出打造"n小时经济圈"、区域协作发展带或城区融合和产城融合发展思路。由此,依托增长极理论,探讨区域增长极的极化效应和扩散效应对周边区域经济发展的影响效果,探索"大众创业、万众创新"升级版背景下的区域非均衡协调发展机制,日益成为解决我国现阶段区域均衡发展与区域竞争与合作问题的焦点和关键。

本书通过综合评价区域极化度和扩散度,并对我国区域增长极的极化-扩散效应进行实证检验,提出促进我国区域非均衡协调发展的针对性政策建议。一是我国区域经济将长期处于非均衡协调发展阶段。无论是长三角、珠三角、环渤海"国家级增长极",还是以武汉城市圈、长株潭城市群、皖江城市带和中原城市群为代表的"区域增长极",均处于扩散效应日益加强的发展阶段;二是我国区域增长极极化度与扩散度综合测度,不仅明显体现出长三角区域扩散和溢出效应,还为解读珠三角区域的"发展落差"和环渤海区域的"经济势能"等区域经济发展现象提供支撑;三是结合中心-外围模型和知识溢出模型建构与实证检验,诠释要素空间集聚对区域经济发展、空间结构优化的基础作用,导出着力提高产业关联性、发展产业基础设施、促进区域间知识溢出效应、最大限度地发挥知识能力和知识溢出效应双高区域增长极的扩散效应等创新驱动高质量发展对策建议。

综上,本书研究的主要创新点集中在如下几方面:一是提出我国区域经济将长期处于非均衡协调发展阶段,区域增长极的极化效应和扩散效应将成为指导区域经济转型升级、产业结构优化以及创新驱动高质量发展的重要"风向标";二是区域增长极极化度与扩散度综合测度,为长三角区域一体化过程中的技术扩散(知识)溢出效应提供理论解释,并为解读珠三角区域的"发展落差"和环渤海区域的"经济势能"等区域经济协同发展提供借鉴;三是带动区域经济发展中的要素空间集聚和空间结构优化及创新型经济转型升级,提高产业关联性、促进区域间知识溢出效应,发挥区域知识能力和知识溢出效应双高区域增长极的扩散效应是区域非均衡协调发展和创新驱动区域高质量发展的关键。

目　　录

第一章 绪 论

改革开放以来，我国区域经济发展经历了均衡发展、非均衡发展和非均衡协调发展阶段，目前正处于低水平均衡发展向区域非均衡协调发展转换的重要历史时期。从经济特区①到综合配套改革试验区②，依托增长极理论，我国区域经济发展逐步形成了经济特区—沿海开放城市—沿海经济开放区—综合配套改革试验区的渐次发展格局，造就了环渤海地区（以下简称"环渤海"）、长江三角洲地区（以下简称"长三角"）、珠江三角洲地区（以下简称"珠三角"）等一批带动国民经济高速增长的经济核心区（经济带），以都市圈、城市群为核心的区域增长极网络构架初步成型。

受经济发展路径依赖③影响，随着我国区域非均衡发展持续推进，部分区域增长极有成为"经济飞地"和"发展孤岛"的趋势，局部边缘区域发展还面临着"双重极化"困境，落后地区和欠发达地区等"问题区域"经济社会发展困难重重。而且，由于区域经济发展大都经过要素集聚、企业集聚、产业集聚、创新集聚和知识集聚等发展过程，我国区域经济发展仍存在区域差距拉大、空间开发无序、同质化竞争激烈等问题。为缩小区域发展差距、保障民生持续改善与社会和谐发展、实现全面建成小康社会和实现全体人民共同富裕的战略发展目标，统筹区域经济协调发展战略逐步确立，我国区域经济将步入非均衡协调发展和创新驱动高质量发展的新时期。

---

① 经济特区是我国采取特殊政策和灵活措施吸引外部资金，特别是外国资金进行开发建设的特殊经济区域。经济特区是我国改革开放和现代化建设的窗口、排头兵和试验场。1980年，我国设立深圳、珠海、汕头、厦门为首批经济特区；1984年，相继在大连、秦皇岛、天津、烟台、青岛、连云港、南通、上海、宁波、温州、福州、广州、湛江、北海等14个沿海开放城市设立经济开发区；1985年起，又相继在长三角、珠三角、闽东南地区和环渤海地区开辟经济开放区；1988年，批准海南建省并成为唯一省级经济特区；2010年，批准霍尔果斯、喀什设立经济特区。

② 综合配套改革试验区被称为"新特区"，是以制度创新为主要动力，以全方位改革试点为主要特征的试验区，除具"经济开发区"、"经济特区"、农村综合改革试验区内涵外，还涉及社会经济生活的综合改革。目前，我国先后设立了上海浦东新区、天津滨海新区、深圳市、厦门市、义乌市、武汉城市圈、长株潭城市群、重庆市、成都市、沈阳市、黑龙江省的两大平原地区和山西省等12家国家级综合配套改革试验区。

③ 区域经济发展与其原有经济基础、制度环境、社会结构和技术特点具有密切相关性，一旦选择了某个体制，由于规模经济、学习效应、协调效应及适应性预期等因素，该体制就会沿着既定方向不断自我强化。

第一节　经济区发展实践呼唤增长极理论创新

受经济全球化和产业专业化分工的影响，我国经济发展大力实施出口加工型外向经济，积极融入"欧美消费-中国制造"全球经济增长模式，我国以出口导向为主的经济发展模式为经济快速发展提供了有力支撑，但同时也带来了极高的经济、社会和生态成本，随着"人口红利"①导致的低成本比较优势的消失、消费转型升级，外需依赖型经济增长模式不可持续，需要寻求转变。国内资源环境约束不断强化，发展不平衡、不协调、不可持续问题日益突出，因此，必须从高投入、高消耗、高增长的"库兹涅茨"传统增长模式转向以"经济结构转型、科学技术创新和企业管理制度创新"为特征的"熊彼特"创新增长模式。

鉴于交通基础设施、现代信息技术等区域一体化条件逐步成熟，区域合作发展的意愿渐趋强烈，我国众多区域纷纷提出打造"n小时经济圈"或区域协作带。由此，依托增长极理论，探讨区域增长极极化效应（polarization effect）②和扩散效应对周边区域经济发展的影响，挖掘城市发展、产业转移和技术扩散的内部机理，探索区域非均衡协调发展机制成为解决我国现阶段区域均衡发展与区域竞争问题的关键。我国幅员辽阔，各地域有不同的经济结构和特点，特别是我国的东部和西部地区由于历史和地理原因，技术进步的方式和步伐有很大不同，因此，处理好区域发展过程中的先发后发、公平效率、经济转型、资源约束等问题，在国家主体功能区规划③基础上，促进新型工业化、新型城镇化与农业现代化协调发展，实现我国区域经济非均衡协调发展转向和谐共生发展目标，成为我国当前经济社会发展的焦点和难点。

一、国内外经济区发展实践与增长极理论演化

经济区是指在市场经济主导和政府政策引导共同作用下形成的域级经济集聚体，是以区域经济专业化为基础、以中心城市为核心、以经济网络为纽带、以经济腹地为依托的，具有一定结构的空间经济组织形式。经济区还可指当市场经济发展到一定阶段后，由于地理环境、自然资源、产业结构、经济布局等方面内在联系，自然形成的域级经济综合体。经济区区别于行政区划，主要是因不同地区

---

① 人口红利是指一个国家和地区的劳动年龄人口占总人口比重较大，抚养率比较低，为经济发展创造了有利的人口条件，整个国家的经济呈高储蓄、高投资和高增长的局面。

② 极化效应是指根据规模经济和集聚经济，通过推动性产业吸引和拉动周边生产性和非生产性经济活动发展的效应。极化效应不仅使增长集聚人、财、物、技术、信息等资源，而且使生产率较高的产业进一步向高梯度地区集中。

③ 根据区域资源环境承载能力、现有开发密度和发展潜力，统筹谋划未来人口分布、经济布局、国土利用和城镇化格局，将国土空间划分为优化开发、重点开发、限制开发和禁止开发四类，确定主体功能定位，明确开发方向，逐步形成人口、经济、资源环境相协调的空间开发格局。

自然条件、资源禀赋、人文环境、发展基础差异，在区域增长极极化效应推动下形成的空间经济集聚体。随着全球一体化和国际专业化分工步伐的深入，20世纪90年代以来，区域增长极学术研究日益成为国内外关注的焦点。

国际方面，欧洲经济区和美洲经济区逐渐成为当今世界最大的自由贸易区①，并成为左右世界经济发展格局的主要驱动力。受世界金融危机②和欧债危机③的影响，最近20多年来，亚太地区逐渐成为世界经济迅速发展、持续增长的主要动力。按照亚太经济合作组织的经济合作时间表，包括东亚、拉美太平洋国家甚至南亚诸国和俄罗斯在内的环太平洋经济区逐步成为世界上最大的自由贸易区，欧洲经济区、美洲经济区和环太经济区将成为世界级经济增长极。

我国经济区发展与改革开放进程紧密关联。20世纪80年代以来，随着"沿海地区优先发展，部分地区先富起来，先富带动后富"的深入推进，我国区域非均衡发展道路，促使各种经济要素不断向东南沿海地区集聚，导致劳动生产率较高的第二产业空间布局进一步集中，我国区域经济格局发生了巨大变化④，形成了我国长三角、珠三角和环渤海⑤地区核心增长极。虽然上述国家级增长极对我国区域经济发展的作用日益凸显，但受区域增长极的极化效应、支配效应、乘数效应等因素影响，以产业水平发展为特征的区域极核发展模式依然没有完全改观，区域经济活动中的经济要素（尤其是资本）、创新要素（技术和人力）等在国家级增长极集聚态势持续化、常态化显著，出现了"中部塌陷"⑥、"知识盆地"⑦、"二元经济"⑧等现象，边缘地区和欠发达地区的"技术追赶"⑨难度持续加大，甚至出现欠发达地区"双重极化"现象，我国区际、省际和域际经济差距持续拉大，

---

① 自由贸易区是指两个或两个以上的国家通过达成某种协定或条约取消相互之间的关税和与关税具有同等效力的其他措施，在主权国家或地区的关境以外划出特定的区域，准许外国商品豁免关税自由进出，实质上是采取自由港政策的关税隔离区。狭义的自由贸易区仅指提供区内加工出口所需原料等货物的进口豁免关税的地区，类似出口加工区，广义的自由贸易区还包括自由港和转口贸易区。

② 2007—2009年，美国次贷危机因次级抵押贷款机构破产、投资基金被迫关闭、股市剧烈震荡引起金融风暴。

③ 欧洲主权的债务危机，在美国次贷危机发生后，希腊等欧盟国家所发生的债务危机。

④ 1986年，"七五"计划首先把我国经济区域划分为东部沿海地带、中部地带和西部地带三大地带。

⑤ 这三个地区在经济特区、综合改革配套试验区和国家新区建设等政策引导下，逐步成为我国区域经济发展的国家级增长极。

⑥ "中部塌陷"是指中部地区"论发展水平，比不上东部；论发展速度，比不上西部"的现象。中部塌陷现象的表现为中部地区的经济总量和总体发展水平、发展势头、发展速度大大低于东部沿海发达地区，还明显低于全国平均水平。

⑦ "知识盆地"是指某一区域的知识溢出效应远低于其周边区域的知识溢出效应，使该区域的知识（技术）创新要素向周边区域转移和外露，致使该区域知识匮乏。

⑧ "二元经济"是指发展中国家经济由传统部门和现代部门组成，资本从传统农业部门转移到现代工业部门，劳动力由传统农业部门向现代工业部门转移，随着现代产业部门的"资本深化"，"二元经济"的刚性导致城乡差距持续拉大。

⑨ 经济增长主要来源于技术进步，国内技术曾一度依赖国外技术模仿和复制，致使外资技术溢出成为技术追赶的主因，受对外开放时序性和路径依赖影响，东部沿海地区与中部地区和西部地区相比，技术追赶难度加大。

这与"先富带动后富"的美好愿望和社会主义共同富裕的宗旨背道而驰，甚至会影响经济发展持续性与和谐社会建设战略目标。鉴于此，我国提出大力推进经济区网络建设目标，通过国家级综合配套试验区、国家区域战略布局等手段，逐步构建上海经济区、东北经济区、山西能源经济区、京津唐经济区、中部经济区、西南经济区等区域级经济增长极①。在上述时代背景下，除长三角、珠三角、环渤海国家级增长极以外，闽东南、成渝、武汉、长株潭、中原等经济区区域发展迅速，逐渐成为区域发展的主要驱动力。

当前，基础设施条件日益完善，城市更新进入换挡提质阶段，受世界金融危机和欧债危机、外需持续低迷（外向型经济发展乏力）影响，坚持熊彼特创新主导原则，在创新经济转型、产业结构升级、公平效率兼顾要求下，区域增长极如何实现"先导产业—产业综合体—区域增长极—经济协同—高质量发展"的良性互动和"包容性增长"②成为我国区域经济高质量发展的重点。由此，区域增长极的推动型产业选择、增长极的极化与扩散门槛效应、增长极辐射范围等问题成为增长极理论探讨与应用研究的焦点。

国外对增长极的相关研究起步较早。自从20世纪50年代法国经济学家佩鲁（Perroux）提出增长极概念③后，布德维尔（Boudaille）把增长极概念的内涵转向地理空间，得出区域增长极战略思想。瑞典经济学家缪尔达尔（Myrdal）认为增长极具有"累积性因果循环"④效应，"诱导增长极"⑤对区域均衡发展具有重要指导意义和现实价值。赫希曼认为核心区与边缘区之间同时存在极化效应和涓流效应（trickling-down effect）⑥，而且极化效应往往大于涓流效应，促使区域差距逐步扩大。美国经济学家约翰·弗里德曼（John Friedmann）强调中心城市对外围区域的统治和压抑，认为在经济发展过程中，中心城市（区域）对外围区域（边缘区域）发展具有主导作用，且中心城市与外围区域的分异趋势明显。以保罗·克鲁格曼（Paul Krugman）为代表的"空间经济学派"综合考虑区位问题、规模经济、竞争与均衡等因素，采用经济模型模拟产业集聚的向心力和离心力，探讨产

① 党的十六大以来，我国实施西部大开发、振兴东北老工业基地、促进中部地区崛起、鼓励东部地区率先发展的战略，区域发展"四轮驱动"模式逐渐形成，我国区域经济格局逐渐由省份经济向区域经济过渡。

② 2007年，亚洲开发银行首次提出包容性增长。包容性增长寻求社会和经济协调、可持续发展。与单纯追求经济增长相对立，包容性增长倡导机会平等的增长，最基本的含义是公平、合理地分享经济增长。

③ 增长并非同时出现在所有地方，增长明显呈现点状和极状分布，具有不同的密集度，通过不同渠道辐射。

④ 累积性因果循环是指在动态社会发展过程中，社会经济各因素间存在循环累积因果关系。当某一社会经济因素变化时，会引起另一社会经济因素的相应变化，而且，反过来又加强了前一个因素的变化，从而导致社会经济过程沿着最初因素的变化方向发展，形成累积性的循环发展趋势。

⑤ 循环积累因果作用，使经济空间上呈现出经济发达地区和经济不发达地区同时存在的地理二元经济结构，政府采取积极的干预政策，通过构建区域诱导增长极，刺激周边落后地区发展，填补累积性因果循环造成的经济差距。

⑥ 社会经济是异质综合体，经济发展由产业部门、推动型（先导）产业和经济区组成，优先发展起来的群体或地区通过消费、就业等方面惠及贫困阶层或地区，带动其发展和富裕，或认为政府财政津贴可经过大企业再陆续流入小企业和消费者之手，从而更好地促进经济发展。

业集群和集聚经济的成因。阿罗（Arrow）和保罗·罗默（Paul Romer）的产业内溢出与雅各布（Jacobs）的多元化产业间溢出理论成为解释产业空间集聚和区域（城市）发展动力的重要理论①。

我国区域非均衡发展道路是依托增长极等非均衡理论发展起来的。我国区域经济经历了经济特区—沿海开放城市—综合配套试验区—内地—沿边②的发展历程，我国的对外开放城市也已经实现全国所有省区市的全覆盖，增长极空间发展也呈现出国家级增长极、区域增长极等层级增长极网络空间布局的新格局。由此，增长极理论作为重要的区域非均衡发展理论，其理论创新和发展研究，对我国区域经济发展具有重要的理论指导价值和现实借鉴意义。

20 世纪 90 年代以来，国内学者开始逐步关注增长极理论的应用与发展。李小建和苗长虹（1993）认为增长极是推进型产业集聚地，推进型产业通过关联作用③在经济空间中扩散，推进型产业关联带动作用表现出产业转移，将在很大程度上促进移入区域经济发展；李仁贵（1990）、王辑慈（1992）等警示我国区域非均衡发展战略必须谨慎审视区域差距④拉大问题，以免引发区域经济发展速度、发展质量和公平效率等经济社会问题；安虎森（1997）提出研究我国区域非均衡发展规律与区域（城乡）二元结构⑤形成、演化机制的必要性。随着我国区域非均衡发展道路的深化，一方面，合理竞争成为区域经济的发展动力⑥；另一方面，区域发展同质化问题严重，区域竞争问题日益显现⑦。陈耀（1991）通过分析我国区域竞

① 主要产业部门发展以垂直关联和纵向联系为主，注重产业协同效应和示范模仿效应的发挥，通过产业集聚和知识溢出模型，分析区域主导产业选择、产业空间集聚与城市空间发展等问题。

② 自20世纪90年代，对外开放步伐逐步由沿海向沿江及内陆和沿边延伸，开放沿江（芜湖、九江、岳阳、武汉和重庆）、内陆（合肥、南昌、长沙、成都、郑州、太原、西安、兰州、银川、西宁、乌鲁木齐、贵阳、昆明、南宁、哈尔滨、长春、呼和浩特等17个内陆省会开放城市）和内陆沿边城市（从东北、西北到西南，有黑河、绥芬河、珲春、满洲里、二连浩特、伊宁、博乐、塔城、普兰、樟木、瑞丽、畹町、河口、凭祥、东兴）等。

③ 关联作用是指一个产业的生产、产值、技术等方面的变化，会引起它的前向关联关系和后向关联关系对其他产业部门产生直接和间接影响。产业关联作用可分为前向关联作用、后向关联作用和旁侧关联作用。其中，前向关联作用是指移入产业的活动能通过削减下游产业的投入成本而促进下游产业发展，从而为新的工业活动兴起创造基础，为更大范围的经济活动提供可能；后向关联作用是指移入产业发展会对各种要素产生新的投入要求，从而刺激相关投入品产业的发展；旁侧关联作用即移入产业发展会引起它周围的一系列变化，如促进技术性和纪律性的劳动力队伍建立，促进处理法律问题和市场关系的专业服务人员培训，以及促进建筑业、服务业发展等。

④ 区域差距是指我国东部与中西部地区特别是东部与西部地区之间的差距，具体表现为城乡差距、地区差距、收入差距、行业差距等，需要政府通过政策扶持、转移支付等手段来解决。

⑤ 二元结构是指以社会化生产为主要特点的城市经济和以小生产为主要特点的农村经济并存的经济结构，主要表现为：城市经济以现代化的大工业生产为主，而农村经济以典型的小农经济为主；城市道路、通信、卫生和教育等基础设施发达，农村基础设施落后；城市人均消费水平远远高于农村；农村人口众多、消费低下等。

⑥ 张五常认为中国经济发展的独特之处在于激烈的区域（县域）竞争，并指出由上而下的权力下放、缺乏私产、通过承包制下放资产权利界定和承包分账（税）是导致区域竞争的主要原因。

⑦ 以GDP（gross domestic product，国内生产总值）为纲的考评指标，将区域主观推向过度粗放发展道路，钢铁工业、房地产、铁路、公路等基础设施建设大批上马，经济发展过快过热，同质化竞争、拼土地价格、拼优惠政策的招商引资层出不穷。由此，错位发展、避免同质化竞争成为区域经济发展的关键。

争基本态势，提出构建新型区域竞争模式、规范区域竞争①、保持区域协调可持续发展等政策建议。倪鹏飞（2001）等认为城市群竞争②将成为区域竞争的主要形式。我国区域发展还将长期处于非均衡协调发展阶段。蔡德林（2006）认为我国区域非均衡发展产生了制度变迁路径依赖③。牛文元（2002）认为充分发挥中心城市带动、辐射功能，增强和扩大区域增长极的极化效应，是提高我国社会经济发展效率，实现区域经济社会协调发展和可持续发展的必由之路。王焕祥（2006）通过对新古典区域和佩鲁区域（经济区）进行比较，得出长三角区域创新过程是区域增长极极化效应和产业劳动分工的"均衡极化和协调外溢过程"④，这主要受行政壁垒交叉重复下的区域创新资源争夺、产业分工下的创新协同形成的创新极间的外部经济的综合性影响。周密和盛玉雪（2012）验证了珠三角、环渤海都市圈还处于极化阶段，长三角区域的扩散现象初步显现。科学技术和科技创新具有知识特征，一定程度上具有非排他性⑤。

前人的研究成果对促进我国区域经济转型发展具有重要参考价值。但就目前相关研究成果来看，区域增长极与周边区域作用机理和区域协调发展机制方面的研究亟待深入，具体表现如下：一是相关研究分散于"区域差异""经济趋同（convergence）"⑥等论述中，对区域增长极极化效应和扩散效应测度以及区域增长极与周边区域作用机理方面的研究相对缺乏；二是相关研究要么论述西方相关经济理论，要么对我国区域极化和扩散现象进行定性描述或调查分析，针对我国现阶段政府配置资源与市场调节并存体制下，区域增长极极化与诱导增长极扩散等区域协调发展机制的研究有待进一步深入。

综上分析，区域非均衡发展也逐渐以非均衡协调发展为导向，区域经济发展

---

① 区域竞争是与区域发展相伴而生的，有效的竞争激发发展的活力，不当的竞争则会降低发展的效率。

② 城市群竞争是区域竞争力的核心，先后有学者对我国长三角、珠三角和环渤海三大城市群，长三角城市群、珠三角城市群、京津冀城市群、山东半岛城市群、辽中南城市群、海峡西岸城市群、中原城市群、徐州城市群、武汉城市群、成渝城市群、长株潭城市群、哈尔滨城市群、关中城市群、长春城市群、合肥城市群等15个城市群和长三角城市群、珠三角城市群、京津冀城市群、浙东城市群、南宁城市群、黔中城市群等30个城市群进行竞争力分析，得出我国城市群竞争存在内部竞争无序、资源环境紧张、产业低效同构、市场分割严重等问题。

③ 路径依赖是指一种制度矩阵的相互依赖的构造会产生巨大的报酬递增，而递增的报酬又会使特定的制度轨迹保持下去，从而决定经济长期运行的轨道。诺思的制度变迁路径依赖理论为理解长期经济增长或停滞提供了非常有用的分析框架。

④ 长三角区域创新体系中的创新极之间不是"中心（核心）-外围（边缘）"式的"吸收-扩散"非均衡极化关系，而是均衡极化关系。

⑤ 公共产品具有的非排他性特征，也称为消费上的非排斥性，是指一个人在消费这类产品时，无法排除他人也同时消费这类产品，而且即使此人不愿意消费这一产品，也没有办法排斥。

⑥ 经济趋同是经济增长理论的重要假设。新古典增长理论认为，在资本报酬递减、技术进步一致性的条件下，不发达地区的经济增长比发达地区快。新古典增长理论的进一步研究发现，实际上广泛存在着一种所谓的"条件趋同"，但经济趋同之所以是有条件的，是因为各国的稳态增长水平不同，稳态水平依赖于储蓄率、人口增长率、生产函数的性质以及政府政策和人力资本初始存量上的差异，正是这些差异导致各国经济增长巨大的差异。当这些差异被排除时，各国经济将趋于收敛到相同的稳态，这就是条件趋同，也称作"条件收敛"。

格局逐渐由"点状"增长极向沿海经济带"带状式发展"和东部带动西部发展的"轴线式发展"转变，并进而转向寻求全面发展、共同富裕为手段的均衡统筹协调发展道路。我国区域经济发展也逐渐由国家级增长极极化为主导转向区域增长极的均衡极化和协调扩散发展阶段。由此，区域增长极的极化与扩散效应相关研究成为探索区域经济稳定、健康、持续发展的关键。

二、增长极理论创新对经济区发展的理论及现实意义

区域增长极理论作为区域规划与开发的主流理论，被世界上多个国家和地区作为区域发展与区域规划的理论依据。

增长极作为重要的区域非均衡发展理论，其区域经济发展过程中的三个层面（先导产业增长、产业综合体增长、增长极增长与国民经济增长）、两大效应（极化效应和扩散效应）等学术观点逐渐被人所熟知。但相当多的国家和地区通过增长极社会实践，其经济腹地并未因增长极理论所指导的区域发展政策而快速增长，甚至区域增长极极化效应所导致的区域差距持续拉大、推动型产业就业吸纳能力较弱、增长极的扩散效应前的极化阶段过于漫长、来自外生政策导向（自上而下的区域发展政策）的依靠外来资本和土地等自然资源禀赋的经济发展模式有可能造成区域经济发展挤出效应（crowding out effect）[①]。为此，探索内生式区域经济增长（endogenous regional development）、逐步实现以知识和技术为本的区域发展越来越受到国家和地区的关注。

（一）社会主义市场经济要求区域增长极理论持续创新

改革开放以来，我国经济发展逐渐由计划经济转向社会主义市场经济[②]。社会主义市场经济具有市场经济特征，它属于商品化的商品经济，是市场在资源配置中起基础性作用的经济。另外，社会主义市场经济具有平等性、法制性、竞争性和开放性等特征，是实现优化资源配置的有效形式，可发挥社会主义制度优越性[③]。社会主义市场经济所有制结构以公有制为主体、多种经济所有制共同发展；分配制度上，坚持按劳分配和按生产要素分配结合原则，坚持效率优先，兼顾公平；宏观调控上，兼顾计划与市场调控手段，坚持市场调节与宏观调控相结合。

我国社会主义市场经济实践是从冲破思想束缚到正确认识再到改革实践的过程，可分为三个阶段。第一阶段突破了完全排斥市场调节的大一统的计划经济概

---

① 挤出效应是指政府支出过大会引起私人消费或投资降低。未充分就业时，财政扩张政策作用大，但会引起通货膨胀。

② 社会主义市场经济是同社会主义基本社会制度结合在一起的，市场在国家宏观调控下对资源配置起基础性作用的经济发展形式。

③ 发展生产力是社会主义经济体制改革的核心。发展生产力，就要彻底抛弃使生产力发展成为桎梏和束缚的体制，大胆改革。解放和发展生产力是社会主义市场经济的根本出发点。

念，形成了"计划经济为主，市场经济为辅"的经济体制改革主要思想；第二阶段确认了"社会主义经济是公有制基础上有计划商品经济"的论断，突破长期以来把计划经济同商品经济对立起来的传统观念，重新解释了计划经济的内涵；第三阶段从根本上破除把计划经济和市场经济看作社会基本制度范畴的思想束缚，确认建立"社会主义市场经济体制"改革目标。

我国社会主义市场经济实践坚持"对内搞活、对外开放"的进程①。社会主义市场经济作为独创性经济发展理论，起初没有实践经验和借鉴样本，只能摸着石头过河"②，进行经济特区"窗口式"尝试。经过几十年的发展，我国区域经济已经从改革开放之初的经济特区"点状"增长极发展成为"国家级增长极南北对接、区域增长极东中西合理布局、域际增长极网络逐步完善"的区域发展新格局。此时，如果还抱着"摸论"不放，采用"试错法"方式发展区域经济，就有可能陷入全球化陷阱③。创新型国家转型建设战略目标和建设富强、民主、和谐发展的社会主义道路就将陷入歧途。

综上分析，当前我国经济发展应在顶层设计④指导下，采用自上而下的改革的同时，兼顾自下而上发展动力的影响，逐步实现利益相关群体的互动，合理选择推动型产业，努力发挥区域增长极的扩散效应，坚持区域非均衡统筹协调发展，努力避免区域差距进一步拉大，实现社会主义市场经济改革与我国区域经济发展现实相结合。在我国经济改革步入深水区⑤之际，是放任区域增长极极化效应持续推进，还是通过政策调控放大区域增长极的扩散效应，成为改革十字路口必须面对的问题。但仅仅依靠政府主导的"诱导增长极"作用，难以实现"先富带动后富"的改革初衷。因此，区域增长极理论研究要与我国社会主义市场经济实践相结合，只有坚持持续创新，才能为我国区域经济协调发展提供必要的理论支撑。

（二）经济发展的阶段性亟待区域增长极理论无缝对接

改革开放四十多年来，我国经济领域创造了令人难以置信的奇迹。但在经济

---

① "对内搞活、对外开放"的思想精髓是：社会主义现代化建设要利用两种资源——国内资源和国外资源；打开两个市场——国内市场和国际市场；学会两种本领——组织国内经济建设和发展对外经济。

② "摸着石头过河"是社会主义市场经济实践过程中勇敢实践、不断总结经验的形象说法，是改革开放初期三条经验——"猫论"、"摸论"和"不争论"中的一条。"摸着石头过河"，对大胆解放思想、积极稳妥地推进改革起了巨大的指导作用。

③ 在经济全球化、资本全球化、金融全球化、政治全球化、文化全球化甚至生活方式全球化的过程中，欠发达地区只能被动接受国际产业链低端的宿命，沦为世界经济发展的附庸，社会矛盾呈现激化趋势。

④ 顶层设计首见于"十二五"规划，据国内专家解读，它是系统工程的专有名词。改革开放初期，改革措施受惠面较大，社会动力与政府牵引力带动改革加速推进。随着改革不断深化，利益分化进程加快，在利益面前形成共识的困难越来越大。"顶层设计"与"底层诉求"的紧密结合难度加大。

⑤ 改革初期，是人人皆受益的"帕累托改进"，改革阻力较小。改革进入深水区，已很难出现"无损被改革者利益"。进一步推进改革，必须调整现有利益格局，调整一体化体系垄断逻辑与市场竞争间的紧张性和排斥性。

快速发展的同时，区域经济失衡、区域差距拉大、区域空间结构不合理等问题日益成为我国经济社会发展中的难题。

珠三角经济发展在经济特区的发展带动下，经济总量快速提升，但除珠三角外，广东省的其他区域并没有因为港澳地区和先行发展的珠三角区域的经济落差形成辐射效应。外向型经济依存度较高的经济结构受到世界金融危机的冲击，呈现出发展的疲软态势。广东省推出的"双转移"①等政策对东西两翼、粤北山区经济发展并未形成预期效果。受区域增长极的极化效应和区域产业调整政策影响，原有劳动密集型产业在中西部省份优惠的产业转移政策引导下，迁往广东省之外的内地；区域增长极的核心区域出现产业空洞化②现象。作为经济发展的先行区，广东省珠三角、东翼、西翼和北部山区的区域差异巨大。2021 年，珠三角九个城市 GDP 总量突破 10 万亿元，约占全国的 10%，占全省 GDP 的 80%以上，资源配置的不均衡性成为推进区域协调发展的巨大障碍。由此可见，我国区域差距导致区域所处的经济发展阶段分异明显，采用区域增长极中心-外围发展模式难以涵盖各区域的发展实际。

弗里德曼（Friedmann，1966）提出核心-边缘理论，认为随着区域经济的增长，区域空间结构会相应变化。区域发展分成工业化前期、工业化初期、工业化成熟期、工业化后期和后工业化期等阶段。结合农业社会发展阶段，我国的经济发展可划分成农业社会期、工业化初期、工业化中期、工业化后期和后工业化期等五个阶段（表 1-1）。

表 1-1　我国经济发展阶段与产业结构变迁

时期	资源结构	空间结构和产业结构	主要驱动和约束
农业社会期	以土地和原材料为主，人力资源注重体能	农业集镇，农业占绝对优势，产业结构受自然资源约束	自然资源、气候等外部因素
工业化初期	资金、设备作用凸显，人力资源仍注重体能	依托工矿区小城镇，轻工业（纺织、食品）快速发展，商业活跃	资源（矿产品、农副产品）作用大，劳动力重数量，环境要求低
工业化中期	资源、能源重工业化，智力资源作用显现	依托城市形成区域经济中心、资源型产业结构，资金、技术含量增加；农业集约化；生产性服务业发展	资源（矿产品、农副产品）作用减弱，劳动力在注重数量的基础上，质量提高，科技作用增强，环境要求不高
工业化后期	物质资源作用减弱，智力资源作用增强	城市间联系加强，形成城市群和都市圈，技术和智力密集型、资金密集型产业和生产性服务业主导	自然资源要素弱化，科学知识和先进制造技术主导，劳动力以高级技工为主，环境约束增强，关注可持续发展

① 双转移是指珠三角劳动密集型产业向东西两翼、粤北山区转移；东西两翼、粤北山区的劳动力，一方面向当地二、三产业转移，另一方面其中的一些较高素质劳动力向发达的珠三角转移。

② 伴随对外直接投资和产业转移的持续进展，越来越多的企业将主要生产和经营基地从本地转移到外地，仅在本地留下一个"空壳"，以致本地投资不断萎缩，就业机会大幅减少，失业问题日益严重。

续表

时期	资源结构	空间结构和产业结构	主要驱动和约束
后工业化期	非物质性资源占主导，科技资源作用增强	形成多种结构的城市群，信息、金融、物流为主的服务业和高精尖制造业主导	知识经济主导，劳动力以知识分子为主，环境要求高，注重节约资源、人与自然和谐发展

农业社会期和工业化初期，农业占绝对优势，经济活动对自然资源的依赖性强，劳动生产率较低，以资源密集型和劳动密集型产业为主，经济增长驱动主要依靠物质资源，人力资源方面注重数量和体能因素，产业结构受自然资源约束较大；工业化中期，在经济发展过程中，铁路、港口、通信等基础设施迅速发展，大规模生产和投资成为驱动区域经济发展的主要动力，配套产业、前后关联产业向区域内聚集，与区域外的联系增强，资本和人力资源推动经济活动聚集作用进一步增强，但此时人力资源仍然注重劳动力数量；工业化后期，交通条件明显改善，通信技术发展，产业横向分工加强，金融、保险、咨询、技术服务等现代服务业快速发展，与区域外的经济联系更加密切，经济发展对人力资本的依赖进一步加强，科学技术和先进制造技术逐渐成为经济发展的主导力量，经济活动聚集的扩散效应逐步彰显；后工业化期，信息技术和信息网络迅猛发展，经济全球化、专业化分工日益深入，城市间经济联系的网络化趋势更加明显，经济发展以知识经济为主导，劳动力以知识分子为主，经济发展开始主动关注资源环境约束。因此，区域经济发展的不同阶段要求对区域增长极理论进行针对性的细化，而且，增长极在发展的初级阶段，极化效应是主要的，当增长极发展到一定阶段后，极化效应减弱，扩散效应加强。要解决我国核心区域与边缘区域的经济发展问题，需要对区域经济发展阶段进行深入分析。

（三）推动型产业选择与科学定位和产业关联发展要求

美国、德国、英国等国作为先行工业化国家，占据了工业革命的先发优势，又成功推动了产业升级，是当今世界公认的工业强国。日本、韩国、中国台湾等国家和地区更为重视技术引进后的消化吸收再创新、政府指导性计划干预等在产业升级中的作用，并充分利用全球化浪潮带来的市场机遇推进产业升级。

改革开放之初的开发逻辑是通过经济特区发展加工贸易实现的，当时经济社会发展基础薄弱，创新创业资源十分有限，只能通过"三来一补"①被动接受国际产业分工中产业链条的加工、组装等价值链低端环节。随着改革开放深入发展，经历了"贸工技"、"工贸技"和"技工贸"等发展阶段后，我国逐渐从全球化消

---

① "三来一补"是指来料加工、来样加工、来件装配和补偿贸易，是我国改革开放初期尝试性创立的一种贸易形式，即外商提供原材料、设计样品和组装配件，委托我方工厂加工成为成品，产品归外商所有，我方按合同收取加工费。

费市场向加工制造和技术开发市场主体转变，从"中国制造"向"中国智造"①和"中国创造"②转变。"十三五"时期是我国创新型经济转型和经济转型升级攻坚时期，加快动能转换和转型升级成为新时期我国工业发展的核心任务。目前，我国将战略性新兴产业③发展和"互联网+"以及工业互联网等工作作为推进产业结构升级、经济发展方式转变和创新型经济转型发展的关键环节，明确指出坚持发挥市场基础性作用与政府引导推动相结合、科技创新与实现产业化相结合，把节能环保、新一代信息技术、生物、高端装备制造、新能源④、新材料、新能源汽车等战略性新兴产业培育成国民经济的先导产业和支柱产业。

在产能过剩、国际反倾销等压力下，我国光伏制造产能过大，国内消费跟不上。另外，政府主导下的推动型产业由于分析手段类似，规划制定程序相似，容易导致所制定的产业政策雷同，从而致使政府主导下的推动型产业结构趋同问题严重，导致区域间竞争加剧。由此，区域增长极理论创新既要兼顾我国区域经济发展实际，又要考虑各个区域发展阶段，还应借鉴市场推动产业的运行机制，综合考虑区域增长极的推动型产业选择，避免以追求 GDP 增长为目标而将与本地产业关联性不强，甚至对本土产业具有挤出效应的产业作为区域推动型产业。

（四）工业化、信息化、城镇化与农业现代化同步发展

改革开放之前，我国提出在 20 世纪内建成现代农业、现代工业、现代国防和现代科学技术的社会主义强国，提出"四个现代化"两步走目标。1979 年，"四个现代化"目标被进一步细化和量化，即到 20 世纪末，人均国民生产总值达 1000美元。该目标已经实现。

随着改革开放的深入推进，曾有学者提出新型工业化、城镇化、市场化和国际化"新四化"观点。当前和今后一个时期，我国将处于推进新型工业化、信息化、城镇化和农业现代化同步发展的关键阶段。中国共产党第十七届五中全会提出，在工业化、城镇化深入发展中同步推进农业现代化，"三化同步"对统筹城乡发展、全面建设小康社会具有重大现实意义和深远历史意义。党的十八大报告指

---

① 依托企业为中心的自主创新体系，通过科技创新，坚持新型工业化道路，加速工业化与信息化的融合，推行柔性制造系统，逐步实现高新技术产业由加工制造向服务型制造转型。

② 建设创造性国家目标要求研发投入占国内总产值的2%以上，科技贡献率达70%以上，对外技术依存度降低至30%以下；在国家重大科技专项等政策扶持下，加大科技投入，努力实施工业制造业转型升级，快速提高产业附加价值，由国际产业链分工中的低端环节向高端价值链环节过渡。

③ 战略性新兴产业是指建立在重大前沿科技突破基础上，代表未来科技和产业发展新方向，体现当今世界知识经济、循环经济、低碳经济发展潮流，目前尚处于成长初期、未来发展潜力巨大，对经济社会具有全局带动和重大引领作用的产业。

④ 为应对光伏困局，应加强储能配套技术研发，在进一步降本增效的同时，积极推进新一代核能技术与核能产业发展，加快太阳能热利用技术推广应用，有序推进风电规模化发展，因地制宜开发利用生物质能，加快适应碳达峰与碳中和目标要求的智能电网及运行体系建设。

出，坚持走中国特色新型工业化、信息化、城镇化、农业现代化道路，推动信息化和工业化深度融合、工业化和城镇化良性互动、城镇化和农业现代化相互协调。党的十九大报告指出，必须"推动新型工业化、信息化、城镇化、农业现代化同步发展"。"四化同步"发展是"三化同步"的延伸，推动信息化和工业化深度融合是经济社会转型升级的重要途径和手段。2018 年《中共中央 国务院关于实施乡村振兴战略的意见》指出，坚持城乡融合发展，加快形成工农互促、城乡互补、全面融合、共同繁荣的新型工农城乡关系。党的二十大强调，健全基本公共服务体系，提高公共服务水平，增强均衡性和可及性，扎实推进共同富裕。

当前，我国城乡二元结构问题依然存在，城乡居民收入差距扩大，农业发展基础薄弱，与快速推进工业化、城镇化相比，农业现代化滞后的问题日益突出。"四化同步"的难点是农业现代化。农业现代化如果跟不上工业化、城镇化发展步伐，将影响工业化、城镇化的可持续发展，从而影响整个现代化建设进程。因此，在我国区域经济由非均衡发展向非均衡协调发展、均衡统筹发展与和谐共生发展逐步转型过程中，区域增长极理论作为区域非均衡发展的重要理论，对于区域增长极的极化效应和扩散效应的研究应与"四化同步""五化协同"①发展相适应，同时应依托核心-边缘模型，探讨城乡二元结构的有效解决途径与区域经济社会高质量发展路径。

第二节　区域增长极发展阶段及空间经济特征

区域经济的动态非均衡发展成为世界各国经济发展的重要特征，在全球一体化和国际产业分工的双重作用下，世界范围内的区域经济发展呈现出区域经济一体化和城乡经济协调发展趋势。但受区域资源禀赋、市场、技术、制度、文化等因素影响，我国区域经济却出现区域差距、区际差距和区内差距日益加大，城乡二元经济弊端逐渐显现，城乡关系和地区关系日益恶化的问题。

由此，在区域经济发展过程中，应正视由发展经济学②理论支撑的非均衡发展道路中存在的问题，借鉴新结构经济学③的相关观点，深入探讨产业承接与产业升级的关系，注重提升区域推动型产业与本地物质自然、人力资本和要素禀赋相结合，发挥区域比较优势，确保产业自生能力的培养，提升区域增长极对经济腹地

---

① "五化"是指新型工业化、城镇化、信息化、农业现代化和绿色化，"五化协同"是指牢固树立"绿水青山就是金山银山"理念，推进新型工业化、城镇化、信息化、农业现代化和绿色化协同发展。

② 发展经济学是通过研究贫困落后的农业国家或发展中国家如何实现工业化、摆脱贫困、走向富裕的经济学，其主要代表人物为张培刚。发展经济学指出开放经济利用外资的必要性和可能性，强调中心城市对带动地区经济发展的巨大作用。

③ 新结构经济学的主要代表人物为林毅夫，认为经济发展是技术革新和结构转型的动态过程。与传统结构经济学不同，新结构经济学强调市场对配置资源的中心作用，认为政府在产业升级过程中对其所面临的外部性和协调问题起因势利导作用。

经济发展的带动作用。

一、区域增长极的概念内涵

增长极是由某些具有创新力的"推进型单元"（企业、产业或部门）空间上集聚与某区域获得优先增长，从而形成区域经济活动中心。一般来说，区域经济的发展都是由增长极的经济增长发端，并通过增长极的极化与扩散效应，带动腹地或周边区域经济增长而实现区域均衡发展的。缩小区域间差距、实现区域非均衡协调发展，重要的是厘清增长极相关概念，充分发挥增长极的极化效应和扩散效应。

（一）增长极概念辨析

通过梳理相关概念可知，人们对增长极理论的概念认识和阐述不统一，概念之间界限模糊。加之增长极理论随着经济社会发展，在区位理论、空间经济、产业集群、新结构经济理论等影响下，其相关概念更加复杂多变，因此，需要对"增长极""生长极""发展极"等概念进行梳理，厘清极化效应、支配效应、乘数效应、涓流效应、扩散效应、回流效应、回波效应，辨析先导产业、主导产业、支柱产业、新兴产业、战略性新兴产业、推动型产业、推进型产业、驱动型产业等概念的关系，为后续研究提供研究基础和重要支撑。

1. 区域增长极

区域增长极被认为既是"经济空间"，又是具体的"地理空间"的结合。面对经济发展过程中的"地理二元结构"问题，要求对增长极理论成立之初的推动型企业、推动型产业进行回归，重新关注增长极的经济学内涵，以建立推动型企业、推动型产业[①]为抓手，梳理"经济空间"各类经济要素之间的关联性，构建基于区域发展阶段的区域增长极概念体系。

佩鲁认为经济发展的主要动力在于创新，创新活动主要源于具有企业家精神的创新型企业推动，强调区域增长极是由抽象的"经济空间"内部工厂之间的相互作用与相互联系形成的对周边区域的极化和支配效应，导致产业在增长极区域空间集聚的现象，他把增长极解释为"工厂集聚体的空间"和"力场的空间"。

由此，区域增长极除需要具备创新力和企业家精神的推动型产业外，还需要考虑推动型产业的地方化问题，使区域内部形成与推动型产业关联度相对较高的产业、部门和企业地理上的集聚和集中，使"物质流"、"资本流"、"劳动力

---

① 依托区域增长极理论建立的政府导向型增长极受"自上而下"、"路径依赖"和"锁定效应"等方面的影响，在推动型产业选择方面，没有以创新力和竞争力为出发点，导致政府干预下的推动型产业与本地经济融合困难，致使增长极"地理二元结构"问题严重，难以达成经济腹地与核心区域协调发展。

流"、"信息流"和"技术流"等在地理空间上集聚，提高创新主体的技术水平和经济效益。

2. 极化效应与扩散效应

1957 年，缪尔达尔在《经济理论与不发达地区》中提出了回波效应和扩散效应。回波效应是指人才、资金、技术等经济发展要素逐渐由欠发达地区流向发达区域，使发达区域愈加发达、落后地区愈加落后的循环累积过程。

1958 年，赫希曼提出区域非均衡增长的"核心-边缘"理论，认为在核心区和边缘区间存在着两种相反方向的作用力——极化效应和涓流效应。他认为，两种作用力同时存在，在增长极发展初期，极化效应大于涓流效应，但长期来看，在具有前、后向联系的推动型产业发展影响下，涓流效应与极化效应将逐步达到均衡状态，且在涓流效应作用下，区域差距会逐步缩小。

1966 年，弗里德曼提出"核心-外围理论"。他认为：城市或城市集聚区作为区域经济发展的核心区域，集聚了大量生产要素，容易形成科技创新；核心区发展就是由创新成果不断向外围扩散的过程；在区域经济发展的前工业化、过渡阶段、工业化阶段和后工业化阶段，区域增长特征存在较大的差异；核心区域通过优势效应、心理效应、信息效应、现代化效应、联动效应和生产效应等六种反馈效应[①]对外围区域形成支配。弗里德曼认为，任何一个区域的发展都不可能不受外部因素的影响，任何区域都既是下一层次区域的核心区域，又是上一层次区域的外围区域，不同层次区域上下套接，形成等级有序的增长极极化效应和扩散效应网络。

后来，威廉姆逊（Williamson）将库兹涅茨曲线"倒 U 形假说"运用到区域经济分析，提出了"倒 U 形理论"[②]，倒 U 形理论是区域增长极极化效应与扩散效应共同作用的结果。哈里·W. 理查森（Hari W. Richardson）证实了在区域经济发展的不同阶段，极化效应和扩散效应的作用强度和方式各不相同，二者存在一定程度的相位差[③]。极化效应与扩散效应之间的叠加被称为溢出效应[④]。一般情况下，区域发展初期，极化效应大于扩散效应，纯溢出效应为负值，区域经济呈现出非均衡发展特点，区域差异拉大。随后，扩散效应逐渐加强而极化效应逐渐削弱。区域经济发展成熟阶段，扩散效应占主导地位，区域差距逐渐缩小。

---

① 优势效应等同于回波效应、极化效应；心理效应是指创新成果对未来创新技术路线图的示范和引导作用；信息效应是指在空间系统信息影响下，核心区不断扩大，外围区域创新力量增强；现代化效应是指区域发展过程中受外部经济环境中的制度因素、价值观、社会文化等方面影响而逐渐适应；联动效应是指通过创新连锁行动（技术创新联盟）而产生的核心区域的自我强化；生产效应是指由于学习曲线和规模效应的影响而产生的成本降低。

② 区域间差异呈"倒U"形。发展初期，区域差异扩大，然后稳定；成熟阶段，区域差异下降。

③ 两个频率相同的交流电相位的差叫作相位差或相差，这里指极化效应和扩散效应之间存在步调差异。

④ 溢出效应是指一个组织在进行某项活动时，不仅会产生活动所预期的效果，而且会对组织之外的人或社会产生影响。简而言之，就是某项活动要有外部收益，而且是活动的主体得不到的收益。溢出效应分为经济溢出效应和技术溢出效应等。

综上，区域增长极的极化效应和扩散效应与区域经济发展各个阶段共存，但呈现出不同的发展规律和特点。极化效应对应于回波效应、回流效应、优势效应等，扩散效应对应于涓流效应、淋下效应[1]和外溢效应等。极化效应与扩散效应共同对区域非均衡发展、非均衡协调发展和均衡发展道路产生影响。

3. 推动型产业

推动型产业，也称推进型产业。佩鲁认为，区域增长极是一个与周围环境相联系的推进型单元（分为企业推进型单元和产业推进型单元），具有规模大、优势强、增长快、创新优、关联大特点的企业推进型单元通过自身增长，会诱导产业推进型单元增长，从而推动整个区域经济的健康可持续发展。他指出，增长极是围绕推动型主导工业部门的有活力、高度联合的一组产业，推动型产业的发展能通过乘数效应推动其他部门增长。布德维尔同样强调推动型产业发展所产生的产业关联效应，认为构建推进型产业会对关联性产业产生"地理空间"上的集中[2]。缪尔达尔提出增长极的回波效应是可控的，为构建政府干预的"自上而下"推动型产业所组成的诱导型增长极提供了理论依据。迈克尔·波特（Porter，1998）指出，产业集群是在某特定区域集中地工业上相互联系的企业群落和相关机构，产业集群具有地理集聚性、产业关联性和支柱产业（支撑产业）空间集聚在特定区域的特征[3]。综上，众多增长极研究成果均将推动型产业作为形成集聚经济、构建区域增长极的关键。因此，区域增长极研究应充分考虑推动型产业与本土产业的关联性，提高推动型产业的地方化和"根植性"[4]，将区域增长极网络与社会经济网络相结合，在不同类型区域培育不同类型的推动型产业，以促进区域协调发展，防止欠发达地区的"双重极化"，避免区域增长极成为"经济飞地"。

（二）区域增长极的经济学内涵及空间经济特征

区域增长极是各种资源和要素空间集聚的过程，以产业关联度较大的推动型产业的发展带动周边区域发展的特定地理空间。区域增长极理论的实践过程不仅涉及政府与市场、竞争与合作、公平与效率等方面的关系，还需要对区域增长极的经济学内涵及其空间经济特征进行深入分析。

1. 区域增长极是非均衡发展向动态均衡与动态整合的发展过程

增长极的创立秉承非均衡发展道路，该理论认为区域不可能以相同的强度实现均衡的经济增长，经济增长首先出现在增长点或增长极。发展初期，增长点或

---

① 淋下效应是指区域增长极或增长点对周边区域经济发展所起的辐射和带动作用。
② 过度强调推动型产业所产生的经济意义上的增长极，而对外围区域扩散考虑不足。
③ 竞争论中提及著名的行业竞争五力模型，并从产业空间集聚角度探讨区域竞争优势。
④ 根植性是指经济活动和结果受到行为者之间的相互关系和这种关系网络结构的影响。

增长极具有创新特点，对周边区域发展起支配作用，表现为资金、技术、人才等生产要素向增长极区域空间集聚，增长极的极化效应显著。但随着区域增长极的进一步发展，增长极的扩散效应逐步显现，推动经济发展的生产要素开始向外围区域转移，区域发展的动态均衡与动态整合作用逐渐强化。

大前研一（Ohmae，1985）通过研究中国区域经济发展，指出中国的区域经济发展是针对经济全球化背景，依托自身产业比较优势，发掘本地经济优势，实施的阶段性外向型经济发展的动态均衡过程。该过程是由非均衡向动态均衡发展的过程，初始的非均衡所形成的区域差异有助于刺激区域竞争，政府政策规制下的区域发展有助于区域联动和区域动态整合。大前研一认为，国家和地区发展由资金、企业、消费者和资讯决定，基于"联邦主义方程式"的区域竞争是区域经济发展的重要动力。

由此，区域增长极是从非均衡发展向动态均衡发展的理论，对于我国经济发展实行的总体均衡（大均衡）和局部非均衡（小非均衡）相结合、坚持效率与公平相结合、非均衡推进（强调极化效应）与动态协调（注重扩散效应）相结合、市场调节与政府调控相结合的社会主义市场经济发展来说，具有非常重要的理论价值。

2. 区域增长极是极化效应主导向扩散效应不断增强的发展过程

区域增长极是通过极化效应和扩散效应对周边腹地经济发展发挥作用的，有利于增长极发展的极化效应主要表现为支配效应[①]和乘数效应[②]，有利于周边经济腹地发展的效应具体表现为扩散效应和溢出效应。区域增长极的极化效应与扩散效应共同形成区域发展的动力。

区域增长极发展初期，受产业价值链分工和劳动报酬差异的影响，高素质劳动力由周边腹地向增长极集中，资金通过储蓄、投资之间的利率差向获利机会较大的增长极区域集聚，资源要素通过基础设施建设后的运输渠道（1小时经济圈、1.5小时经济圈）向增长极核心区域转移，周边腹地传统企业发展过程中的总部、研发及销售部门向资金、技术、信息集中地核心区域迁移，这些都加速或推进了增长极核心区域的快速发展，制约了周边经济腹地的发展。区域增长极发展后期，增长极核心区域推动型产业通过与其前向关联、后向关联和旁侧关联的产业协同发展，促使与推动型产业配套的周边经济腹地区域的经济增长。核心区域的知识（技术）溢出、周边腹地的知识技术更新和就业人员回流以及承接产业转移，使得周边经济腹地的发展观念、技术和信息与核心区域之间的差距缩小，导致周边经

---

① 增长极的支配效应通过不对称和不可逆效应或部分不可逆效应控制周边腹地经济发展的现象，支配效应的大小主要取决于增长极创新能力与周边经济腹地差异程度的高低。

② 乘数是指均衡产出的变化量与导致均衡产出发生变化的自变量之比。乘数效应是经济函数中某一变量增长会导致均衡产出的增长量倍加的现象。

济腹地区域发挥"后发优势",经济发展速度加快。由此,对于处于工业化发展中期的我国区域经济发展来说,虽然区域增长极仍处于极化效应主导发展阶段,但在"四化同步""全面建成小康社会"等宏观政策指引下,区域增长极扩散效应不断增强将成为今后区域经济发展的主旋律。

3. 区域增长极的空间经济组织属性

区域增长极作为一个经济区域的概念,既区别于以区位为主要因素的地理区域,又不完全等同于以行政区划为边界的空间概念。区域增长极是经济活动在地理空间范围的动态布局与时空演化的经济系统。

(1)区域增长极是市场调节和政府调控机制共同作用的结果

无论是资源要素、推进型产业还是关联部门和产业的发展,无疑都受成本-收益的市场选择机制的影响。市场利用价格机制进行生产要素的空间配置。区域增长极作为由核心区域与周边经济腹地组成的空间经济网络,就是将市场失灵所体现的外部性①内部化的过程。政府通过打造"诱导增长极",汇聚推动型产业选择、关联性产业扶持与增长极空间层次网络搭建等价值创造活动,将核心区域经济发展的外部性在增长极区域范围进行内部化,在大幅度降低空间交易成本的同时,既能合理利用集聚经济效益,又能破解经济规模边际收益递减难题。

(2)区域增长极是一种动态发展的空间经济形态

区域增长极的空间经济形态是指在时间、空间等因素的制约下,对增长极核心区域及周边腹地区域之间的经济发展的资源、要素进行空间优化和配置的过程。区域增长极发展空间具备由增长点、增长带、增长极网络等要素构成的空间经济结构。区域增长极发展演化就是在不断提高核心区域空间组织化程度的基础上,提升周边腹地区域经济密度,缩短核心区域与周边腹地区域的发展差距,减少市场分割与地方保护,增强区域经济一体化的过程。由此,区域增长极的发展过程就是核心区域与周边腹地区域经济空间结构优化的过程。

(3)区域增长极是一种承上启下的中观经济现象

中观经济是相对于宏观经济和微观经济而言的,宏观经济的研究对象是国民经济的总体运行状态,微观经济的主要研究对象为经济个体的经济行为特征。区域增长极作为承上启下的中观经济范畴,是研究经济结构、产业结构和部门与区域发展的理论。区域增长极的实践与创新一方面可以为宏观经济发展起到"先行先试"的"试验田"作用,另一方面还具备发挥政策"稳定器"与"减压阀"的作用,便于实现分级控制与局部改善,降低政府宏观经济调控的风险。

---

① 外部性主要是指核心区域与周边经济腹地在发展过程中体现出来的范围经济、规模经济、运输成本降低、知识溢出、信息共享、创新扩散等。

4. 区域增长极应理顺城市群、都市圈和经济带之间的关系

经历经济特区、沿海开放城市、沿海经济带、综合配套发展试验区、沿江和沿边城市开放等发展阶段后，我国区域增长极的发展逐步成为由区域经济非均衡发展向非均衡协调发展转变的主要途径。目前，我国区域经济呈现出城市群、都市圈、经济带与欠发达区域交错杂陈的空间格局。受增长极发展初期阶段极化效应的影响，城市群、都市圈和经济带作为增长极资源、要素空间集中，推动型产业和关联性产业空间集聚的先行区域，人口密度大，资源要素多，市场规模大，经济实力强，对周边腹地区域的极化效应依然呈现出强势吸引作用。但随着基础设施和交通条件的持续改善，增长极核心区域对周边腹地区域的辐射带动效应日益增强，产业分工与协作逐渐成为区域经济发展的主旋律。由此，区域增长极的发展应理顺我国区域经济空间中现存的城市群、都市圈和经济带之间的关系，结合以区域环境承载力和开发适宜度划分的主体功能区，科学处理区域增长极发展过程中的优化开发区、重点开发区、限制开发区和禁止开发区之间的关系，建立以市场为基础、企业为主导、政策为引导的经济空间开发格局，实现经济效应、社会效益与生态效益的良好统一。

二、区域增长极的特征和发展阶段

区域增长极是在某一区域内存在相当数量的不同性质、类型和经济动能的增长极，借助区域交通、信息网络的通达性构建增长极之间的密切联系，以完整的增长极"集合体"的形式向周边地区辐射，进而带动区域经济发展。增长极之间产业联系紧密，各极点在相同或相近产业链上展开分工合作或在不同产业链上错位发展，协同利用资源，从而提高区域竞争力，实现增长极内比较优势的确立与要素的升级。增长极产生的首要条件是各增长极点的产生，这受益于各城市所具有的比较优势，如区位优势、劳动力优势、资本优势、技术优势等。增长极成长、成熟及其带动区域经济增长作用的实现则是各增长极点低端要素外溢、高端要素集聚和区位市场容量扩容的结果。

（一）区域增长极的特征

区域增长极具有地理和经济双重属性，具备如下几个基本特征。一是地域性。区域增长极是个地域概念，具有特定的空间地理范围。二是群聚性。区域增长极是若干增长极的集合体，在有限的地域范围内聚集了一定数量的不同层级的增长极，形成增长极网状空间布局。三是扩散性。增长极的扩散功能主要源于区域内部不同层次产业竞争形成的产业结构软化。核心增长极只有不断向周边地区扩散低端要素，才能更好地实现高端要素聚集，获得新的发展能量。四是联系性。任何一个增长极都不能孤立地发展，需要广泛地进行区际联系。

（二）区域增长极的发展阶段

刘大志和张扬（2012）提出：区域增长极阶段演进的核心动力应是不同层级增长极点间的共生协作，体现为凝聚力、协同力、聚集效应或规模效应及多种生产要素的互补。在此动力下，区域增长极发展一般经历"雏形发展""快速形成""趋于成熟""成熟共生"四个由低级向高级递进的发展阶段。

在雏形发展阶段，各增长极点城市都在各自规划、各自发展，大体在相对封闭的状态下运行，往往导致重复配置，产业结构雷同。在快速形成阶段，各极点城市之间通过发展，逐渐形成内在的必然联系。在趋于成熟阶段，极点城市之间的联系进一步加强，核心城市开始形成，并在整个区域增长极群落发展中发挥重要支撑作用，周边城市同核心城市相配套。在成熟共生阶段，区域增长极形成群落化发展局面，各极点间协调发展，不再是核心和配套关系，而是作为一个有机系统，演化成长为区域协同、生态共生关系。

三、区域增长极的演化路径

区域增长极与发展阶段密切联系的空间演化路径有点轴发展模式、双核结构模式、对称分布模式和多中心、网络化发展模式。

（一）点轴发展模式

区域增长极点轴发展模式是由陆大道于1984年提出的，他认为区域发展点轴系统中的点是各级中心地，亦即各级中心城镇，是各级区域空间集聚点，也是带动区域经济发展的中心地带。点轴系统中的轴是在一定方向上联结若干不同级别中心城镇而形成的相对密集的人口和产业带；由于轴线及其附近地区已经具有较强的经济实力且有较大的发展潜力，轴又可以称作"开发轴线"或"发展轴线"。由此，轴线不是单纯几个中心城镇间的联络线和交通通路，而是社会经济密集发展带。

区域增长极点轴理论与中心地学说不同，该理论认为：在某一区域中，轴线之间的城镇通过轴线发生着有效的联系；不是通过一个一个城镇孤立地发挥作用，而是将轴线作为一个整体来带动整个区域的发展。

（二）双核结构模式

区域增长极发展的双核结构模式由陆玉麒于1998年提出，该模式所揭示的是某个区域中两个不同功能的城市之间的空间耦合关系。具体而言，在同一个区域中，港口城市与区域中心城市之所以能形成一种固定的空间结构，是因为这种空间组合可以实现区位上和功能上的互补。原因在于，中心城市要对所在区域充分发挥作用，在其他因素相同的情况下，其对区位的最基本要求是趋中性，即应当尽可能位于所在区域的几何中心。然而，与区外交往的需要会拉动中心城市的区位向区域边界方向推移，以至于有不少区域中心城市位于区域边界上。显然，这虽然有利于跨区域交往，但并不利于对所在区域的带动，而双核结构则兼顾了上述两个方面的需要。因此，双核结构实现了区域中心城市的趋中性与港口城市的边缘性的有机结合，成为区域发展中的一种比较常见且效率较高的空间结构形式。

（三）对称分布模式

叶大年等（2011）采用结晶学对称理论模型，开拓性地运用矿物学、生物学中拓展对称的概念审视地图，将克里斯泰勒（Christaller）等边三角形格子转化为两组正交格子，发现城市具有格子状和同心圆的靶形分布的对称性，分布规律呈现出"远离平衡态的宏观自组织现象"，诠释世界各地的主要城市和中国城市分布呈现出一定的有序对称性[①]，并阐述城市分布与地质、地理和地质构造的关系，建立了广义对称的新概念，提出了地理对称的五条原理：地质对称决定自然地理对称、自然地理对称决定经济地理对称、气候条件改变自然地理对称、人类重大政治经济活动会影响地理的对称性以及对称的经济地理格局是一种合理的格局。

（四）多中心、网络化发展模式

信息化、全球化和网络化不仅催生了新的社会经济发展范式，也影响了地域经济形态。随着城市的郊区化，郊区出现新的聚集中心。而且，城市在由中心向边缘扩张过程中，传统的"中心-边缘"关系趋于淡化，单中心聚焦的空间发展模式不再适应城市发展需要，最终导致城市发展观念和模式的革新。最后，受网络化经济生产体系影响，城市地域空间组织呈现大范围集中、小范围扩散的发展趋势。城市空间发展由传统的等级型的中心地模式向多中心、扁平化、网络型模式转变，由传统的"地方空间"向基于网络的"流动空间"转变，由早期的"城市蔓延"向强调空间管制的"精明增长"转变。

城市空间的多中心化，通过中心城市职能向外疏散，可有效降低聚集不经济，通过在更大空间尺度，即区域层面上的再集中获取整合效应，实现城市的可持续发展和竞争力提升。国际大都市发展经验同样表明，主要的世界城市，如伦敦、巴黎、东京等，都经历了由单中心扩张向多中心、网络化发展模式的转变。

多中心、网络化的空间发展模式也在我国一些特大城市的规划中被强调。例如，《北京城市总体规划（2016—2035年）》明确指出，在北京市域范围内形成"一核一主一副、两轴多点一区"[②]的城市空间结构，着力改变单中心集聚的发展模式，

---

① 有序对称性是指序与对称性是反向消长的关系，对称性越强，有序性越低。
② "一核"指首都功能核心区；"一主"指中心城区，包括东城区、西城区、朝阳区、海淀区、丰台区、石景山区；"一副"指北京城市副中心；"两轴"指中轴线及其延长线、长安街及其延长线；"多点"指五个位于平原地区的新城，包括顺义、大兴、亦庄、昌平、房山新城；"一区"指生态涵养区，包括门头沟区、平谷区、怀柔区、密云区、延庆区，以及昌平区和房山区的山区。

构建北京新的城市发展格局。《天津市城市总体规划（2017—2035 年）编制工作方案》提出，对标《北京城市总体规划（2016—2035 年）》和《河北雄安新区规划纲要》，明确天津市"一基地三区"①定位的目标内涵，面向空间协同治理，以全域统筹、城乡覆盖为重点，以"多规合一"的方式编制新规划。《京津冀地区城乡空间发展规划研究三期报告》确定成立跨省市边界的"畿辅新区"，疏解首都政治文化功能，形成了首都政治文化功能核心区、首都政治文化功能拓展区和首都政治文化功能延伸区三层圈层结构（吴良镛等，2013）。2017 年 4 月，我国决定在地处北京、天津、保定的腹地设立雄安新区，集中疏解北京非首都功能，探索人口经济密集地区优化开发新模式，调整优化京津冀城市布局和空间结构。2016年 9 月，《长江经济带发展规划纲要》确立了"一轴、两翼、三极、多点"发展新格局：一轴是以长江黄金水道为依托，推动经济由沿海溯江而上梯度发展；两翼分别指沪瑞和沪蓉南北两大运输通道，是长江经济带的发展基础；三极是指长江三角洲城市群、长江中游城市群和成渝城市群，充分发挥中心城市的辐射作用，打造长江经济带的三大增长极；多点是指发挥三大城市群以外地级城市的支撑作用。

第三节 国内外经济区域相关理论研究进展

国内外区域发展理论与经济增长理论、空间经济学、产业经济学等学科密切相关，研究领域集中在区位发展理论（包括古典区位理论、农业区位理论、工业区位理论、中心地理论）、产业集群理论、空间经济理论和国家竞争优势理论。

一、区位发展理论

（一）古典区位理论

增长极理论和集聚理论的渊源可以追溯到古典区位理论。新古典经济学家马歇尔（Marshall）是古典区位理论的重要创始人之一。马歇尔（Marshall，1890）在其首版《经济学原理》中强调：必须注重研究"空间的区域变化和市场扩展的周期"。马歇尔发现，一些主要依赖工匠技能的特定产业部门在特定地区集聚，有利于提高生产效率。他将这种产业集聚区域称为"产业区"，并把这种特定产业对特定地区的依赖称为产业的"本地化"。马歇尔首次提出外部经济和内部经济理论，内部经济往往能因许多性质相似的小型企业集中在特定的地方——通常所说的工业区分布——而获得。马歇尔提出了"代表性企业"概念，其特征是能正常地获

---

① "一基地"指全国先进制造研发基地，"三区"分别是北方国际航运核心区、金融创新运营示范区、改革开放先行区。

得外部经济和内部经济，从而使它在花费较少的劳动和代价的基础上提供产品和服务。马歇尔（Marshall，1919）在其专著《工业与贸易》中解释了具有外部经济的企业在同一区位集中的现象，他认为，当产业持续增长，尤其是集中在特定的地区中时，会出现熟练劳动力市场和先进的附属行业，产生专门化的服务行业，能改进铁路交通和其他基础设施，并引起知识量的增加和技术信息的快速传播。

（二）农业区位理论

农业区位理论认为，以城市为中心，由内向外呈同心圆状分布的农业地带，因其与中心城市的距离不同而引起生产基础和利润收入的地区差异。

约翰·冯·杜能（Johann von Thunen）首次用科学的区位理论解释空间经济活动规律，他创立以成本探讨农业配置区域差异的理论。农业区位理论由德国农业经济学家杜能首先提出，他根据在德国北部麦克伦堡平原长期经营农场的经验，于1826年出版《孤立国同农业和国民经济的关系》一书，提出农业区位的理论模式，即在中心城市周围，在自然、交通、技术条件相同的情况下，不同地方对中心城市距离远近所带来的运费差，决定不同地方农产品纯收益（杜能称作"经济地租"）的大小，这实际上是系统考虑了农业生产的区位问题。纯收益成为市场距离的函数。杜能学说的意义不仅在于阐明市场距离对农业生产集约程度和土地利用类型（农业类型）的影响，更重要的是首次确立了土地利用方式（或农业类型）的区位存在着客观规律性和优势区位的相对性。他推导出著名的"杜能圈"，对地租、位置和资源配置给出了自己的解释。

（三）工业区位理论

阿尔弗雷德·韦伯（Weber，1909）撰写了《工业区位论》，是工业区位论的创始者。韦伯系统地建立了一系列概念、原理和规则，严谨地表述了一般的区位理论。他将影响工业区位的因素分为两类：区域性因素和集聚因素。集聚力受技术发展、劳动力组织变化、市场化因素及经济环境因素影响，分散力则可归结为伴随工业集聚而带来的地租增长的影响。他将劳恩哈特（Launhardt）"区位三角形"概念一般化为区位多边形，考虑生产成本中的劳动费用，认为劳动费用和运输费用同样是影响厂商定位的重要因素。至于工厂规模大小，他认为衡量最优规模的标准有两个：一个是单位产品的成本最低，一个是企业总利润最大。在考虑区位的情况下，用这两个标准确定的最优规模是不一致的，可见区位对最优规模决策的重要作用。韦伯用聚集经济来描述企业外部经济，并指出聚集能否产生效益，既取决于聚集的企业种类与结构，也取决于聚集的规模。《工业区位论》对以后的区位理论、经济地理研究和发展产生了深远影响。

（四）中心地理论

克里斯泰勒（Christaller, 1933）在其专著《德国南部的中心地区》中系统地阐述了中心地理论（Central Place Theory），说明了城镇为什么存在、决定城镇发展的因素是什么以及它们在区域的次序排列是如何产生的。克里斯泰勒假设有一块匀质平原，资源、人口密度均匀，运输费用不变，消费者偏好相同。厂商的定位原则需要考虑需求界限（满足正常利润的最低限度的需求界限）和市场范围（代表外部的地理限制，超出这个限制，消费者宁愿光顾其他较近的市场），这样就会形成商品市场的地理分布范围，形成若干大小不同的"中心地"。在一个区域内，高级的中心地只有一个，次一级的中心地较多，中心地的等级越小，其数量越多，规模越小。每一中心地的相对重要性取决于它所提供的商品和服务的数量与等级。虽然中心地理论从一开始就不断地受到批评，主要是人们认为模型的假设不现实，但克里斯泰勒首创了以城市聚落为中心进行市场面与网络分析的理论并受到理论界的重视，中心地理论被认为是静态新古典构架。

二、产业集群理论

20 世纪 70 年代末期以来，在日趋激烈的全球经济竞争背景下，区域发展问题重新成为国际学术界研究的一个热点领域，增长极等传统区域发展理论受到政策实践的检验和学术界的反思。一是增长极理论过分强调区际流动的两个要素——劳动力和资金，而忽视技术创新和知识创新；二是"自上而下"建立增长中心、单纯依赖外力（外来资本以及本地自然资源禀赋等）的策略可能造成脆弱的国民经济。很多国家在寻找和实践依靠内力发展地方经济的道路，寻求以知识和技术为本的区域发展战略。发达国家和地区的大量实践表明，一国欲在全球经济中获得竞争优势，不能仅靠本国的全球性大企业，更需要扎根于国土上的中小企业集群。

产业集群理论是增长极理论的延伸，迈克尔·波特（Porter，1990）在增长极的概念基础上，提出"产业集群"概念。他认为，产业集群是在某一特定领域内互相联系的、在地理位置上集中的公司和机构的集合，它包括一批对竞争起重要作用的、相互联系的产业和其他实体，经常向下延伸至销售渠道和客户，并侧面扩展到辅助性产品的制造商，以及与技能技术或投入相关的产业公司，还包括提供专业化培训、教育、信息研究和技术支持的政府和其他机构。迈克尔·波特指出，产业集群的核心内容是其竞争力的形成和竞争优势的发挥，这是产业集群在市场经济中生存和发展的根本保障；政府或非政府机构在集群发展过程中也起着重要的作用，政府的政策对集群的形成、发展模式和发展周期都有重要的影响。

迈克尔·波特的产业集群理论极大地推动了区域经济学、产业经济学的发展，其主要观念被广泛应用到经济实践，促进了区域经济、产业经济的发展，对现实经济生活产生了深远的影响。但其中也存在一些不合理的因素：一是着重阐述了国家或区域竞争优势的来源问题，而没有解释产业集群发展的内在成因和机理；二是没有从经济组织的角度对这一产业组织形式进行深入的分析与解释。

在迈克尔·波特之后，许多学者从不同的侧面对产业集群展开了研究。克鲁格曼（Krugman，1991）强调指出，产业集群是规模报酬递增带来的外部经济的产物。他将外部经济归纳为三种类型：市场规模扩大带来的中间投入品的规模效应、劳动力市场规模效应和信息交换与技术扩散规模效应。克鲁格曼还认为前两者在产业集群形成过程中起到了关键性的作用，而另一种观点则认为，产业集群是由地区特殊的比较优势、供给和需求结构、文化氛围，甚至是政府政策所引致的，这种观点的代表人物是卡尔多。

关于产业集群实证性或案例性的文献，主要研究某个国家或某个地区产业聚集情况，研究既定对象是否存在集群现象、集群的程度有多高，以及从实证分析的角度确定产业集群的原因。经济学家发现产业集群现象大量存在于许多地区，不仅发达国家有，发展中国家也普遍存在这种产业集群现象。

研究产业集群不仅是要促进本地经济的快速发展，更重要的是要在全球范围内获取资源、利润和竞争力，参与全球化竞争。增长极和产业集群理论不仅是理论界研究的难点和关键点，也是政府和企业界关注的热点问题，它对国家、地区经济发展战略、发展规划的制定和实施具有重要的现实价值与指导意义。

三、空间经济理论

空间经济学是在区位理论的基础上发展起来的多门学科的总称。它研究的是空间的经济现象和规律，以及生产要素的空间布局和经济活动的空间区位。

2001 年由麻省理工学院出版的《空间经济学：城市、区域与国际贸易》具有里程碑意义。它是日本京都大学的藤田昌久（Masahisa Fujita）、美国普林斯顿大学的克鲁格曼和英国伦敦政治经济学院的安东尼·J. 威纳布尔斯（Anthony J. Venables）三位国际著名经济学家的合作结晶。2003 年，美国普林斯顿大学又出版了《经济地理与公共政策》。事实上，在当今经济全球化和区域经济一体化的背景下，经济活动的空间区位对经济发展和国际经济关系的重要作用已经引起人们的高度重视，从而也赋予了空间经济学崭新的生命力。

空间经济学与区域科学的融合形成"中心-外围"模式。该模式考虑的是：一个只有农业和制造业两个部门的经济，农业部门是完全竞争，生产单一的同质产品，而制造业部门是垄断竞争，供给大量的差异化产品，具有收益递增的特征；两个部门分别使用一种劳动力资源，农业雇佣劳动力要素不可流动，而制造业工人可以自由流动；农产品无运输成本，而制造品则存在"冰山成本（iceberg cost）"。经济的演化可能导致"中心-外围"格局，即制造业"中心"和农业"外围"，条件有三个：运输成本足够低，制造业的差异产品种类足够多，制造业份额足够大。

较大的制造业份额意味着较大的前向关联和后向关联，它们是最大的集聚力。关键系数的微小变化会使经济发生波动，使原先两个互相对称的地区发生转变，起初某个地区的微弱优势不断积累，最终使该地区变成产业集聚中心，另一个地区变成非产业化的外围。也就是说，经济演化使得对称均衡在分岔点上瓦解，区域性质发生突变。当然，"中心-外围"模式能够发生并不表示必然发生，即便发生，是否可以维持也是有条件的。在一定条件下，一个地区形成的产业集聚可以自我维持，但在同等条件下，产业在两个地区的分布也可能是稳定的。这也表明真实世界中的空间地理结构要比想象的复杂得多。

四、国家竞争优势理论

国家竞争优势理论是由迈克尔·波特（Porter，1990）提出的，其对区域（国家和地区）经济发展的理论贡献如下。

（一）钻石模型

迈克尔·波特在反思传统的国际贸易理论的基础上，提出了解释国家在国际市场上取得竞争优势的菱形模型，也称为"钻石模型"。他认为，国家是支撑每个企业和特定产业进行国际竞争的基础。国家竞争优势理论的核心思想体现在"国家竞争优势四因素"模型（即钻石模型）中。这些因素分别是：生产要素、需求因素、相关和支持产业因素，以及企业战略、组织与竞争状态因素。一个国家的特定产业要取得国际竞争优势，关键在于以上四个基本要素以及机遇和政府这两个辅助要素的整合作用。

（二）产业集群

概括说来，迈克尔·波特认为国家竞争优势从根本上来讲是若干行业的竞争优势。国家竞争优势理论的一个重要发展，就是将竞争优势理论与区位理论（经济地理）结合起来。迈克尔·波特提出了集群的概念，并称之为"新竞争经济学"。集群用来定义在某一特定领域中（通常以一个主导产业为核心），大量产业联系密切的企业及相关支撑结构在空间上聚集形成强劲、持续的竞争优势现象。集群能提高生产率；促使企业持续不断地创新；促进新企业的诞生和企业的衍生，加强竞争。集群是国际竞争优势产业的一个共同特征，它通常集中在特定的地理区域。企业集群通过地理集中、产业组织优化和群体协同效应获得经济要素的竞争优势。企业集群现象的普遍存在，也说明了经济全球化使一些重要的经济活动日益本地化，区域创新环境日趋重要。迈克尔·波特认为，发展中国家之所以在世界市场上没有摆脱以廉价劳动力和自然资源进行竞争的阶段，基本的一点在于缺乏发展良好的企业集群。他认为，一个国家或地区在国际上具有竞争优势的关键是产业的竞争优势，而产业的竞争优势来源于彼此相关的企业集群。

除上述理论之外，迈克尔·波特还对美国、日本、德国、瑞士等的竞争优势的成长过程进行了详细的分析，提出了一套新的产业集群分析方法，并对所选各个国家的产业进行了具体的解剖，其中的所有案例及方法都很值得学习与借鉴。

（三）经济发展四阶段的划分

迈克尔·波特认为，国家经济发展可分为生产要素导向、投资导向、创新导向和富裕导向四个发展阶段，其中，前三个阶段是国家竞争优势发展的主要力量，通常会带来经济上的繁荣，第四个阶段则是经济上的转折点，有可能因此而走下坡路。

第四节　增长极理论创新与我国区域经济非均衡协调发展

区域经济发展模式有区域均衡发展、区域非均衡发展和区域非均衡协调发展三种模式。中华人民共和国成立以来，我国区域经济发展经历了区域均衡发展（1949—1978 年）、区域非均衡发展（1979—1991 年）、区域非均衡协调发展（1991—2002 年）和统筹区域协调发展（属于区域非均衡协调发展模式中的一种）阶段（2003 年至今）。其中，区域均衡发展阶段又可划分为全国布局阶段（1949—1957 年）、独立体系阶段（1958—1964 年）、"三线"转移阶段（1965—1971 年）和大型项目东移阶段（1972—1978 年）。

中华人民共和国成立之初的区域均衡发展阶段，我国区域经济发展推行平均发展战略，实施了包括"一平二调"①等倾向内地的倾斜性投资政策，在西部地区建立了一批铁路干线、新兴工业化城市和专业生产科研基地等重大项目，初步改变了全国产业布局极不平衡格局。但凭借行政手段所建立起的现代化工业体系与周边区域经济的关联性不紧密，致使区域产业链上下游之间存在断层和发展鸿沟。受后续资金短缺、基础设施落后、能源供给紧张等因素制约，由政府强行建立的"推动型产业"与本区域产业联系性较差，割裂了诱导增长极与周边经济腹地间的经济关联，使政府主导下的区域增长极成为"工业飞地"和"经济孤岛"②。

一、国家区域经济政策演变

改革开放后，我国区域经济进入转型调整时期，和平发展成为国内经济社会发展的主题，改革开放成为时代主旋律，区域经济发展步入非均衡发展阶段。通

---

① "一平二调"是指盛行于农村基层组织"人民公社"内部所实行的平均主义的供给制、食堂制（一平），对生产队的劳力、财物无偿调拨（二调）。

② 在政府主导宏观调控和微观干预基础上构建的包头、金昌、宝鸡等"三线建设"工业项目，受地方经济结构和社会结构的影响，加上"军管"和"半军管"类型的管理方式，与属地经济间的关联交叉较少，导致"植入式"增长极，难以达到区域均衡发展的预期目的。

过推行经济特区和沿海倾斜性区域政策，区域发展由公平优先转向效率优先，在
共同富裕的大原则下，推行部分地区先富带动后富政策，逐步形成了经济特区、
沿海开放城市、经济技术开发区、沿海开放经济区的经济发展格局，我国区域经
济发展态势由"沿海"和"内地"两大板块转变为"东""中""西"三大板块经
济地带发展格局。以经济效率为目标、以发挥地区比较优势为出发点的区域非均
衡发展道路，扭转了改革开放前期均衡发展"高投入、低产出"的低效率发展局
面。但随着东、中、西经济地带市场化发展的深入，虽然东部区域特别是东南沿
海地区通过示范效应和扩散效应，一定程度上带动了中西部地区经济的发展，但
日益显著的区域差距、"比较利益陷阱"①和欠发达地区的"双重极化"等问题成
为诱发社会问题的主要根源。区域非均衡发展战略造就了能够带动国民经济整体
增长的经济核心区和增长极，促进了国民经济的快速增长，显著提高了人民群众
的生活水平；非均衡发展战略注重针对不同地区实施有区别的政策措施，沿海地
区经济发展战略通过对沿海地区的政策倾斜及投资倾斜加速了东部地区经济的迅
速发展，但随着市场经济的不断深化，我国改革开放、现代化建设及区域发展步
入新阶段，区域发展开始强调兼顾中西部地区发展，讲求效率优先，兼顾公平，
实施"非均衡协调发展战略"。随后，西部大开发战略对我国区域发展格局进行了
重大调整②，西部地区在基础设施、生态环境保护和建设、特色优势产业发展、人
民生活水平等方面获得长足发展，初步扭转了其与全国尤其是东部地区发展差距
快速扩大的不良势头，但中部地区"塌陷"③问题日益突出，尚未从根本上解决中
西部地区与东部地区发展的差距问题。

为探索建设和谐社会、创新区域发展模式、提升区域乃至国家竞争力，从单
独强调经济增长的发展观向经济社会发展、城乡统筹发展、土地开发与环境保护
协同推进的系统性发展转型，增强区域发展协调性、联动性和配套性，国家在东
部、中部和西部选择了一批具有一定影响力、带动力，代表不同发展阶段的区域
进行区域发展综合配套改革。2003 年 10 月，十六届三中全会《中共中央关于完
善社会主义市场经济体制若干问题的决定》提出"五个统筹"④，我国区域发展步

---

① "比较利益陷阱"是指一国（尤指发展中国家）和地区按照比较优势生产并出口初级产品和劳动密集型产
品，这在以技术和资本密集型产品出口为主的经济发达国家的国际贸易中，虽能获得利益，但贸易结构不稳定，
总处于不利地位。

② 西部地区不仅包括原先三大地带划分下的10个省区市，还包括内蒙古、广西，以及湖南的湘西土家族苗族
自治州、湖北的恩施土家族苗族自治州和吉林的延边朝鲜族自治州，它们也享受西部大开发的优惠政策。

③ 面对东部沿海地区快速发展和西部大开发战略的双向夹击，中部地区出现了发展水平比不上东部、发展速
度比不上西部的"不东不西"现象。中部塌陷具体表现在如下方面：一是中部地区经济总量和总体发展水平不仅
大大低于东部沿海发达地区，还低于全国平均水平；二是中部地区发展势头和发展速度既低于东部地区，也低于
西部地区。

④ 五个统筹即统筹城乡发展、统筹区域发展、统筹经济社会发展、统筹人与自然和谐发展、统筹国内发展
和对外开放。

入区域统筹协调发展阶段。进而，"十二五"规划提出推进西部大开发、振兴东北地区等老工业基地，促进中部地区崛起和支持东部地区率先发展的"四轮驱动"发展政策。按照"十一五"规划中"将国土空间划分为优化开发、重点开发、限制开发和禁止开发四类主体功能区"的发展思路，2010年12月21日，国务院发布的《全国主体功能区规划》提出了"优化国土空间开发格局、实施分类管理的区域政策、实行各有侧重的绩效评价、建立健全衔接协调机制"的"4+3+2"式[①]发展策略，努力实现"空间开发格局清晰，空间结构得到优化，空间利用效率提高，区域发展协调性增强和可持续发展能力提升"的五大区域发展目标。"十三五"提出构建全方位开放新格局，在更大范围、更宽领域、更深层次上提高开放型经济水平。目前，我国区域经济发展呈现出珠三角、长三角和环渤海国家级增长极，武汉、长株潭、中原经济区和成渝经济圈等中西部区域增长极，沿江（长江）、沿路（陇海铁路）、沿边和内地开放互动发展的空间经济格局。结合国家综合配套改革试验区、国家主体功能区规划和自由贸易区[②]与自主创新示范区[③]依次布局，更加强调区域发展的公平性，促进区域分工与协作，提高空间利用效率，缩小区域发展差距，实现区域协调发展和可持续发展成为我国区域发展国家战略。由此，在发展的视角下，依托区域增长极理论创新，在正视区域经济非均衡发展的基础上，采取积极的方法，依托国家综合配套改革试验区和国家主体功能区规划对区域发展进行适度调控，成为我国区域经济实现整体快速、健康和可持续发展的关键。

二、增长极理论实践反思

改革开放以来，我国沿海经济在增长极理论指导下，率先发展并一直保持高速增长态势。目前，珠三角、长三角、环渤海等地区成为引领我国经济发展的国家级增长极。虽然我国经济在上述沿海地区的带动下获得快速发展，但很多学者认为我国的经济增长应主要归因于要素投入，经济增长质量不高。随着要素成本增加、人民币升值和金融危机冲击，沿海发达地区出现了对外贸易持续回落、工业增长低迷、中小企业困境重重、就业形势严峻等问题。维持依靠劳动力、资本、自然资源、技术、土地政策等要素投入的非均衡增长模式成本越来越高，针对当前创新资源短缺、脱钩风险加剧、投资拉动乏力、成本急剧攀升、贫富差距扩大、生态环境恶化等社会问题，沿海地区经济转型和产业结构升级调整面临的压力剧增。由此，重新审视区域增长极理论，以"调结构、促转型"为目标的经济发展

---

① "4+3+2"式发展策略是指按开发强度划分为优化开发、重点开发、限制开发和禁止开发四类地区，按主体功能划分为城市化地区、农产品主产区和重点生态功能区等三类地区，编制国家和省两级规划。

② 自由贸易区是指某一国家或独立关税地区在本国或本地区境内所划出的特定贸易区。在这个区域内实行自主给予外国或其他地区特殊优惠税收和监管政策。

③ 自主创新示范区是指经国务院批准，在推进自主创新和高技术产业发展方面先行先试、探索经验、做出示范的区域。

方式转型和区域经济协调发展成为区域经济发展的主题。

（一）增长极发展阶段性与产业升级转型

增长极理论认为，区域经济增长是由点到面、由局部到整体的递进发展过程。增长极发展初级阶段，核心区域主导产业或推动性工业迅速发展，使其对周边经济腹地经济要素产生巨大的吸引力和向心力；推动经济发展的劳动力、资金、技术等要素向核心区域转移，导致核心区域与周边经济腹地发展差距持续扩大。增长极发展中级阶段，核心区域主导产业通过升级转型获得较强的比较优势，经济发展高端要素资源继续向核心区域转移，但同时核心区域与周边经济腹地间在资源要素流动下带来产业区域分工持续深化，核心区域发展开始带动周边经济腹地经济快速增长。增长极发展高级阶段，核心区域土地、劳动力、能源等要素供给趋紧，交通压力和资源环境约束问题日益突出，在区际产业分工和产业结构优化调整的要求下，周边经济腹地根据要素资源禀赋承接核心区域产业转移，促使周边经济腹地加大基础设施建设、建立完善的要素市场，推动区域经济协调发展，缓解城乡发展差距。

无论是增长极发展初级阶段还是中级或高级阶段，增长极核心区域与周边经济腹地的经济发展都与产业升级转型发展密切相关。而且，随着增长极发展阶段的不断提升和深入发展，无论是增长极的核心区域还是周边和外围的经济腹地，产业发展都是逐渐由低技术水平、低附加价值状态向高技术水平、高附加价值状态发展和演变，当核心区域产业产量总量快速增长时，产业结构渐趋高度化[①]，区域经济加速发展。具体来说，产业升级不仅指生产产品层次升级，还包括经济活动层次、产业链条、生产部门层次等的系统性升级。产业升级的主要目的是解决市场失灵问题，需要政府运用财政、税收、土地供应等行政手段实现产业高端化。从产业发展空间来看，推动型产业发展优先选择空间集中发展。由此，增长极发展过程中的产业升级也伴随着产业集群升级。产业集群升级的本质是通过技术创新（知识溢出）效应提升产业集群附加值和竞争力。

（二）增长极产业关联性与区域联动发展

增长极理论在创立之初，就对推动型产业的关联性相当关注。在我国经济体制转换过程中，市场经济改革是渐进式的，市场经济调节与政府宏观调控和微观干预并存，欠发达区域的发展受到政府行为、宏观政策、经济和社会制度、区域文化特征等的影响，增长极"推动型产业"的产业关联性与资源要素配置效率对

[①] 核心区域产业结构高度化是指产业逐步由第一产业、第二产业过渡到生产性服务业和生活性服务业集聚，产业生产要素结构逐渐沿"劳动密集型—资本密集型—技术（知识）密集型"路径发展，产业沿着低附加值产业向高附加值产业方向提升，从低度加工产业向高度加工产业演进过程。

区域联动发展产生重要影响。但我国改革开放初期所推行的"两头在外，大进大出"外向型经济，是被动国际化的过程。产业关联性和根植性没有受到应有的关注。随后，在区域竞争压力和 GDP 考核指标引导下，全国各地陷入招商引资竞赛，区域间恶性竞争透支了本土经济发展空间。引进的"大而全、小而全"的地方工业体系呈现出严重的趋同性，进一步加大了区域之间的相互竞争，致使"工业圈地""候鸟企业""零地价招商"等不可持续性发展现象层出不穷。这就导致我国区域增长极发展过程中，主导产业定位不准确，推动型产业发展缺乏系统性规划，导致区域产业关联性差、企业效率低下，缺乏市场活力、创新能力和核心竞争力，致使区域内部无法形成内生性企业群落和产业集聚，难以形成区域竞争力，使政策导向下的区域增长极陷入发展困境，无法发挥区域增长极的极化效应和扩散效应，难以发挥对周边经济腹地的辐射带动作用，进而导致规划的区域增长极"推动型产业"发展困难。

目前，世界范围内的制造业发展呈现出全球化、集群化、信息化、服务化趋势，根据配第-克拉克定理①，要求增长极主导产业发展融入国际产业分工链条的同时，提高产业层次和产业集群发展水平，努力实现先进生产技术的广泛应用，加速信息化与工业化的融合，提高制造业与服务业融合发展的水平，将经济增长方式由投资驱动向创新驱动转化。

由此，区域增长极应在努力促进关联性较强的推进型产业发展的同时，进一步加快生产性服务业的发展，提高区域增长极对周边经济腹地的辐射能力，通过技术创新和信息化改造传统产业，有效提升周边经济腹地的经济发展水平，实现区域协同和区域联动发展。

如表 1-2 所示，生产性服务业发展过程与增长极核心区域产业发展定位密切相关。若要加快推进增长极核心区域生产性服务业集群发展，则要加快推进区域增长极对周边区域和经济腹地的扩散效应，寻求区域协同和区域联动发展的驱动力转型，构建增长极核心区域创新型生产性服务产业集群，充分发挥生产服务业对区域发展的支撑作用。

表 1-2　生产性服务业发展过程及其对区域发展的作用

阶段	发展特征	对区域发展的作用
种子期	生产企业所需各种生产性服务都由企业内部提供，尚未形成外部生产性服务市场	生产性服务业依附于生产企业，为生产企业提供管理辅助
成长期	生产性企业内部服务活动开始外化，逐步形成外部专业化的生产性服务业市场	生产企业对生产性服务的需求增加，生产性服务业的发展促进生产企业效率提高

① 配第-克拉克定理是有关经济发展中就业人口在三次产业中分布结构变化的理论。该理论认为，随着经济的发展和人均国民收入水平的提高，第一产业国民收入和劳动力的相对比重逐渐下降，第二产业国民收入和劳动力的相对比重上升，经济进一步发展，第三产业国民收入和劳动力的相对比重上升。

续表

阶段	发展特征	对区域发展的作用
成熟期	生产性服务业市场细分程度更高，服务专业化水平更高，既有标准化服务，也有定制化服务和创新型服务	生产性服务对生产流程的主导作用、服务链对产品链的渗透作用，带动生产性服务业和生产领域融合发展，产生新的产业形态、产业发展模式

如表 1-3 所示，关注区域增长极推动型产业关联性首先要重视核心区域生产性服务业不同时期的集群发展特点，扶植和支持创新型能力较强的企业群落在核心区域与周边经济腹地合理布局；依托相对发达的中心城市、完备的产业体系、成熟的技术条件、优越的区位条件、有效的市场需要和良好的交通基础设施，有效推动增长极核心区域生产性服务业由地理集群向虚拟集群过渡，整合区域增长极核心区域的物质流、资本流、劳动力流、技术流和信息流优势，充分发挥区域增长极的极化效应和扩散效应，增强增长极核心区域对周边经济腹地的经济辐射和带动作用。另外，还要优化区域分工合作，加快区域一体化发展，打造区域优势产业链，实现增长极核心区域与周边经济腹地的产业对接和错位发展，推进增长极周边经济腹地与核心区域的产业互动与协作，有效提升周边经济腹地产业能级，形成三次产业相互促进、城乡产业联动发展的空间格局。

表 1-3　生产性服务业集群发展特征

集群	特点	优点	缺点	案例
地理集群	生产性服务业企业单独在某地理区域实现集群	专门化、品牌效应、一站式服务、享受政府统一服务	企业间是竞争关系，溢出效应发生在企业内部，企业间的合作创新较少	上海创意产业中心集中了设计、服装、陶瓷、文化、包装等服务企业
附着集群	生产性服务业企业在生产性企业集聚（集中）的区域实现集群	专业化定制和个性化服务，提供一体化服务解决方案	价值链、服务链之间的合作创新较少	硅谷、中关村吸引了研发、科技咨询、工业设计、猎头、法律、会计服务等生产性服务业，形成集群
强势集群	集群服务业企业有极强的话语权，创新成果对生产领域影响深远	集成化、知识溢出效果显著，产生的附加值高	可能出现知识（技术）过度垄断	华尔街、同济大学建筑设计研究院成为本服务领域的风向标
虚拟集群	地理位置并不十分集中，以关系为纽带、以项目为导向的集群	根据需要快速组建项目团队	缺乏日常（面对面）沟通交流	上海市大学生科技创业企业、互联网创业者俱乐部

（三）增长极的极化和扩散与区域统筹发展

区域经济的诸要素在各种经济活动中会不断地流动，而这种空间经济要素的流动会导致特定区域上的密集化过程，这一过程就叫作区域经济的空间集聚。集聚与扩散是区域经济发展在空间结构演变方面始终存在的两种相互作用，这两种相互作用成为区域经济空间结构演变的内在动力。在空间集聚阶段，区域发展主要依靠核心区域和条件较好的少数产业和少数地区，主张政府干预经济发展，通过集中投资、重点建设，将产业基础条件和区位优势较好的地区培育成区域增长极。核心区域的要素集聚、产业集聚和规模经济效应，导致增长极空间形态呈现出向心极化、等级极化和波状圈层极化，致使核心区域与周边经济腹地之间的差距扩大，造成区域经济适度规模的非均衡发展。对于欠发达地区的经济发展，主要实行国民收入转移支付、人口迁移和国家投资设立厂矿企业或工业企业搬迁等行政手段，以改变区域经济发展不均衡的空间格局。但随着沿海区域的快速发展和产业升级，我国区域经济产业梯度发展格局逐渐形成，环境承载力较弱的重化工业和劳动密集型加工产业向中西部转移态势明显。

扩散是与极化相反的一种作用机制，是指经济活动及其要素从极核向外围区域扩散的过程，具体表现为企业、人口、资金、技术等经济要素由增长极核心区域向周边经济腹地扩散，是增长极核心区域与周边经济腹地之间的产业外溢过程[①]。增长极扩散发展阶段，经济要素从核心区域向周边经济腹地扩散、展延，增长极扩散阶段的空间形态有近邻扩散、等级扩散、跳跃式扩散等形式[②]。增长极的扩散阶段是区域一体化发展的关键时期，随着交通、通信和信息产业的高度发展，区域统筹发展成为发展的主流，增长极扩散阶段的空间结构将形成以网络化、均衡化、多中心为特征的空间结构特征，各级增长极核心区域间形成层级网络，以区域中心城市为核心，逐步实现地域结构的均衡发展，城市群联合发展与城市经济功能升级、城乡统筹发展成为当前和今后相当一段时间内区域经济发展的主旋律（表1-4）。而且，我国对于欠发达区域统筹发展，主要是通过行政调拨，由核心区域向边缘区域无偿支付资金，以及大规模兴建工业基地、迁移人口、改善交通基础条件，加速边缘区域经济发展，具有强有力的政府主导推动特点，与西方经济学扩散理论存在差异。由此，极化效应和扩散效应是带动区域经济发展的不同形式，其综合影响称为溢出效应。若极化效应强于扩散效应，纯溢出效应为负值；反之，纯溢出效应为正值。经济发展处于较低阶段，即增长极发展初期，产业特别是创新企业主要集中布局在增长极，增长极的作用以极化效应为主，扩散效应被极化效应抵消后的纯溢出效应为负值，而且这种趋势有增无减，此时纯溢出效应达到最低值；随着时间的推移，增长极周边经济腹地开始步入加速发展阶段，

---

① 增长极发展的高级阶段，扩散效应占主导地位。受商务成本上升和周边经济腹地基础设施改善等因素影响，增长极核心区域的低端产业向周边经济腹地转移；受生产性服务业产业集聚影响，其他区域高端产业渐次转入而形成增长极核心区域与周边经济腹地产业同步升级。

② 近邻扩散，又称墨渍扩散，指经济活动或资源要素由集聚地域向四周相邻地域作浸润式扩散，扩散形式呈同心圆形、锯齿形或放射形；等级扩散，指核心区域的经济活动和资源要素跨过了周边相邻的乡镇、郊区和小城市，而在相对距离远，但属于同级规模的城市间发生的扩散；跳跃式扩散，又称随机扩散，是指经济活动或经济要素由于某种偶发性因素作用，在特定机遇下产生的扩散。

企业及产业布局开始扩散，增长极的扩散效应逐渐增强，极化效应逐渐减弱，两种效应相互抵消，纯溢出效应为零；再进一步发展，扩散效应开始超过极化效应占据主导地位，纯溢出效应为正值并逐渐增大，最终导致城乡一体化。当前，国家正步入全面建设社会主义现代化国家的新征程，进一步巩固和拓展前一阶段脱贫攻坚成果，扎实做好脱贫攻坚与乡村振兴的有效衔接，推动全体人民共同富裕，强调区域共生、共建、共创与共享，在区域一体化发展基础上，进一步推动区域高质量发展。

表 1-4　城市群发展阶段及其特征

阶段	特征						
	城市化率	人口规模	首位城市	城镇体系	城市作用力	产业结构	发展差异
初始阶段	30%以下，增长速度不大	200万人以下	大城市或特大城市，首位度高	不完善，城市密度低	集聚作用占优势	"二三一"型或"二一三"型，三大产业比例差别不明显	二元结构突出，城乡差异明显
发育阶段	30%～50%，增长速度大	200万～500万人	超大城市出现，大城市多个	较完善，城市密度高	集聚为主，辐射为辅	"二三一"型或"三二一"型，第三产业与工业比例相差不大	二元结构较为突出，城乡差异开始缩小
稳定阶段	50%～70%，增长速度趋于稳定	500万～1000万人	巨型城市出现，超大城市、特大城市、大城市较多	完善，城市密集提高	集聚和辐射动态平衡	"三二一"型，第三产业占有较大优势	城乡差异逐渐变小
成熟阶段	70%以上，城乡动态发展	1000万人以上	出现逆城市化，中心城镇规模较大，城乡一体化发展	完善，城市密度最高	辐射占优势，城市郊区化	"三二一"型，服务业占绝对优势，第一产业比例非常小	城乡一体化

综上，区域增长极核心区域与周边经济腹地发展过程是我国经济发展大环境中的子系统，两类区域发展不仅与各自的发展阶段相关，还与产业升级过程密切相关。在发展过程中，核心区域"推动型产业"与周边经济腹地间的产业关联性与核心区域生产性服务业发展阶段和集聚类型密切相关。核心区域生产性服务业发展在支撑本区域产业升级的同时，对周边经济腹地产业集聚和城乡区域联动发展也发挥着重要的支持性作用。极化与扩散作为区域经济发展的相互作用机制，是核心区域与周边经济腹地实现"区域一体化"发展的必经阶段。伴随着城市群发展逐渐由发育向稳定和成熟发展过渡，应采用政府诱导增长极与产业规划对区域内部产业进行空间布局，打破行政区划导致的地方市场分割①和地方保护，在强

---

① 地方政府竞争是转型时期政府选择的一项制度安排，而地方市场分割是地方政府竞争产生的一种负面效应。地方市场分割实质是地方政府因地方利益偏好，采取种种行政措施过度干预经济，保护本地企业和市场。

化市场配置要素资源的同时，转变单纯依靠投资拉动的外力发展模式，将外向型产业发展转为内需提升型发展，寻求以知识技术为导向、以自身发展为动力的内向发展道路，构建跨行政区域的增长极网络体系，快速提升区域发展水平，以实现发展方式转变与经济结构优化和产业升级同步发展。

三、区域增长极极化效应与扩散效应研究思路

本书综合考虑区域经济不同发展阶段推动型产业发展演化规律，通过借鉴区域差异、区域空间吸引力、区域空间扩散测度方法，引入区域增长极的极化度和扩散度评价，并建立分段式的克鲁格曼中心-边缘修正模型，综合研究不同推动型产业、动态发展的区域增长极的极化效应与扩散效应，揭示区域增长极不同产业的极化-扩散边界条件，探索我国现阶段区域非均衡协调发展机制，深入探讨要素集聚、产业集聚、创新集聚和知识集聚等发展阶段的增长极核心-边缘区域间的要素流动、资源配置、产业升级与经济转型等区域发展问题。

通过梳理区位理论、产业集群理论、空间经济理论和国家竞争优势理论，寻找增长极理论与上述理论的结合点。在借鉴前人研究成果的基础上，以中观区域为研究对象，对区域增长极的极化度和扩散度进行综合评价，挖掘区域增长极极化效应、扩散效应与核心-边缘区域竞争合作之间的关系，揭示要素集聚、产业集聚、创新集聚和知识集聚等不同阶段的区域增长极的推动型产业选择规律，探讨"两区联动"发展模式和立体型工业化道路及"四化同步"和高质量发展途径。

本书分为理论探索、模型构建、实证检验与政策建议几部分。

（一）理论探索

广泛搜集文献资料，深入研究区位理论、空间经济理论、新经济理论，结合前人在增长极理论方面的研究成果，论证研究框架的合理性，为极化度、扩散度测度和核心-边缘模型修正提供理论基础。

（二）模型构建

综合区域增长极理论演化路径，探讨弗里德曼核心-边缘模型与区域发展阶段结合，修正克鲁格曼核心-边缘模型，构建以推动型产业为核心的分段式中心-边缘模型，探讨动态区域增长极极化效应与扩散效应时空规律。

（三）实证检验

结合增长极发展过程中的要素集聚、产业集聚、创新集聚和知识集聚等阶段，以中原经济区、苏沪浙区域和成渝经济区等为研究对象，对其农业、工业（钢铁、汽车制造）、服务业（信息技术服务业）等进行模型实证检验，挖掘推动型产业发

展与区域产业升级关系，为探讨立体型工业化道路和"五化协调"发展路径提供指导。

（四）政策建议

综合我国省域极化度和扩散度的相关分析以及河南省县域知识溢出效应空间格局分析，分别就区域非均衡协调发展阶段、区域增长极发展阶段和区域非均衡协调发展阶段提出政府调控与市场调节、推动型产业选择与创新驱动发展和高新技术产业园区与产业集聚区良性互动发展等针对性政策建议。

第二章 我国区域增长极极化效应与扩散效应解析

区域经济增长一般经历非均衡—相对均衡—新的非均衡—均衡阶段，形成螺旋上升通道。我国区域经济发展就是这样一个渐次发展的过程。

第一节 我国区域经济发展及对外开放历程

我国改革开放过程就是从利用靠近国际市场、与海外经济密切联系、具有广阔经济腹地的经济特区向沿海经济开发区、国家综合配套改革试验区、国家主体功能区、自由贸易试验区、国家自主创新示范区逐步过渡，呈现出从非均衡发展、非均衡协调发展向区域经济一体化发展的特点（表2-1）。

表2-1 我国区域经济发展路径

区域类型	经济区域	批准时间	经济制度改革（区域划定）	备注
经济特区	深圳、珠海、汕头	1980年8月	物价改革、股份制改革、证券市场、企业产权转让、国有土地使用权有偿转让、小政府、大社会、住房制度、社保	开放窗口、试验田
	厦门	1980年1月7日	经济特区、台商投资区、出口加工区、保税区、保税物流园区、保税港区、高新技术园区，全民社保	开放窗口、试验田
	海南	1988年4月	省直管县、粮食购销同价、股份制改革、社会保障体系、国际旅游岛、公共服务均等化、自由贸易区	省级经济特区
	喀什	2010年5月	资源税费改革、国家计划单列权限，享受产业、税收、金融、土地、外贸等扶持政策，辐射全疆，面向中亚、南亚、西亚	五国接壤
沿海经济开发区	沿海港口城市	1984年5月	划定经济开发区，鼓励中外合资经营、合作经营、外商独资经营企业发展；大连、秦皇岛、天津、烟台、青岛、连云港、南通、上海、宁波、温州、福州、广州、湛江、北海	140个市、县开放，包括杭州、南京、沈阳三个省会
	经济带	1985年1月	从长三角、珠三角和闽三角经济开发区扩大到山东、辽东半岛	

续表

区域类型	经济区域	批准时间	经济制度改革（区域划定）	备注
国家综合配套改革试验区	浦东新区	2005年6月	政府职能转变、率先进行外资银行经营人民币业务，建立中外合资保险公司、外贸公司等服务贸易	新老特区重叠
	滨海新区	2006年5月	新型工业化、自主创新能力、发展高新技术产业和现代服务业	新老特区重叠
	重庆、成都	2007年6月	改变中国城乡二元经济结构，城乡均等化的公共服务和同质化的生活条件	新特区
	武汉、长株潭	2007年12月	全国资源节约型和环境友好型社会建设综合配套改革试验区，经济发展与人口、资源、环境相协调	新特区
	深圳	2009年5月	科学发展示范区、改革开放先行区、自主创新领先区、现代产业集聚区、粤港澳合作先导区、法制建设模范区	新老特区重叠
	沈阳	2010年4月	区域发展、企业重组、科技研发、金融创新，坚持新型工业化道路，推进资源节约、环境保护、城乡统筹、对外开放、行政管理等体制机制创新	新特区
	山西省	2010年12月	加快产业结构优化升级和经济结构的战略性调整，加快科技进步和创新的步伐，建设资源节约型和环境友好型社会，统筹城乡发展，保障和改善民生	新特区
	厦门	2011年12月	发挥厦门市在海峡西岸经济区改革发展中的龙头作用，促进两岸关系和平发展	新特区
	义乌	2011年3月	建立新型贸易方式、优化出口商品结构、加强市场建设、探索现代流通新方式、推动产业转型升级、开拓国际市场、加快走出去步伐、推动内外贸一体化发展、应对国际贸易摩擦和壁垒，转变外贸发展方式示范区、带动产业转型升级重要基地、国际小商品贸易中心，宜商宜居宜游国际商贸名城	准"新特区"
	黑龙江两大平原地区	2013年6月	围绕发展现代农业，推行综合配套改革，推动转变传统的农业发展方式，提高农业综合生产能力，提高农产品质量和农民收入	现代农业综合配套改革试验
国家主体功能区	优化开发	2010年12月	强化对经济结构、资源消耗、环境保护、科技创新以及对外来人口、公共服务等指标的评价，以优化对经济增长速度的考核	区域协调发展、人口与经济合理分布，可持续发展，提高资源利用率，以人为本、公共服务均等化
	重点开发		实行工业化、城镇化水平优先绩效考核评价，综合考核经济增长、吸纳人口、产业结构、资源消耗、环境保护等方面的指标	

续表

区域类型	经济区域	批准时间	经济制度改革（区域划定）	备注
国家主体功能区	限制开发	2010 年 12 月	强化农业综合生产能力考核，不考核经济增长收入。对重点生态功能区，强化对生态功能保护和提供生态产品能力的考核	
	禁止开发		强化对自然文化资源的原真性和完整性保护的考核	
自由贸易试验区	上海	2013 年 9 月	外高桥保税区、外高桥保税物流园区、洋山保税港区和上海浦东机场综合保税区，2015 年扩至张江高科技园区等 7 个区域	功能涵盖原料、零部件、半成品和成品都可在区内自由进出，可进行进出口贸易、转口贸易、保税仓储、商品展销、制造、拆装、改装、加标签、分类、与其他货物混合加工
	广东、天津、福建	2015 年 4 月	广东涵盖广州南沙新区片区、深圳前海蛇口片区、珠海横琴新区片区。天津涵盖天津港片区、天津机场片区、滨海新区中心商务区片区。福建涵盖福州片区、厦门片区、平潭片区	
	辽宁、浙江、河南、湖北、重庆、四川、陕西	2017 年 3 月	辽宁涵盖大连片区、沈阳片区、营口片区。浙江涵盖舟山离岛片区、舟山岛北部片区、舟山岛南部片区。河南涵盖郑州片区、开封片区、洛阳片区。湖北涵盖武汉片区、襄阳片区、宜昌片区。重庆涵盖两江片区、西永片区、果园港片区。四川涵盖成都天府新区片区、成都青白江铁路港片区、川南临港片区。陕西涵盖中心片区、西安国际港务区片区、杨凌示范区片区	
国家自主创新示范区	中关村	2009 年 3 月	北京中关村国家自主创新示范区是第一个国家自主创新示范区	推进自主创新和高技术产业发展方面先行先试、探索经验、做出示范的区域
加快发展战略性新兴产业，推进创新驱动发展，加快转变经济发展方式。建设世界一流园区，实现技术创新领先、产业领先、经济和社会发展领先、体制机制创新领先国家自主创新示范区的建设目标
	东湖	2009 年 11 月	武汉东湖国家自主创新示范区是第二个国家自主创新示范区	
	张江	2011 年 3 月	上海张江国家自主创新示范区是第三个国家自主创新示范区	
	深圳	2014 年 6 月	深圳国家自主创新示范区是首个以城市为基本单元的国家自主创新示范区	
	苏南	2014 年 10 月	苏南自主创新示范区是首个城市群国家自主创新示范区，横跨南京、无锡、常州、苏州、镇江 5 个国家创新型试点城市	
	长株潭	2015 年 1 月	设立长株潭国家自主创新示范区	
	天津	2015 年 2 月	天津滨海高新技术产业开发区设立天津国家自主创新示范区	
	成都高新区	2015 年 6 月	成都高新技术产业开发区是西部首个国家自主创新示范区	
	西安高新区	2015 年 9 月	西安高新技术产业开发区设立西安国家自主创新示范区	
	杭州高新区	2015 年 9 月	杭州和萧山临江高新区设立杭州国家自主创新示范区	

续表

区域类型	经济区域	批准时间	经济制度改革（区域划定）	备注
国家自主创新示范区	珠三角国家高新区	2015年11月	广州、珠海、佛山、惠州仲恺、东莞松山湖、中山火炬、江门、肇庆等8个珠三角国家高新区设立珠三角国家自主创新示范区	
	郑洛新	2016年4月	郑州、洛阳、新乡国家高新区设立国家自主创新示范区	
	山东半岛	2016年6月	山东半岛国家高新区设立国家自主创新示范区	
	沈大高新区	2016年7月	沈阳、大连国家高新区设立国家自主创新示范区	
	宁温自创区	2018年2月	宁波、温州市设立国家自主创新示范区	
	兰白自创区	2018年2月	甘肃省兰州市、白银市设立国家自主创新示范区	
	乌昌石自创区	2018年11月	新疆维吾尔自治区乌鲁木齐市、昌吉市、石河子市设立国家自主创新示范区	
	鄱阳湖自创区	2019年8月	江西省南昌市、新余市、景德镇市、鹰潭市、抚州市、吉安市、赣州市设立国家自主创新示范区	
区域经济一体化	长江经济带	2013年7月	横跨中国东中西三大区域，涵盖上海、江苏、浙江、安徽、江西、湖北、湖南、重庆、四川、云南、贵州等11个省市	应对人民日益增长的物质文化需要和落后的社会生产之间的矛盾转向人民日益增长的美好生活需要和不平衡不充分的发展之间的矛盾主要手段，是建立以国内大循环为主体、国内国际双循环相互促进的重要阵地和基础保障
	京津冀一体化	2014年2月	北京市、天津市及河北省的保定、唐山、廊坊、沧州、秦皇岛、石家庄、张家口、承德、邯郸、邢台、衡水等11个地级市	
	海南自由贸易港	2018年9月	海南全岛建设自由贸易试验区和中国特色自由贸易港	
	粤港澳大湾区	2019年2月	香港、澳门2个特别行政区和广东省广州、深圳、珠海、佛山、惠州、东莞、中山、江门、肇庆9个城市	
	长江三角洲区域一体化	2019年5月	以江苏省、浙江省、安徽省、上海市三省一市全域，确定274个城市为中心区，辐射带动长三角地区高质量发展	
	黄河流域生态保护和高质量发展	2019年10月	黄河流域涵盖青海、四川、甘肃、宁夏、内蒙古、陕西、山西、河南、山东9个省区，以中西部省区为主，上游河源至贵德，中游贵德至孟津，下游郑州以下河段，上中下游发展不平衡	

注：深圳作为经济特区，浦东新区、滨海新区作为沿海经济开发区与国家综合配套改革试验区（新特区）重叠区域，经历了"先行先试"的对外开放窗口、全面开放的开放试验田和全面对接的综合改革过程，在国家政策支持的历史背景下，形成了珠三角、长三角和环渤海三个国家级增长极。

由此来看，我国改革开放历程呈现出由特区（开放）城市带动的沿海地区非均衡率先发展向城市群带动区域非均衡协调发展过渡的明显特征。自 20 世纪 80 年代至今，城市作为带动国家非均衡发展的重要空间载体，带动东部沿海地区率先发展起来；进入 21 世纪以来，在西部大开发、全面振兴东北老工业基地、大力促进中部地区崛起和积极支持东部地区率先发展的区域发展战略指导下，我国区域发展逐渐转入以城市群为牵引的区域非均衡协调发展阶段，区域增长极成为带动区域统筹发展与区域非均衡协调发展的重要载体。

一、以国家级增长极形成为标志的区域非均衡发展

改革开放以来，我国区域发展战略进行了较大调整，开始由局部均衡的"三线建设"阶段转向沿海地区的"非均衡"发展阶段。20 世纪 80 年代初开始，以四个经济特区为标志的珠三角区域经济率先发展；90 年代初期，以浦东新区开发为标志的长三角区域经济迅速崛起；90 年代末期，以渤海新区为标志的环渤海经济区域经济发展优势日益凸显。

（一）从深圳经济特区到珠三角国家级增长极

深圳是我国第一个经济特区和改革开放的前沿城市。在全球经济国际产业分工发展模式情景下，依托改革开放前较好的经济发展基础，结合市场化经济制度初步构建的良好历史机遇，以《广东省经济特区条例》为标志，依靠吸引外商投资优惠政策和国家层面的大力支持，设立的深圳经济特区成为我国对外开放和外向型经济发展的窗口以及中国经济与世界经济的重要交会点。深圳区域经济发展迅猛，成为广东省乃至全国经济发展的龙头。深圳依靠毗邻国际大都会香港的地缘优势，由初期的"三来一补"加工贸易工业体系逐步向"贸、工、技"转化，经济发展模式由深圳、香港双向共赢发展模式①向经济转型和产业升级过渡。

1990 年，深圳 GDP 为 135.68 亿元，同比增长 23.3%；广州 GDP 为 305.01 亿元，同比增长 5.47%。深圳 GDP 仅占广州的 44.48%，但增速远高于广州。从经济空间来看，1990 年，珠海、东莞和佛山呈现出良好发展基础，而后来被称为"广东四小虎"的东莞、顺德、南海、中山等地发展基础还相对薄弱。

1995 年，深圳 GDP 为 842.79 亿元，同比增长 23.9%；广州 GDP 为 1252.71 亿元，同比增长 16.51%。深圳 GDP 占广州的 67.28%，比 1995 年占比提高了 22.8 个百分点。从经济空间来看，深圳、东莞和惠州呈同城发展态势，广州和佛山、珠海、中山呈同城发展态势。"广东四小虎"成为珠三角的区域增长极。2018 年，深圳 GDP 为 2.4 万亿元，同比增长约 7.6%；广州 GDP 为 2.28 万亿元，同比增长

---

① 深圳得到香港转移出来的大量的工业（纺织服装、电子制品、塑料、声像制品、金属制品）发展机遇，香港的工业外移为香港成为世界级的金融中心、服务中心与开放门户提供了发展空间。

6.2%；深圳 GDP 及其增速连续三年超过广东省省会广州。改革开放以来，深圳作为我国经济对外开放的窗口、外向型经济先行者和国家综合配套改革试验区"新特区"，以及首个国家级增长极，对整个珠三角区域协调发展和港珠澳大湾区①发展发挥着至关重要的作用。

（二）从浦东新区全面开放到长三角国家级增长极

深圳特区实施外向型经济，融入国际产业分工体系，是从产业链低端、劳动密集型、低资本、低回报、低技术含量的产品起步的，在看到深圳经济特区迅猛发展带动珠三角区域经济快速发展的同时，还应谨防陷入国际产业分工的陷阱②。为重塑改革开放、发展外向型经济的信心，20 世纪 90 年代的浦东新区开发有别于深圳特区的对外开放"窗口"和改革开放的"试验田"定位，开始由面向香港的窗口式开放转为向欧美、全世界的全面开放，显示出我国进一步对外开放的决心和融入世界经济的迫切愿望。

1990 年，国家正式批准开发浦东新区，设立陆家嘴金融贸易区、金桥出口加工区、外高桥保税区，支持探索要素市场化等九项优惠政策，在国家支持、财政体制改革等推动下，浦东促进上海乃至整个长三角区域的海外投资和境内投资力度不断增强，外商直接投资保持年均增长 50%以上。浦东新区按照国家对其"外向型、多功能、现代化"的目标定位，成为上海"四个中心"③定位的核心区。浦东新区的快速发展，有效促进了上海及周边地区的发展。苏州新加坡工业园区以及昆山、吴江等地的台资工业园区先后崛起，继而形成以"上海—南京—杭州"为核心区域，包括苏州、无锡、常州、宁波、绍兴、嘉兴等的城市经济带（都市圈），成为带动皖江城市群和苏北欠发达区域发展的动力源，使长三角经济区域成为区域增长极核心区与周边经济腹地双向互动发展的范例。

1993 年，上海人均 GDP 为长三角区域的 2.17 倍、全国的 3.69 倍；1998 年，上海人均 GDP 为长三角区域的 2.07 倍、全国的 3.7 倍；2003 年，上海人均 GDP 为长三角区域的 1.9 倍、全国的 3.8 倍；2008 年，上海人均 GDP 为长三角区域的 1.6 倍、全国的 3.3 倍；2011 年，上海人均 GDP 为长三角区域的 1.29 倍、全国的 2.35 倍。从空间来看，浦东新区（上海）作为长三角的核心区域，对长三角区域和全国经济发展的带动作用明显。而且，区别于珠三角中的深圳经济特区的异军突起，浦东新区（上海）与周边区域经济一体化态势显著。2019 年底，16 个全国

---

① 港珠澳大湾区由香港、澳门两个特别行政区和广东省广州、深圳、珠海、佛山、惠州、东莞、中山、江门、肇庆（珠三角）九个地市组成，总面积5.6万平方公里，是我国开放程度最高、经济活力最强的区域之一，在国家发展大局中具有重要战略地位。

② 发达国家实际上是在强化其在原有贸易格局中的既得利益，而发展中国家则被更加牢固地锁定在国际分工链条的末端，陷入国际分工陷阱。而且，受外商直接投资对本土企业的挤出效应，外向型经济可能导致本土经济被动接受锁定在国际分工链条的末端的现实。

③ 上海"四个中心"是指国际经济中心、国际金融中心、国际航运中心和国际贸易中心。

万亿城市俱乐部中长三角就占了 6 个，分别为上海、苏州、杭州、南京、无锡和宁波，上海的区域带动效应进一步凸显。

浦东新区在经济发展过程中，产业集聚特征明显。浦东新区依托陆家嘴金融贸易区、张江高科技园区、金桥出口加工区、上海综合保税区和国际旅游度假区、世博板块和临港区域，重点发展产业关联性高、对区域经济带动性强的电子信息产业（软件和信息服务业）、装备制造业、汽车制造业及新能源汽车、生物医药、民用航空产业、新能源、海洋经济等战略性新兴产业。作为上海"四个中心"定位和核心区，浦东新区发挥着辐射上海及周边经济的重要使命，而上海则依托丰厚的海派开放文化底蕴、良好的区位条件和产业基础，逐步形成了东部微电子基地、西部汽车基地、南部化工基地、北部钢铁基地等"四大基地"和九个市级工业园区（嘉定工业区、松江工业区、康桥工业区、莘庄工业区、青浦工业园区、上海市工业综合开发区、宝山城市工业园区、崇明工业区、金山嘴工业区）的空间经济结构。上海产业集中在汽车、化工、钢铁等重工业，如汽车产业分布在安亭、金桥、临港基地，微电子及通信信息产业分布在松江、青浦、浦东和漕河泾地区。进而，上海市经济发展带动了整个长三角地区由传统的纺织等优势产业向房地产、金融、信息技术和汽车制造等新兴产业升级转型，外向型产业及非国有经济迅猛发展，有效地促进了浙江"块状经济"[①]和江苏特色产业集群发展，对皖江城市带和沿江城市开发起到示范、辐射和带动作用[②]。

从长三角区域时序空间演化来看，1993 年，经济发展较强区域为上海及苏州周边毗邻上海的昆山、无锡、南通和南京、杭州、宁波等区域。1995 年，苏州、无锡、常州与上海周边区域联成一体，南京周边的镇江快速发展，杭州周边的绍兴市发展迅速，逐步形成沪、宁、杭城市经济密集区[③]。

从 2008—2019 年长三角区域人均 GDP 来看：以上海为中心的环太湖经济核心区域与以南京为中心的经济区域对接明显，以杭州为中心的区域与宁波经济区域对接迅速，沪宁杭区域经济一体化[④]运行体系基本形成，构建起以上海为中心，南京、苏州、杭州、宁波为次中心的城市经济带。

以上海为核心的长三角城市群，承担着当好长江经济带的龙头、带动全流域发展的重要使命。长江经济带作为一个整体，后期发展必须全面把握、统筹谋划。

---

① 块状经济（massive economic）是指一定的区域范围内形成的一种产业集中、专业化极强的，同时又具有明显地方特色的区域性产业群体的经济组织形式。因为块状经济往往能带动当地的经济和社会发展，所以又被称为区域特色经济。

② 近年来，投资浦东建设的资金除外商直接投资外，排在前三位的省份分别为浙江、江苏和安徽。

③ 经济密集区是指特定区域内，以一个或多个特大、超大城市为核心，有多个不同等级城市相对集聚，城市个体间保持强烈的交互作用和密切联系的城市空间布局形态。

④ 区域经济一体化是指按照自然地域经济内在联系、商品流向、民族文化传统以及社会发展需要而形成的区域经济的联合体。区域经济一体化建立在区域分工与协作基础上，通过生产要素的区域流动来推动区域经济整体协调发展。

推动长江经济带发展，要坚持强化规划引领，形成各项规划相互衔接、有机统一的规划体系，把长江经济带建设成为我国生态文明建设的先行示范带、创新驱动带、协调发展带。由此，长三角区域试图通过对比长三角区域人均 GDP 空间演变和《长江三角洲城市群规划》，在制度层面形成协作机制，在体制与机制上打破行政分割，优化资源配置，营造良好的区域创新环境；树立区域合作与区域品牌意识，并建立区域公平的市场竞争环境；加强集群内企业的分工与协作，建立完善的产业集群机制；提高自主创新能力，推动产业集群由低成本型向创新型转变。

（三）从滨海新区全面对接到环渤海国家级增长极

历经以工业开放为特征的"开放窗口"深圳经济特区，引入市场化机制发展起来的以外向型经济为基础的珠三角经济区，以开放为特征、服务业"全面开放"的浦东新区，以区域一体化为空间格局的沪浙苏长三角经济区等发展阶段，我国区域经济虽然获得了快速发展，但区域差距拉大和区域空间发展"南重北轻""东西失衡"问题成为实现区域协调均衡发展和共同富裕国家战略目标的巨大障碍和制约因素。由此，2005 年 10 月，国家将天津滨海新区开发上升为国家战略，并于 2006 年 5 月正式批准天津滨海新区为国家综合配套改革试验区。至此，滨海新区成为坚持"深化体制改革，主动参与国际竞争，全面提升发展水平"，大力实施"引进来"与"走出去"并重的全面对外开放战略的主阵地。继珠三角和长三角之后，环渤海经济圈①成为立足天津、依托京冀、服务环渤海、辐射"三北"②、面向东北亚的"范围最大、最具发展潜力"的区域。

随着全球经济危机和国际产业分工中的供给-需求布局影响，发达国家和地区纷纷推行"产业回归"政策③，我国原来依托以"低劳动力成本、高储蓄、高投资、高资本"为特征的"比较优势"发展起来的外向型经济，其人口红利效应逐渐减弱，经济转型升级和产业结构优化调整压力凸显。在这种时代背景下，滨海新区逐渐成为我国区域经济改革的"风向标"。

1986 年，"环渤海经济圈"开始进入区域经济发展研究的视野。但与珠三角和长三角不同，以滨海新区为核心的环渤海经济圈属于慢热型的国家级增长极。21 世纪以后，滨海新区才开始进入发展的快车道。

1997 年，滨海新区生产总值占天津全市的比例为 30.2%；2001—2014 年，滨海新区生产总值占天津全市的比例一直保持高位增长态势，从 2001 年的 40.1% 上升到 2014 年的 55.7%；滨海新区三大产业结构也分别由 1997 年的 1.28%、68.80%

---

① 狭义的环渤海地区包括北京、天津两个直辖市和河北、辽宁、山东三省，拥有全国5.43%的国土面积；广义的环渤海经济圈包括北京、天津、河北、辽宁、山东和内蒙古中部五省区二市组成的行政区域。

② "三北"是指我国的东北（黑龙江、吉林、辽宁）、华北（包括北京市、天津市、河北省、山西省，以及内蒙古自治区中部即鄂尔多斯、乌兰察布市、包头市和呼和浩特市等四盟）和西北广大地区。

③ "产业回归"政策是指美国、日本、法国等发达国家和地区将关键产业撤回国内，扩张国内生产基地的行动。

和 29.92%转变为 2014 年的 0.1%、66.5%和 33.4%。2018 年以来，滨海新区经济发展呈现出工业经济"高端、高质、高新化"①和"巨型企业"②特点，现代服务业发展迅猛③。但就经济数据来看，以京津为龙头的环渤海经济圈对京津冀城市群、山东半岛城市群和辽中南城市群的区域整合作用发挥不足，区域一体化发展格局尚未形成。而且，京津核心区域对周边经济腹地的辐射作用尚不明显。例如，2000 年，京津两地人均 GDP 是环渤海地区人均 GDP 的 1.99 倍，是全国的 2.62倍；2005 年，京津两地人均 GDP 是环渤海地区人均 GDP 的 2.04 倍，是全国的2.99 倍；但到 2010 年，京津两地人均 GDP 是环渤海地区人均 GDP 的 1.88 倍，是全国的 2.34 倍。2014 年，滨海新区生产总值增长至 8760.15 亿元，占天津全市的比例由 2010 年的 54.5%提高到 2014 年的 55.7%，同比增长 15.5%④。2018 年，滨海新区生产总值增长至 8694.54 亿元，占天津全市的比例由 2014 年的 55.7%下降到 2018 年的 46.2%，同比下降 9.5%。由此可见，滨海新区抢抓京津冀一体化契机，积极融入环渤海区域协同发展，在对周边科技创新要素资源集聚效应和生产性服务业空间集聚优势发挥的基础上，带动区域协同发展的效果日益凸显。

环渤海地区对深化改革开放、促进全球经济协作及促进南北协调发展有重要作用。滨海新区与欧美、日本、韩国全球产业实施对接，通过跨国公司国际化投资，实现技术、信息、人才、资源和市场的空间流动和配置，把北京作为研发中心和运营总部，把生产基地建设在天津、大连、青岛等地，通过内外向发展互动，根除滨海新区、北京双极核发展的环渤海核心区域与周边经济腹地之间接受度、辐射面、互动性较小的劣势，理顺滨海新区与东北振兴和"三北地区"的交通联系和信息联系通道，连接辽中南城市群、京津冀城市群和山东半岛城市群⑤，实现"立足天津，依托京冀，服务环渤海，辐射三北"的更大区域范围的互动发展。而且，需要重点关注的是，2017 年 4 月，国家在地处北京、天津和保定腹地的两个绿心之一的"白洋淀绿心"设立了雄安新区。综上分析，从深圳和浦东发展经验来看，国家支持、区域依托、地方动员是珠三角和长三角两个国家级增长极成功发展的关键。但从发展历程来看，珠三角发展通过承接香港地区轻工业快速发展

① 以航空航天、石油化工、汽车及装备制造业、电子信息、生物医药、新能源新材料、轻纺和国防等八大优势产业为突破口，推进工业结构升级。

② 除引进欧洲空中客车、美国摩托罗拉、美国奥的斯电梯、日本丰田汽车、韩国三星电子等世界500强企业，2010年还集中落地了诸如新一代运载火箭、100万吨乙烯、千万吨炼油、无人驾驶飞机等大型企业项目。

③ 中心商务区、北塘经济区总部经济和楼宇经济蓄势待发，东疆保税港区离岸金融与金融租赁业等新兴金融业迅速成长。

④ 数据来源于天津滨海新区发展报告。2018年初，全国各地清理注册在当地但未在当地生产的企业的产值统计问题，致使多地下调生产总值。2016年的滨海新区生产总值由 10 002亿元下调至6654亿元。

⑤ 辽中南城市群是以沈阳、大连为中心，包括鞍山、抚顺、本溪、丹东、辽阳、营口、盘锦等的城市群落，该区域城市密集度高，大城市占比较大；京津冀城市群包括北京市、天津市和河北省的石家庄、唐山、保定、秦皇岛、廊坊、沧州、承德、张家口八个地市及其所属的通州新城、顺义新城、滨海新区和唐山曹妃甸工业新城；山东半岛城市群包括济南、青岛、烟台、淄博、威海、潍坊、东营、日照等八个城市。

外向型经济，长三角通过承接我国台湾电子工业快速发展出口加工型经济。在改革开放初期和融入全球价值链（global value chain，GVC）①的过程中，我国制造业融入发达国家跨国企业所支配和控制的全球价值链，形成的处于"GVC底部"的"两头在外"的外向化发展处于被俘获与压榨地位，难以形成区域核心竞争力。作为第三个国家级增长极，面向欧美、日韩的以滨海新区为核心的环渤海区域，承担构建以重工业和现代服务业为目标的国家价值链（National Value Chain，NVC）重任。2019年2月18日，中共中央、国务院印发《粤港澳大湾区发展规划纲要》，推进粤港澳大湾区建设，这是新时代推动形成全面开放新格局的新举措，有利于深化内地和港澳交流合作，对港澳参与国家发展战略、提升竞争力、保持长期繁荣稳定具有重要战略意义。2019年9月18日，习近平总书记在黄河流域生态保护和高质量发展座谈会上的讲话中强调，"要在党中央集中统一领导下，发挥我国社会主义制度集中力量干大事的优越性，牢固树立'一盘棋'思想，更加注重保护和治理的系统性、整体性、协同性"，"要保持历史耐心和战略定力，以功成不必在我的精神境界和功成必定有我的历史担当，既要谋划长远，又要干在当下，一张蓝图绘到底，一茬接着一茬干，让黄河造福人民"。由此来看，黄河流域生态保护和高质量发展是国家重大发展战略②。

二、以区域增长极为标志的区域非均衡协调发展

珠三角、长三角和环渤海三个国家级增长极城市群的城市化进程加速，带动了我国经济的腾飞和区域经济的快速发展。随着改革开放的持续深入发展，虽然2017年广东省城镇化率达69.2%，珠三角地区城镇化率甚至超过80%（接近中等发达国家水平），但经济增长依赖投资和出口。尽管珠三角地区人口高度集聚，但是城市教育、医疗、社会保障、保障性住房等公共服务供给不足，导致进城务工人员难以享受基本公共服务，影响了消费率③的提高（最终消费率仅为45.3%）。鉴于城镇化对投资和消费拉动巨大，广东省开始实施"双转移"区域发展政策，在提高城镇化率的同时（2021年，广东省常住人口城镇化率达74.6%，珠三角地区城镇化率达87.5%），打造珠三角"布局合理、功能完善、紧密联系"的城市群，推进珠三角区域经济一体化发展。

以上海为中心的长三角区域在带动长江流域经济发展乃至推动全国经济发展

---

① 全球价值链是指在全球范围内，为实现某种商品或服务的价值而连接生产、销售直至回收处理等全过程的跨企业网络组织。

② 黄河流域生态保护和高质量发展，同京津冀协同发展、长江经济带发展、粤港澳大湾区建设、长三角一体化发展一样，是重大国家区域性发展战略。

③ 消费率又称最终消费率，是指一个国家或地区在一定时期内（通常为1年）最终消费（用于居民个人消费和社会消费的总额）占当年GDP的比率，反映生产产品用于最终消费的比重，是衡量国民经济中消费比重的重要指标。一般按现行价格计算，计算公式为：消费率=消费基金/GDP×100%。其中，消费基金包括居民消费和政府消费。

中占据举足轻重的地位。但受各行政区追求自身经济利益影响，长三角经济发展面临产业结构趋同、市场分割和地方保护、水域环境污染等问题。2008 年，《国务院关于进一步推进长江三角洲地区改革开放和经济社会发展的指导意见》（国发〔2008〕30 号）把"长三角一体化"上升到国家战略层面，长三角区域经济一体化进程进入深化阶段。众所周知，长三角区域经济的一体化深化发展，有利于增强我国国际竞争力和抗风险能力，有利于增强长三角地区的辐射带动力，有利于增强长三角地区的可持续发展能力。

由于我国城乡居民收入增长速度持续低于经济增长速度，城乡间、地区间和个人间的收入差距进一步扩大，导致居民消费率下降，生产与消费脱节、产能过剩，依赖"低消费、高投资"经济增长方式难以为继。我国未来最大发展潜力在城镇化，走工业化、信息化、城镇化、农业现代化同步发展的新型城镇化道路，要摒弃"摊大饼"式的无序拓展的城市发展模式，兼顾依托中心城市发展和自成中心①发展方式，实施以"体系开放、空间集约、科学规划"为特征的区域一体化发展道路。

随着珠三角、长三角和环渤海国家级增长极的迅速发展，国家综合配套改革试验区和主体功能区规划旨在使沿海发达地区的先行发展经验向中西部扩散，最终形成区域非均衡协调发展格局。"得中原者得天下"，武汉城市圈、长株潭城市群、皖江城市带、中原经济区、鄱阳湖生态经济区等中部区域发展纷纷上升为国家级区域发展战略。随着中部地区城市规模不断扩大、城镇体系不断完善，中心城市的辐射带动作用日益增强，中部地区的产业集聚水平和人口承载能力也迅速获得提升。但中部地区城镇化水平明显低于东部沿海发达地区，甚至低于全国平均水平（表 2-2 和表 2-3）。

表 2-2　中部六省城市规模分布

省份	城市数量/个					
	超大城市	特大城市	大城市	中等城市	小城市	合计
河南	0	2	7	8	21	38
山西	0	2	0	5	15	22
安徽	0	1	4	9	8	22
江西	0	1	0	9	11	21
湖北	1	0	4	12	19	36
湖南	0	1	4	7	17	29

注：按照城市市区（不包括市辖县）的非农业人口总数多少对城市规模进行划分，超大城市非农业人口在 400 万以上，特大城市非农业人口为 100 万～400 万，大城市非农业人口为 50 万～100 万，中等城市非农业人口为 20 万～50 万，小城市非农业人口在 20 万以下。

---

① 自成中心是指远离中心城市县域自成中心。自成中心要制造出高端公共服务功能，使得无法从中心城市获得高端公共服务的民众和企业能从县城获得，该方式下的"镇"要做少、做精。

从表 2-2 可以看出,中部六省城市群梯次明显,湖北拥有超大城市武汉(2018年,武汉市区常住人口 1108.10 万,户籍人口 883.73 万),中心城市首位度高。

表 2-3 中部六省城镇化率变动情况

年份	城镇化率/%						
	全国	河南	山西	安徽	江西	湖北	湖南
2008	45.70	36.00	45.10	40.50	41.36	45.20	42.15
2009	46.60	37.70	45.99	42.10	43.18	45.70	43.20
2010	47.50	39.50	47.00	43.70	44.70	47.02	44.40
2011	51.27	41.80	49.68	44.80	45.70	50.00	45.10
2014	54.77	45.20	53.79	49.15	50.22	55.67	49.28
2016	57.35	48.50	56.21	52.00	53.10	58.10	52.75
2018	59.58	51.71	58.41	54.69	57.32	60.30	56.01

注:2016 年数据为 2017 年公布的 2016 年度城镇化公开数据。

从表 2-3 可看出,中部六省中几乎所有的省份城镇化率都低于全国城镇化率的平均水平(湖北省 2000 年、2005 年、2014 年、2016 年、2018 年曾超过全国城镇化率的平均水平)。而且,中部六省城镇化率水平随着时间的推移逐步提高,并有一定的趋同趋势,说明近年来在国家中部崛起相关政策支持下,中部地区在实施新型城镇化发展道路过程中,区域非均衡协调发展态势逐渐显现。

继珠三角、长三角、环渤海、成都和重庆"两江新区"成长为国家级增长极之后,我国又形成了由南向北、由沿海到内陆渐次推进钻石状分布四个国家级的经济社会发展增长极核。

在上述钻石状国家级增长极核内部,武汉城市圈、长株潭城市群、皖江城市带和中原城市群成为中部区域增长极的"小钻石",这四个城市密集区具有"承东启西,贯通南北"的独特区位优势,在我国区域非均衡发展向非均衡协调发展阶段消除区域发展不平衡和不充分的矛盾方面发挥了重要的区域增长极的极化作用与扩散作用,以逐步实现当前区域协同化和区域一体化发展目标。

1. 武汉城市圈

武汉城市圈是指武汉及其周边黄石、鄂州、黄冈、孝感、咸宁、仙桃、潜江、天门 8 市区域,又称"1+8"。该城市圈占全省 33%的土地和 51.04%的人口,城市密集度较高,经济基础较好,环境条件优越。2018 年,武汉城市圈的 GDP 为 24 897.50 亿元,占湖北全省的 63.25%(表 2-4)。

表2-4　2017—2018年武汉城市圈"1+8"城市经济社会发展情况

地区	GDP/亿元		增长率/%	2018年常住人口/万人	面积/千米²	2018年城镇化率/%
	2018年	2017年				
湖北省	39 366.55	36 522.95	7.79	5885	185 900	59.30
武汉	14 847.29	13 410.34	10.72	1089	8 494	80.29
黄石	1 587.33	1 479.40	7.30	237	4 583	63.29
鄂州	1 005.30	905.92	10.97	108	1 594	65.91
孝感	1 912.90	1 742.23	9.80	492	8 910	57.57
黄冈	2 035.20	1 921.83	5.90	634	17 453	47.22
咸宁	1 362.42	1 234.86	10.33	254	9 861	53.70
仙桃	800.13	718.66	11.34	154	2 538	58.70
潜江	755.78	671.86	12.49	97	2 004	57.40
天门	591.15	528.25	11.91	7.70	3 235	54.20

注：根据2018年湖北省统计年鉴数据整理。

2018年，武汉城市圈利用湖北全省31.56%的土地，创造了63.24%的GDP。武汉城市圈人均GDP为8.10万元，比全省人均GDP的6.69万元高出1.41万元。武汉城市圈增长率为10.10%，比湖北全省7.79%的增长率高出2.31个百分点。武汉城市圈2018年常住人口占全省常住人口的52.21%。

根据《湖北省促进中部地区崛起"十三五"规划实施方案》，结合《武汉市国民经济和社会发展第十三个五年规划纲要》，武汉市定位于"发展动力、产业结构、城市功能、城市品质、民生保障和社会治理"六个方面的升级，以万亿倍增计划为牵引，打造国家创新中心、国家先进制造业中心和国家商贸物流中心。处于我国东西、南北两大发展轴线——长江经济带和由京广铁路、京珠高速组成的"十"字形发展轴的交会处的武汉城市圈将逐步实现"较发达城市圈、成熟型城市圈、一核多强式城市圈、省际外生型城市圈、外向与内需融合型城市圈"的五个转变，这就要求加强区域经济一体化进程，实施"规划同筹，交通同网，信息同享，金融同城，市场同体，产业同链，科技同兴，环保同治"道路，积极推进基础设施建设一体化、产业发展与布局一体化、区域市场一体化、城乡建设一体化和资源保障、环境保护与生态建设一体化区域发展，有力推动湖北全省经济非均衡协调发展，为中部崛起经济发展提供重要支撑和强力保障。

武汉城市圈在"一核、两环、四组团、两带"发展带动下将向西延伸，实现湖北省区域空间发展的资源节约型和环境友好型统筹发展目标。其中，一核指武汉都市发展主核区，两环指武汉市区绕城高速公路外环和环城市圈准高速外环，四组团指四条"产业-城镇"组团发展轴①，两带指东部的大别山和南部的幕阜山发展带。在武汉城市圈西翼发展轴和西北翼发展轴带动下，连接宜（昌）荆（州）荆（门）城市带和襄（阳）十（堰）随（州）城市带，形成横贯东西的发展梯次和城乡统筹一体化发展空间格局。

2. 长株潭城市群

长株潭城市群以长沙、株洲、湘潭为基础，包括岳阳、常德、益阳、娄底、衡阳五个周边市县的"3+5"城市群。其中，长沙、株洲、湘潭三市沿湘江呈"品字"形分布，是长株潭"资源节约型和环境友好型"两型社会建设综合配套改革试验区核心板块。2018年，长株潭城市群占全省面积的45.73%，人口占61.25%，却创造出全省GDP的79.47%（表2-5）。

表2-5　2017—2018年长株潭城市群"3+5"城市经济发展情况

地区	GDP/亿元		面积/千米²	常住人口/万人	
	2018年	2017年		2018年	2017年
湖南省	36 425.78	34 590.56	211 800	6 898.78	6 822.00
长沙	11 003.41	10 536.51	11 819	815.47	754.52
株洲	2 631.54	2 580.40	11 262	402.08	401.60
湘潭	2 161.36	2 055.76	5 005.8	286.48	283.80
岳阳	3 411.01	3 258.03	15 019.2	579.71	568.11
常德	3 394.20	3 238.40	18 189.8	582.72	584.40
衡阳	3 046.03	3 132.48	15 310	724.34	728.59
益阳	1 758.38	1 665.41	12 144	441.38	439.50
娄底	1 540.41	1 544.98	8 117.6	393.18	453.17

注：采用官方可查的年份最新数据，并优先使用常住人口数据计算得到。

对比表2-4和表2-5可以看出，长株潭城市群GDP的集中度比武汉城市圈更高。由此看来，长株潭城市群所在地市中集聚的生产性服务业对周边经济腹地产业发展起到重要作用，同时还带动了周边区域服务业的快速发展。根据《长株潭城市群基本现代化建设"十三五"规划》，环长株潭城市群积极推行"一化三基"战略，重点发展"一核、三带"②，通过重点城市错位发展，由长株潭核心区域快

① 东翼由黄石、鄂州、黄冈组成紧密型"产业-城镇"组团，西翼由仙桃、潜江、天门组成松散型"产业-城镇"组团，西北翼由孝感、汉川、应城、安陆四市组成松散型"产业-城镇"组团，由咸宁、赤壁、嘉鱼三城组成南部"产业-城镇"组团。
② "一核"是指长株潭城市群核心区，"三带"是指岳阳—长株潭—衡阳城镇产业聚合发展带、长株潭—益阳—常德城镇产业聚合发展带和长株潭—娄底城镇产业聚合发展带。其中，岳阳—长株潭—衡阳城镇产业聚合发展带是长株潭城市群对外联通、带动湖南发展最重要的发展主轴；长株潭—益阳—常德城镇产业聚合发展带是长株潭城市群西南向西辐射带动湘中地区和湘西西北地区的发展主轴；长株潭—娄底城镇产业聚合发展带是长株潭城市群向西辐射带动湘中地区和湘西地区的发展主轴。

速发展，带动岳阳、常德、益阳、娄底、衡阳五个次级区域增长极发展，通过统筹经济现代化、城乡现代化、生态文明现代化、社会治理现代化、人的现代化发展，构建"四带、十一园、三片"产业空间布局，建立产业分工合作体系。

3. 皖江城市带

皖江城市带承接产业转移示范区为国家级示范区①，规划范围为安徽境内的长江流域，成员包括合肥、芜湖、马鞍山、铜陵、安庆、池州、巢湖（皖江经济带2010 年获批，巢湖 2011 年并入合肥）、滁州、宣城九市全境和六安市的舒城县、金安区，共 59 个县（市、区）。皖江城市带发展旨在对接长三角区域，辐射安徽全省。皖江城市带占安徽全省面积的 54%。从表 2-6 可知，2018 年，皖江城市带城市用 63.35%的面积、53%的人口，实现 GDP 21 251.5 亿元，占安徽全省的70.82%，人均 GDP 64 101 元，比全省人均高 16 127 元。皖江城市带城市平均城镇化率为 59.62%，比全省平均城镇化率高出 4.92 个百分点，体现出在积极承接来自长三角和沿海发达地区产业转移过程中，皖江城市带产业发展的空间和人力具有较强的比较优势。2010 年 1 月 12 日，国务院正式批复《皖江城市带承接产业转移示范区规划》，这是全国首个以承接产业转移为主题的区域发展规划，是促进区域协调发展的重大举措，为推进安徽参与泛长三角区域发展分工、探索中西部地区承接产业转移新模式指明了方向。

表 2-6　2017—2018 年皖江城市带城市经济发展情况

地区	GDP/亿元		增长率/%	2018 年常住人口/万人	面积/千米²	2018 年城镇化率/%
	2018 年	2017 年				
安徽省	30 006.80	27 018.00	11.06	6 254.80	141 000	54.70
合肥	7 822.90	7 003.05	11.71	796.50	11 496	75.00
滁州	1 801.80	1 604.39	12.30	407.60	13 398	53.40
六安	1 288.10	1 168.10	10.27	480.00	15 452	46.10
马鞍山	1 918.10	1 710.09	12.16	230.20	4 042	68.20
芜湖	3 278.50	2 963.26	10.64	369.60	5 987	65.50
宣城	1 317.20	1 185.60	11.10	261.40	12 340	55.20
铜陵	1 222.40	1 122.10	8.94	160.80	3 008	56.00
池州	684.90	624.35	9.70	144.90	8 272	54.10
安庆	1 917.60	1 708.83	12.22	464.30	15 328	49.20

注：根据 2018 年安徽省统计年鉴整理。

---

① 皖江城市带劳动力资源丰富、成本相对较低，对吸纳劳动者就业起到巨大的带动作用，具有突出的资源要素比较优势，以及良好的产业基础和综合配套能力，主要城市都在长三角区域辐射范围内，内需拉动方面也具有优势。

　　合肥被定位为长三角城市群副中心城市，"十三五"期间，合肥继续发挥皖江城市带核心作用，推进皖江城市带城市融入长三角经济圈。据《皖江城市带承接产业转移示范区规划》，皖江城市带承接产业转移示范区，强调"六个着力"[①]，提出构建"一轴双核两翼"空间发展结构。其中，"一轴"包括芜湖、马鞍山、铜陵、巢湖、安庆、池州等六个沿江市，是承接产业转移的主轴线；"两核"指合肥、芜湖，这是安徽省目前乃至今后一个时期经济发展最具活力和潜力的两大增长极，是承接产业转移的核心区域；"两翼"包括滁州和宣城市。规划提出推进泛长三角[②]区域发展分工合作，加强与长三角全面合作，鼓励和支持长三角地区优先向示范区转移产业，完善区域合作机制，打造承接沿海地区特别是长三角产业转移的前沿地带。同时，提出加强与沿海其他地区互动，进一步密切与中西部地区的合作，发挥皖江城市带的支撑和辐射作用，带动皖北、皖南、皖西联动发展，实现安徽整体协调发展，加快推进城乡一体化进程。

4. 中原城市群

　　中原城市群作为郑州航空港经济综合实验区、中国（河南）自由贸易试验区、郑洛新国家自主创新示范区"三区一群"最具纵深的中部地区区域发展的关键所在，是以郑州为中心，以洛阳为副中心，以开封、新乡、焦作、许昌、平顶山、漯河、济源等地区性城市为节点构成的紧密联系圈，占全省面积的 35.1%。中原城市群也是河南省乃至中部地区承接发达国家及中国东部地区产业转移、西部资源输出的枢纽和核心区域之一，是中原经济区[③]的核心区域。

　　中原城市群是河南省经济社会发展的核心区域，以郑州为中心的半小时交通圈是中原城市群的紧密层，以郑州市为中心的一小时交通圈是中原城市群辐射层，这与河南省提出的"一极两圈三层"[④]空间发展概念一致。2017 年，中原城市群

---

　　① 一是着力深化泛长三角分工合作，二是着力优化资源配置，三是着力打造产业承接平台，四是着力加快自主创新，五是着力加强资源节约和环境保护，六是着力保障和改善民生。"六个着力"是皖江城市带承接产业转移示范区建设的总体要求。

　　② 泛长三角有两种说法：一是"1+3"模式，以上海为龙头，把江苏、浙江和安徽三省纳入泛长三角经济区；二是"3+2"模式，即在上海、江苏、浙江三省市基础上，把长江中下游地区的安徽、江西纳入泛长三角经济区。

　　③ 中原经济区是位于中国中部地区，以中原城市群为支撑，以河南为主体，以经济为主干，地理上涵盖河南省全省，延及冀、鲁、晋、皖的部分城市，东承长三角，西连大关中，北依京津冀，南临长江中游经济带的开放性、区域性、主体功能区规划明确的国家层面经济区域。

　　④ "一极"是指带动河南全省经济社会发展核心增长极，即郑汴新区，包括大郑东新区和汴西新区。"两圈"是以郑州综合交通枢纽为中心的"半小时交通圈"和"一小时交通圈"。其中，"半小时交通圈"是指以城际快速轨道交通和高速铁路为纽带，以郑州为中心，半小时可达开封、洛阳、平顶山、新乡、焦作、许昌、漯河、济源八个省辖市；"一小时交通圈"是高速铁路为依托，以郑州为中心，一小时可达安阳、鹤壁、濮阳、三门峡、南阳、商丘、信阳、周口、驻马店九市。"三层"是指中原城市群的核心层、紧密层和辐射层。核心层是郑汴一体化区域，包括郑州、开封，紧密层包括洛阳、新乡、焦作、许昌、平顶山、漯河、济源七个省辖市区域，辐射层包括安阳、鹤壁、濮阳、三门峡、南阳、商丘、信阳、周口、驻马店九个省辖市市区。

城市常住人口占全省的 45.37%，GDP 为 26 401.61 亿元，占全省 GDP 的 59.26%
（表 2-7 和表 2-8）。

表 2-7　2017 年中原城市群经济发展情况

地区	GDP/亿元				人均 GDP/（元/人）	常住人口/万人	固定投资/亿元
	合计	第一产业	第二产业	第三产业			
河南省	44 552.83	4 139.29	21 205.52	19 308.02	46 674	9 559	44 496.93
郑州	9 193.77	151.59	4 082.72	4 959.46	93 792	988	7 635.49
开封	1 887.55	279.12	759.95	848.48	41 503	455	1 692.99
洛阳	4 290.19	220.11	1 997.96	2 072.12	62 982	682	4 600.39
平顶山	1 994.66	166.32	972.46	855.88	39 961	500	1 965.14
新乡	2 357.26	217.17	1 146.77	993.82	40 962	577	2 240.94
焦作	2 280.10	131.34	1 332.52	816.24	64 173	356	2 475.05
许昌	2 632.92	149.06	1 555.58	928.28	59 911	441	2 558.83
漯河	1 165.04	109.70	713.75	341.60	44 086	265	1 201.99
济源	600.12	19.09	395.44	185.59	81 984	73	569.82

注：根据 2018 年河南省统计年鉴整理，人均 GDP 按常住人口计算，固定投资指全社会固定资产投资总额。

表 2-8　2016 年中原城市群经济发展情况

地区	GDP/亿元				人均 GDP/（元/人）	常住人口/万人	固定投资/亿元
	合计	第一产业	第二产业	第三产业			
河南省	41 471.79	4 286.21	19 275.82	16 909.76	42 575	9 532	40 415.09
郑州	8 113.97	156.35	3 796.93	4 160.68	84 113	972	7 070.37
开封	1 755.10	287.72	712.93	754.45	38 619	455	1 555.09
洛阳	3 820.11	234.00	1 791.32	1 794.80	56 410	680	4 120.10
平顶山	1 825.14	176.75	895.05	753.34	36 708	498	1 755.50
新乡	2 166.97	222.89	1 074.01	870.07	37 805	574	2 041.73
焦作	2 095.08	133.95	1 241.89	719.24	59 183	355	2 221.45
许昌	2 377.71	162.48	1 398.54	816.69	54 522	438	2 294.79
漯河	1 081.93	113.87	574.62	293.43	41 138	264	1 078.39
济源	538.91	23.27	350.12	165.52	73 722	73	648.32

注：根据 2017 年河南省统计年鉴整理，人均 GDP 按常住人口计算，固定投资指全社会固定资产投资总额。

对比表 2-7 和表 2-8 可以看出，2017 年相对于 2016 年，在中原城市群常住人口增加仅有 0.65%的情况下，GDP 增长 11.05%。其中，第一产业 GDP 下降 4.49%，第二产业 GDP 上升 9.48%，第三产业 GDP 上升 16.20%。2017 年相对于 2016 年，中原城市群固定投资增长 9.46%。

综上对比，近年来中原城市群与武汉城市圈相比，GDP 集中度呈现出追赶趋势，差距进一步缩小。与长株潭城市群和皖江城市带相比，中原城市群 GDP 集中度明显高于长株潭城市群和皖江城市带，说明武汉城市群和中原城市群作为区域增长极，其增长极的扩散效应开始逐渐显现，但长株潭城市群和皖江城市带作为发展阶段稍低于武汉城市圈和中原城市群的区域增长极，其增长极的极化效应还占据主导地位。

为深入探讨中原城市群经济社会发展状况，将 2017 年中原城市群相关数据与"三区一群"中"三区"都没获批的 2011 年数据（表 2-9）进行对比。

表 2-9　2011 年中原城市群经济发展情况

地区	GDP/亿元				人均 GDP/（元/人）	常住人口/万人	固定投资/亿元
	合计	第一产业	第二产业	第三产业			
河南省	26 931.03	3 512.24	15 427.08	7 991.72	28 661	9 388	13 338.05
郑州	4 979.85	131.66	2 874.22	1 973.97	56 855	886	2 318.32
开封	1 072.42	237.54	470.27	364.61	22 972	466	439.40
洛阳	2 702.76	203.84	1 656.52	842.39	41 198	657	1 460.52
平顶山	1 484.61	135.63	973.71	375.28	30 227	492	651.85
新乡	1 489.41	187.40	880.65	421.36	26 198	566	873.79
焦作	1 442.62	114.16	993.84	334.62	40 810	353	720.72
许昌	1 588.74	171.71	1 078.25	338.79	36 924	430	706.47
漯河	751.70	94.91	519.72	137.07	29 487	255	331.00
济源	373.36	18.36	278.11	76.89	55 095	68	182.09

注：据 2012 年河南统计年鉴整理，人均 GDP 按常住人口计算，固定投资指全社会固定资产投资总额。

2017 年相比 2011 年数据，中原城市群相比全省全社会固定资产投资总额低了 1.56 个百分点，说明社会资本集聚效应略有降低趋势，中原城市群基础设施等固定资产投资呈现出扩散倾向；中原城市群相比全省常住人口比例仅增加不到 1 个百分点，说明中原城市群人口集聚效应不太明显，体现出郑州市作为国家中心城市郑州市大都市圈的核心，对周边区域的虹吸效应大幅减弱，开始逐渐对周边区域显示出一定程度的扩散效应。扩散的第一层次为郑州都市圈，包括郑州下辖的中牟以及郑汴一体化区域；第二层次是以郑州都市圈为中心，以洛阳、开封、焦作、新乡、许昌、平顶山、漯河、济源、巩义、禹州、新郑、新密、偃师等中心城市为结点构成的中原城市群紧密联系圈；第三层次为外围带。

综上所述，中原城市群空间发展应积极推进郑汴一体化，实现郑州与洛阳、新乡、许昌、焦作对接联动，坚持"提升两轴，对接周边；贯通东西，拓展外延"

发展理念，提升郑州中心城市辐射带动能力，巩固提高洛阳副中心城市地位，联动周边城市一体化发展；建设高效便捷的交通网络，密切经济联系，拓展辐射范围，促进"核心区、主体区、合作区"优势互补、协调互动、融合发展格局。提升两轴是指按照陆桥通道，强化郑州、洛阳、开封的重要支撑作用，发挥商丘、三门峡等城市的支撑作用，形成沿陇海发展轴；依托京广通道，发挥安阳、鹤壁、新乡、许昌、漯河、平顶山、驻马店、信阳等城市的支撑作用，形成沿京广发展轴。另外，还要进一步推动中原城市群与周边经济区的有效对接，实现优势互补、相互促进、联动发展。

第二节　区域增长极极化效应与扩散效应

前面已对珠三角、长三角、环渤海、成渝国家级增长极和武汉城市圈、长株潭城市群、皖江城市带和中原城市群的区域空间格局进行了分析，下面从经济空间分异现象、产业结构演变和城市空间分异角度，进一步研判我国区域增长极的极化效应与扩散效应，为区域制定"极化主导"政策或"扩散主导"策略提供理论指导和现实借鉴。

一、我国区域发展的经济空间分异现象

随着对外开放深入推进，在区域非均衡发展理论指导下，我国沿海珠三角和长三角区域经济迅速崛起。以 2000 年为例，我国区域间经济差距全面扩大，沿海地区经济经过快速发展，已步入工业化中后期阶段，但中西部大部分区域还停留在工业化初期阶段，我国区域空间经济分异趋势进一步加剧（表 2-10）。

表 2-10　2000 年各省份 GDP

省份	GDP/亿元	省份	GDP/亿元	省份	GDP/亿元
北京	3 161.66	安徽	2 902.09	四川	3 928.20
天津	1 701.88	福建	3 764.54	贵州	1 029.92
河北	5 043.96	江西	2 003.07	云南	2 011.19
山西	1 845.72	山东	8 337.47	西藏	117.80
内蒙古	1 539.12	河南	5 052.99	陕西	1 804.00
辽宁	4 669.06	湖北	3 545.39	甘肃	1 052.88
吉林	1 951.51	湖南	3 551.49	青海	263.68
黑龙江	3 151.40	广东	10 741.25	宁夏	295.02
上海	4 771.17	广西	2 080.04	新疆	1 363.56
江苏	8 553.69	海南	526.82		
浙江	6 141.03	重庆	1 791.00		

为解读我国区域发展的经济空间分异现象，下面对 2013—2018 年 GDP 增长率进行对照分析（表 2-11）。

表 2-11　2013—2018 年各省份 GDP 增长率

省份	GDP 增长率%					
	2018 年	2017 年	2016 年	2015 年	2014 年	2013 年
北京	18.17	9.14	11.53	7.89	7.73	10.75
天津	-27.96	3.71	8.15	5.16	8.90	12.01
河北	-4.47	6.07	7.60	1.31	3.44	7.03
山西	2.77	18.99	2.22	0.04	0.76	4.56
内蒙古	0.28	-11.21	1.66	0.35	5.05	6.52
辽宁	0.43	5.22	-22.40	0.15	5.19	9.53
吉林	-24.70	1.14	5.07	1.88	5.80	9.27
黑龙江	-19.22	3.36	2.00	0.29	4.04	5.58
上海	17.56	8.71	12.16	6.60	8.02	8.11
江苏	8.55	10.96	10.37	7.72	8.93	10.54
浙江	12.04	9.56	10.18	6.75	6.40	8.92
安徽	25.88	10.69	10.92	5.55	8.42	11.72
福建	20.22	11.70	10.90	8.00	10.00	11.00
江西	13.55	8.15	10.61	6.42	9.05	11.29
山东	-8.24	6.78	7.97	6.02	7.60	10.43
河南	12.08	10.08	9.38	5.91	8.53	8.76
湖北	18.44	8.61	10.54	7.93	10.44	11.42
湖南	7.16	7.45	9.17	6.90	9.81	11.14
广东	11.42	10.95	11.05	7.38	8.54	9.47
广西	5.96	1.12	9.01	7.21	8.46	10.85
海南	10.04	10.10	9.46	5.77	10.17	11.28
重庆	11.14	9.49	12.87	10.20	11.57	12.04
四川	16.01	12.28	9.59	5.31	8.13	10.55
贵州	13.38	14.98	12.13	13.34	14.59	18.02
云南	27.50	10.74	8.59	6.28	8.30	14.77
西藏	18.11	13.85	12.18	11.46	12.89	16.35
陕西	9.33	12.88	7.64	1.88	9.16	12.12
甘肃	8.64	3.60	6.04	-0.68	7.99	12.04
青海	4.69	2.03	6.43	4.94	8.54	12.07
宁夏	1.94	8.68	8.82	5.80	6.77	10.09
新疆	17.71	12.77	3.48	0.55	9.83	12.50

注：根据 2014—2019 年中国统计年鉴数据整理。

从表 2-10 可以看出，我国区域经济空间可以根据省级行政区域划分为六组（港澳台地区不在统计之列）。第一组为北京；第二组为上海和广东，上海由于前期经济基础较好，经济较强，广东的经济发展得益于改革开放外向型经济快速发展；第三组为沿海地区，从北向南有辽宁、天津、山东、江苏、浙江、福建、海南，其快速发展与沿海开放城市经济提速紧密相关；第四组有黑龙江、吉林、河北、安徽、陕西、湖南、湖北、四川，该组省份经济发展受沿海对外开放和原来国家均衡发展"三线建设"的综合影响；第五组有内蒙古、山西、河南、江西、重庆、贵州、广西、云南、宁夏、甘肃、新疆，该组区域经济显示出"中部塌陷"和内地沿边区域经济从改革开放中获益较小；第六组是青海和西藏，由于地理原因，两地经济发展滞后。

由表 2-11 可知，经过经济中高速发展，我国区域经济增长率稳步提高。2013—2018 年，经济增速最大的区域已不再是沿海发达地区。第一队列的省份有陕西、湖北、湖南、重庆、四川和河南等，区域发展呈现出明显的由沿海向中西部渗透特征。而且，发展增速较高区域均在珠三角、长三角、环渤海和新设立的由国家级新区"两江新区"形成的钻石状国家级增长极周边。第二队列的省份有辽宁、安徽、江西、福建、贵州、广西和青海等，该组区域经济的快速发展得益于沿海发达区域的产业转移和本地区资源、能源型产业的快速发展。第三队列的省份有黑龙江、山东、江苏、云南、西藏和内蒙古等，山东和江苏处于长三角和环渤海区域之间。由此，我国区域空间结构 GDP 重心在向北部偏移过程中，呈逐步向北部和西部偏移趋势，区域平衡发展和充分发展态势明显。

二、我国区域经济发展的产业结构演变

依据区域增长极理论有关产业结构与区域经济空间发展的相关理论，区域经济空间的发展变化与区域产业结构演变是同步进行、相互作用的。

根据配第-克拉克定理、库兹涅茨产业结构理论①和钱纳里多国模型标准结构②可知，我国目前处于工业化中期向工业化中后期过渡的发展阶段，部分沿海地区已经步入工业化中后期，但局部中西部地区仍处于工业化发展初期。就沿海地区来说，先发区域和相对发达地区的工业化还面临着深加工化过程、技术

① 库兹涅茨把第一产业、第二产业、第三产业分别称为"农业部门"、"工业部门"和"服务部门"。他指出：农业部门实现国民收入的相对比重和劳动力在全部劳动力中的相对比重都在不断下降，并且农业的国民收入相对比重下降的程度超过劳动力相对比重下降的程度；工业部门国民收入的相对比重呈上升趋势，而劳动力的相对比重则大体不变；服务部门的劳动力相对比重几乎在所有国家中都是上升的，而国民收入的相对比重大体不变，略有上升；服务部门的相对国民收入（比较劳动生产率）一般呈下降趋势，在服务部门中，教育与科研及政府部门中的劳动力在总劳动力中的比重上升最快。

② 钱纳里根据多国模型，根据人均GDP分布范围，将经济发展阶段划分为初级产品生产阶段、工业化初级阶段、工业化中级阶段、工业化高级阶段、发达经济初级阶段和发达经济高级阶段。其中，工业化初级阶段、工业化中级阶段、工业化高级阶段统称为工业化阶段；发达经济初级阶段和发达经济高级阶段统称为后工业化阶段。

集约化过程、工业互联网智能化和智慧过程。为分析我国区域发展与产业结构演变，下面以我国省级行政区为研究对象，对其单位面积 GDP 产出和产业结构状况进行深入探讨（表 2-12）。

表 2-12　2000 年我国省级经济及产业结构占比

省份	GDP/亿元	产业构成/%			省份	GDP/亿元	产业构成/%			省份	GDP/亿元	产业构成/%		
		一产	二产	三产			一产	二产	三产			一产	二产	三产
北京	2478.76	3.6	38.1	58.3	安徽	3038.24	24.1	42.7	33.2	四川	4010.25	23.6	42.4	34.0
天津	1639.36	4.5	50.0	45.5	福建	3920.07	16.3	43.7	40.0	贵州	993.53	27.3	39.0	33.7
河北	5088.96	16.2	50.3	33.5	江西	2003.07	24.2	35.0	40.8	云南	1955.09	22.3	43.1	34.6
山西	1643.81	10.9	50.3	38.7	山东	8542.44	14.9	49.7	35.5	西藏	117.46	30.9	23.2	45.9
内蒙古	1401.01	25.0	39.7	35.3	河南	5137.66	22.6	47.0	30.4	陕西	1660.92	16.8	44.1	39.1
辽宁	4669.06	10.8	50.2	39.0	湖北	4276.32	15.5	49.7	34.9	甘肃	983.36	19.7	44.7	35.6
吉林	1821.19	21.9	43.9	34.2	湖南	3691.88	21.3	39.6	39.1	青海	263.59	14.6	43.2	42.1
黑龙江	3253.00	11.0	57.4	31.6	广东	9662.23	10.4	50.4	39.3	宁夏	265.57	17.3	45.2	37.5
上海	4551.15	1.8	47.5	50.6	广西	2050.14	26.3	36.5	37.2	新疆	1364.36	21.1	43.0	35.9
江苏	8582.73	12.0	51.7	36.3	海南	518.48	37.9	19.8	42.3					
浙江	6036.34	11.0	52.7	36.3	重庆	1589.34	17.8	41.4	40.8					

注：根据 2001 年中国统计年鉴数据整理。

2000 年，从我国经济和产业结构发展来看，可将我国省级行政区域划分为五类。其中，第一类区域为北京、天津、山东、江苏、上海、浙江和广东沿海区域。该类区域主要由于区位优势和改革开放政策优势，大力发展外向型经济。该类区域的农业比重一般都非常低，服务业的比重相对较高，说明该类区域产业结构已经处于工业化中期向工业化中后期过渡阶段。第二类区域为辽宁、河北、河南、湖北、福建等中部区域和沿海对外开放相对较晚区域。该类区域工业体系相对完备，但农业同样占较大比重。该类区域对接沿海区域经济发展，是承接其产业转移和辐射带动作用的前沿阵地。第三类区域为山西、安徽、江西、湖南、重庆等中部区域，该类区域除了山西属于资源能源型经济结构以外，其他地区第一、二、三产业比重相当，说明该类区域工业化过程面临着农业人口转移、产业结构升级和要素资源转移的综合作用。第四类区域为黑龙江、吉林、陕西、宁夏、甘肃、四川、贵州、广西、云南和海南。该类区域经济密度相对较低，主要特点是地域面积较大，农业比重相对较高，属于我国的人口转出区域。第五类区域为内蒙古、新疆、青海和西藏。该类区域地广人稀，自然地理条件相对较差，工业基础相对较差，农业产业结构占较大比重。综上分析，虽然中部河北、山西、陕西、河南、安徽、江西、湖南、湖北等区域的经济和技术水平相对较弱，但其经济密度及发展速度和发展态势相对良好，工业基础条件较佳，具备产业升级转型的基础条件。而且，中部区域是承东启西、对接南北的重要区域，对于有效发挥我国钻石状国家级增长极极化效应和扩散效应，发挥我国区域发展的"嵌套钻石结构"支撑作用，对区域经济转型升级和产业结构调整优化具有重要意义。由此，在我国经济发展重心向北、向西偏移历史时期，对当前省级区域经济发展情况和产业结构状况进行分析，有利于树立错位竞争、有序发展的区域发展理念。为此，下面对 2018 年我国省级行政区域经济及产业结构进行探讨（表 2-13）。

表 2-13　2018 年我国省级经济及产业结构占比

省份	GDP/亿元	产业构成/%			省份	GDP/亿元	产业构成/%			省份	GDP/亿元	产业构成/%		
		一产	二产	三产			一产	二产	三产			一产	二产	三产
北京	30 319.98	0.4	18.6	81.0	安徽	30 006.82	8.8	46.1	45.1	四川	40 678.13	10.9	37.7	51.4
天津	18 809.64	0.9	40.5	58.6	福建	35 804.04	6.7	48.1	45.2	贵州	14 806.45	14.6	38.9	46.5
河北	36 010.27	9.3	44.5	46.2	江西	21 984.78	8.6	46.6	44.8	云南	17 881.12	14.0	38.9	47.1
山西	16 818.11	4.4	42.2	53.3	山东	76 469.67	6.5	44.0	49.5	西藏	1 477.63	8.8	42.5	48.7
内蒙古	17 289.22	10.1	39.4	50.5	河南	48 055.86	8.9	45.9	45.2	陕西	24 438.32	7.5	49.8	42.7
辽宁	25 315.35	8.0	39.6	52.4	湖北	39 366.55	9.0	43.4	47.6	甘肃	8 246.07	11.2	33.9	54.9
吉林	15 074.62	7.7	42.5	49.8	湖南	36 425.78	8.5	39.7	51.8	青海	2 865.23	9.4	43.5	47.1
黑龙江	16 361.62	18.3	24.6	57.1	广东	97 277.77	4.0	41.8	54.2	宁夏	3 705.18	7.6	44.5	47.9
上海	32 679.87	0.3	29.8	69.9	广西	20 352.51	14.8	39.7	45.5	新疆	12 199.08	13.9	40.3	45.8
江苏	92 595.40	4.5	44.5	51.0	海南	4 832.05	20.7	22.7	56.6					
浙江	56 197.15	3.5	41.8	54.7	重庆	20 363.19	6.8	40.9	52.3					

注：根据 2019 年中国统计年鉴数据整理。

2018 年，根据我国经济和产业结构，可将我国省级行政区域划分为五类。其中，第一类区域为北京、天津、山东、江苏、上海、浙江和广东沿海区域（这与 2000 年类似，但整体来看，该类省域的经济密度迅速加大）。该类区域在区位优势和改革开放政策优势的综合影响下，外向型经济快速发展，与周边区域的经济差距迅速拉开。该类区域农业比重继续降低（符合配第-克拉克定理），服务业比重持续上扬，说明该类区域产业结构已经步入工业化中期向工业化中后期转型的重要阶段，生产性服务业集聚发展成为该类区域发展的特有现象。第二类区域为辽宁、河南、湖北、重庆、福建、安徽等中部区域和沿海对外开放相对较晚区域。相比 2000 年，由于北京和天津的极化效应占主导地位，经济发展要素资源向北京、天津集中，致使河北发展滞缓。该类区域工业体系相对完备，但农业同样占较大比重。该类区域对接沿海区域经济发展，是承接其产业转移和辐射带动作用的前沿阵地（尤其是重庆国家级新区"两江新区"获批，河南省为主体的中原经济区和安徽省皖江城市带承接产业转移示范区获批国家级区域发展规划，将对河南省和安徽省的发展产生巨大推动作用）。第三类区域有山西、陕西、湖南、江西等中部区域。该类区域除了山西资源能源型经济结构以外，第一、二、三产业比重相当，说明该类区域工业化过程面临着农业人口转移、产业结构升级和要素资源转移的综合作用。第四类区域为黑龙江、吉林、内蒙古、河北、宁夏、甘肃、四川、贵州、广西、云南和海南。该类区域经济密度相对较低，主要特点是地域面积较大，农业比重相对较高，属于我国人口转出的重要区域。海南第一产业比重下降较大，第三产业比重上升较快，中国（海南）自由贸易试验区设立国家战略优势突显。第五类区域为新疆、青海和西藏，该类区域地广人稀，自然地理条件相对较差，工业基础相对较差，农业产业结构占较大比重。但同时，该类区域资源能源赋存条件较好，具有较好的发展潜力。综合来看，前几类区域经济密度排序和产业结构变化相对较大，但后几类区域经济密度排序变化不大，这进一步说明我国前期改革开放已经步入深水区。要实现"先富带动后富"的区域发展目标，需要理顺经济转型升级和产业结构调整优化的关键因素（图2-1）。

如图2-1所示，从区域产业结构与区域发展相关研究来看，要深入分析区域所处的产业发展阶段，需要从劳动力专门化水平、工业增加值专门化水平、主导产业专业化程度等角度准确判断区域产业结构，寻求区域经济转型发展和产业结构调整优化的关键影响因素。目前，我国大部分区域（尤其是沿海和中部地区）处在工业化中期向工业化中后期过渡的关键时期，区域产业结构的重工业化[①]、高加工度化[②]和技术集约化[③]对经济转型发展起重要作用。为探讨我国区域发展过程中产业结构升级过程，下面对技术密集型典型产业中的汽车工业进行分析（表2-14）。

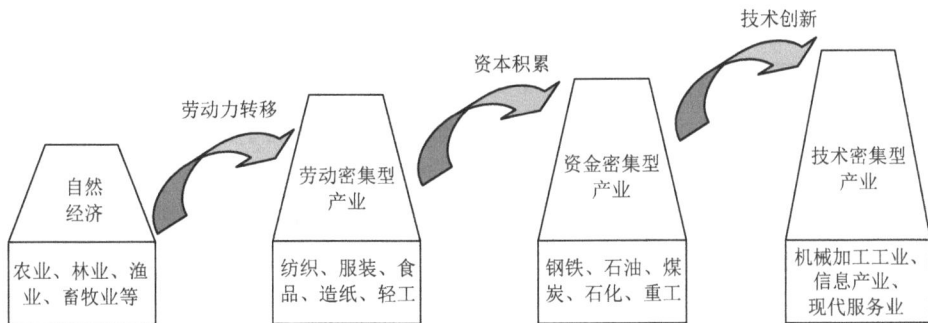

图2-1　生产要素密集度转换与产业结构升级优化示意图

[①] 重工业化过程即工业结构以轻工业为主的劳动密集型产业逐步向以重工业为主的资金密集型产业转换的过程，重工业化过程贯穿工业化的始终。制造业是产业链长且前后关联度高的产业。任何机械设备制造业的发展都需要矿业、原材料工业作基础。重工业发展初期，主导产业是冶金、建材、化工等原材料工业，到后期则主要是机械工业，特别是耐用消费品工业。

[②] 工业结构的高加工度化是指在工业化过程中，无论是重工业还是轻工业，都会由以原材料工业为重心的结构向以深加工、组装工业为重心的结构发展，形成工业的高加工度化。工业结构高加工度化说明，工业的增长对原材料的依赖程度到一定时期会下降，从而对能源、资源的依赖程度也下降，对资本、技术的依赖程度加深。

[③] 技术集约化是指随着工业化的发展，工业生产要素结构的重心由劳动力到资金，再到技术的相应转移。早期的技术密集型产业主要是各种机械加工工业，当今的技术密集型产业则是微电子、激光、纤维光学、遗传工程、海洋工程等。

表 2-14　2009 年和 2010 年我国部分省份汽车工业总产值

省份	汽车工业总产值/万元		同比增长/%
	2010 年	2009 年	
广东	43 842 349	35 561 540	23.3
山东	42 726 754	30 476 375	40.2
吉林	39 632 321	30 254 867	31.0
上海	36 598 972	25 964 131	41.0
湖北	35 133 432	23 383 608	50.2
江苏	33 734 832	24 106 442	39.9
重庆	27 788 537	21 484 210	29.3
浙江	25 542 795	18 690 170	36.7
北京	19 638 077	15 037 941	30.6
安徽	15 760 752	10 845 691	45.3
天津	15 340 077	12 060 695	27.2
辽宁	15 161 354	11 057 643	37.1
广西	12 517 239	9 778 549	28.0
河南	12 195 496	8 608 776	41.7
河北	10 323 322	7 050 803	46.4
合计	474 739 453	334 234 455	36.1

注：根据《中国统计年鉴》和《中国汽车工业统计年鉴》整理。

　　广东、山东、吉林、上海、湖北的汽车工业总产值属于一类区域，该类区域的汽车工业总产值均超过 3500 亿元。截至 2010 年底，吉林省汽车行业规模以上企业 473 家，其中，整车企业 3 家，专用汽车企业 22 家，零部件企业 434 家，资产总额 2462 亿元。上海汽车工业企业 136 家，整车制造企业 6 家，改装车及专用车企业 16 家，汽车零部件企业 114 家。湖北省汽车工业企业 1185 家，整车制造企业 22 家，改装车企业 70 家，汽车车身及零部件企业 1070 家，资产总额 3567.7 亿元。广东省汽车企业 54 家，整车制造 8 家，改装车及半挂车企业 46 家，资产总额 2476.99 亿元。二类区域有浙江和重庆。浙江以民营投资为主、零部件工业为支撑，整车工业稳步发展；重庆市拥有汽车生产企业 26 家，整车制造企业 12 家，专用汽车 14 家，汽车零部件企业 1300 家。三类区域有辽宁、北京、天津、河北、河南、安徽、广西等。四类区域有黑龙江、山西、陕西、福建、江西、湖南、四川和云南。五类区域有贵州、内蒙古、宁夏、甘肃、青海、西藏和新疆等。

　　为总结我国汽车工业区域空间演化情况，下面对 2018 年我国部分省份汽车工业总产量进行统计分析（表 2-15）。

表2-15　2018年我国部分省份汽车工业总产量

省份	产量/万辆	增长率/%	省份	产量/万辆	增长率/%
北京	165.26	-17.10	河南	58.91	25.06
天津	86.26	3.52	湖北	241.93	-9.38
河北	121.05	-6.93	湖南	52.90	2.01
山西	10.80	15.57	广东	321.58	0.21
内蒙古	0.53	-82.45	广西	215.04	-12.76
辽宁	94.87	-0.63	海南	2.11	-46.7
吉林	276.84	-1.95	重庆	172.64	-35.89
黑龙江	16.29	33.30	四川	74.93	-10.32
上海	297.75	2.21	贵州	0.45	67.93
江苏	121.88	-9.73	云南	15.87	9.99
浙江	119.21	41.39	陕西	62.13	0.82
安徽	82.43	-29.49	甘肃	1.12	-39.56
福建	23.94	-14.18	新疆	2.47	20.90
江西	54.98	-9.73	全国	2 796.80	-3.80
山东	102.54	11.22			

注：根据2019年《中国统计年鉴》和《中国汽车统计年鉴》数据整理。

2018年，我国汽车工业主要集中在东北地区、环渤海、长三角、珠三角、中部和西南六个产业集群和工业基地。上述六个集群一般在直辖市或重工业基地，具有年产量50万辆以上的整车规模企业，汽车零配件市场容量巨大，区域内有一流高等院校或汽车科研机构，聚集了一批汽车整车和零部件企业，形成相对完整的专业化生产和社会化协作汽车产业组织体系。广东、上海、吉林和湖北是我国汽车行业的主产区。根据2018年的《中国统计年鉴》和《中国汽车统计年鉴》，广东2017年全年汽车总产量达到318.21万辆，占全国汽车整车总产量的10.96%。上述四省份2017年汽车总量超过1153.02万辆，比2016年上升8.6个百分点。排名前十位的省份汽车产量占总产量的75.03%，比2016年下降3.47个百分点，表明我国汽车工业规模省份头部企业行业集中度进一步提高，但总体上行业集中度略有下降。

对比表2-14和表2-15可知，2010年，我国汽车工业总产值较高省份为吉林、山东、江苏、上海、湖北和广东。从汽车工业整车产量看，2018年我国汽车产量较高省份为广东、上海、吉林和湖北。工业总产值较高的重庆、山东和江苏等省份汽车工业相对下滑。其中，虽然重庆拥有长安股份、长安福特、庆铃股份等13家整车企业，重庆汽车零配件本地化配套率达80%以上，但受小排量购置税减半等国家政策和市场竞争环境影响，重庆的汽车产业整体下滑严重。

三、我国区域经济发展的城市空间分异

我国区域经济空间布局和产业结构经历了经济特区、沿海经济带、中部崛起等阶段后，区域发展重心逐步由南向北、由东向西偏移，产业结构也由自然经济向劳动密集型产业、资金密集型产业和技术密集型产业过渡。从区域发展的城市空间角度来看，我国区域经济发展同样经历了城市化、城镇化和城乡统筹发展的转变过程。第一阶段为农村家庭联产承包责任制改革的"推力发展阶段"（1978—1984年），第二阶段为企业承包制推动城市改革发展的"拉力发展阶段"（1985—1992年），第三阶段为市场化改革和体制转轨的"驱动发展阶段"（1993—2003年），第四阶段为统筹城乡发展的"内动发展阶段"（2004年至今）。第一阶段主要调动农民的生产积极性，释放乡镇企业发展潜能；第二阶段推动城市化发展，区域劳动密集型、资本密集型和高科技产业同步快速发展；第三阶段，房地产与土地制度结合下的房地产行业对城市化和城镇化拉动作用明显；第四阶段关注城镇化发展质量提升，注重"三产融合"、"四化同步"和"五个统筹"。2015年11月，习近平总书记在中央扶贫开发工作会议上强调消除贫困、改善民生、逐步实现共同富裕；同年，《中共中央 国务院关于打赢脱贫攻坚战的决定》发布。2018年1月，《中共中央 国务院关于实施乡村振兴战略的意见》发布，明确提出实施乡村振兴战略的基本原则：坚持党管农村工作，坚持农业农村优先发展，坚持农民主体地位，坚持乡村全面振兴，坚持城乡融合发展，坚持人与自然和谐共生，坚持因地制宜、循序渐进。

根据区域资源环境承载能力、现有开发密度和发展潜力，为统筹谋划人口分布、经济布局、国土利用和城镇化格局，《全国主体功能区规划》将国土资源划分为优化开发区域①、重点开发区域②、限制开发区域③和禁止开发区域④（表2-16）。

---

① 优化开发区域是指综合实力较强，能够体现国家竞争力；经济规模较大，能支撑并带动全国经济发展；城镇体系比较健全，有条件形成具有全球影响力的特大城市群；内在经济联系紧密，区域一体化基础较好，科学技术创新实力较强，能引领并带动全国自主创新和结构升级的区域。

② 重点开发区域是指有较强经济基础，有一定科技创新能力和较好发展潜力；城镇体系初步形成，有经济一体化条件，中心城市有一定辐射带动能力，可能成为新的大城市群或区域性城市群；能带动周边地区发展的区域。

③ 限制开发区域是指具备较好的农业生产条件，以提供农产品为主体功能，以提供生态产品、服务产品和工业品为功能，需要在国土空间开发中限制大规模高强度工业化城镇化开发，以保持并提高农产品生产能力的区域。

④ 禁止开发区域是指生态系统十分重要，关系全国或较大范围区域的生态安全，目前生态系统有所退化，需要在国土空间开发中限制进行大规模高强度工业化城镇化开发，以保持并提高生态产品供给能力的区域。

表 2-16　全国主体功能区规划区域划分

优化开发区域	重点开发区域	限制开发区域	禁止开发区域
环渤海地区 　1. 京津冀地区 　2. 辽中南 　3. 山东半岛 长三角地区 珠三角地区	冀中南地区 太原城市群 呼包鄂榆地区 哈长地区 东陇海地区 江淮地区 海峡西岸经济区 中原经济区 长江中游地区 北部湾地区 成渝地区 黔中地区 滇中地区 藏中南地区 关中—天水地区 兰州—西宁地区 宁夏沿黄经济区 天山北坡地区	农产品主产区 　1. 东北平原主产区 　2. 黄淮海平原主产区 　3. 长江流域主产区 　4. 汾渭平原主产区 　5. 河套灌区主产区 　6. 华南主产区 　7. 甘肃新疆主产区	包括国家级自然保护区、世界文化自然遗产、国家级风景名胜区、国家森林公园、国家地质公园共计 1443 个区域。其中，重点生态功能区有 25 个，包括大小兴安岭森林生态功能区等

注：根据《全国主体功能区规划》整理。

综上分析，对于环渤海、长三角和珠三角优化开发区域，应以提升区域竞争力为发展目标，成为带动区域乃至全国经济社会发展的国家级增长极，以及科技创新要素资源集聚、产业结构优化、生产性服务业和生活性服务业集聚的发展区和人口聚集区及经济密集区。该类区域发展应坚持经济发展方式转型和产业结构优化升级的原则，积极参与国际化产业分工，争取成为创新型国家建设的主力。该类区域发展过程中需要进一步优化区域空间结构、优化城镇空间布局、优化人口空间分布、优化产业结构，提升产业层次。

对于冀中南、太原城市群、呼包鄂榆、哈长、东陇海、江淮、海峡西岸、中原经济区、长江中游、北部湾、成渝、黔中、滇中、藏中南、关中—天水、兰州—西宁、宁夏沿黄、天山北坡等重点开发区域，它们作为国家级增长极的重要支撑，成为重要的区域增长极，是实现国家区域发展战略、落实区域协调发展和全面建设小康社会的重要区域。若仅关注优先发展区域，我国区域发展将步入"极化陷阱"①深渊。由此，重点开发区域应担负起更大区域发展责任，该类区域应在优化结构、提高效益、降低消耗、保护环境基础上，深入推动我国区域发展的可持续性和可延伸性；推进新型工业化进程，提高自主创新能力，聚集创新要素，增强产业集聚能力，积极承接国际及国内优化开发区域产业转移，逐步形成分工协作

---

① 极化陷阱是指在经济增长过程中长期形成的极化过度而扩散不足的状况。

的现代产业体系；加快推进城镇化，壮大城市综合实力，改善人居环境，提高集聚人口能力；发挥区位优势，加快沿边地区对外开放。作为区域增长极，重点开发区域应坚持适度扩大先进制造业空间，扩大服务业、交通和城市居住等建设空间，进一步健全三级城市空间结构、促进区域人口空间集聚（加速农民工市民化）、构建区域现代产业体系、提高区域发展质量、把握开发时序。

对东北平原、黄淮海平原等农产品主产区和重点的生态功能区等限制开发区域来说，它们是保障农产品供给安全的重要区域、农村居民安居乐业的美好家园、社会主义新农村建设的示范区。该类区域在发展过程中，要坚持农业主导发展方向。根据我国粮食生产核心区域规划，该类区域是"四化同步"发展的最重要区域，应着力保护耕地，稳定粮食生产，发展现代农业，增强农业综合生产能力，增加农民收入，加快建设社会主义新农村，保障农产品供给，确保国家粮食安全和食物安全。区域发展应坚持土地规模化经营，加强水利设施建设，优化农业生产布局和品种结构，控制农产品主产区开发强度，优化开发方式，发展循环农业，积极推进农业的规模化、产业化，发展农产品深加工，拓展农村就业和增收空间，积极推进新型城镇化，实现人口、国土、资源集中、集约发展。

对于包括国家级自然保护区、世界文化自然遗产、国家级风景名胜区、国家森林公园、国家地质公园的禁止开发区域来说，该类区域应成为保障国家生态安全的重要区域，成为人与自然和谐相处的示范区。

推进主体功能区分类差异化发展，有利于推进我国区域经济结构战略性调整，加快转变经济发展方式，有利于形成"以人为本"的区域发展理念，有利于引导人口空间分布、经济空间布局与资源环境承载能力，促进人口、经济、资源环境的空间均衡发展。

由于我国人口空间分布与我国区域开发强度和区域经济发展情况存在较大的差异，因此经济发展过程中的人口迁移压力和物资资源迁移压力巨大。随着我国人口红利效应的逐步减弱①，以及我国人口与产业分布的不协调加剧，出现大规模的民工流动、大规模的资源调动，加剧了运力的紧张，造成我国区域发展的过密与过疏问题，严重制约了我国经济社会的可持续发展。由此，如何实现人口迁移向岗位迁移转变，引导沿海企业和资金向中西部区域转移，为中西部和东北地区创造更多的工作岗位和就业机会，实现各地区工作岗位与劳动力分布的相互协调和匹配，成为区域增长极极化效应与扩散效应研究的重点。发挥珠三角、长三角和环渤海国家级增长极辐射带动作用，实现各城市群错位、联动、协调发展，成为我国区域经济研究的关键。

除环渤海、长三角和珠三角国家级增长极外，发展基础较好的城市群（表2-17）均属于全国主体功能区规划中的重点开发区域。由此，国家主体功能区规划落实

---

① 1982—2000年，人口红利对我国GDP增长的贡献率高达26.8%，2015年，我国人口结构出现根本性逆转。

重点在于城市群发展质量，在于区域增长极的扩散发展和示范效应的发挥。

表 2-17　我国主要城市群及所覆盖城市

区域城市群		覆盖的城市
东部地区	长三角城市群	上海、南京、杭州、宁波、苏州、无锡、常州、镇江、南通、扬州、泰州、湖州、嘉兴、绍兴、舟山
	珠三角城市群 粤港澳大湾区	香港、澳门、广州、深圳、珠海、佛山、惠州、肇庆、东莞、中山、江门
	京津冀城市群	北京、天津、唐山、保定、廊坊、秦皇岛、张家口、承德、沧州等
	海峡西岸城市群	福州、厦门、泉州、三明、莆田、南平、宁德、漳州、龙岩等
	山东半岛城市群	济南、青岛、淄博、潍坊、东营、烟台、威海、日照等
东北地区	辽中南城市群	沈阳、大连、鞍山、抚顺、本溪、营口、辽阳、铁岭等
	吉中城市群	长春、吉林、四平、辽源和松原等
	哈大齐城市群	哈尔滨、大庆、齐齐哈尔、绥化等
中部地区	太原城市群	太原、晋中、吕梁、阳泉、忻州部分县区
	江淮城市群	合肥、六安、巢湖、淮南、蚌埠、滁州、马鞍山、芜湖、铜陵、池州、安庆等
	环鄱阳湖城市群	南昌、九江、景德镇、鹰潭、上饶
	中原城市群	郑州、洛阳、开封、新乡、焦作、许昌、平顶山、漯河、济源
	武汉城市群	武汉、黄石、鄂州、孝感、黄冈、咸宁、仙桃、潜江、天门等
	长株潭城市群	长沙、株洲、湘潭等
西部地区	成渝城市群	成都、重庆、德阳、绵阳、眉山、乐山、资阳、内江、遂宁、南充、达州
	呼包鄂榆城市群	呼和浩特、包头、鄂尔多斯、榆林
	关中城市群	西安、宝鸡、咸阳、渭南、铜川、天水等
	天山北麓城市群	乌鲁木齐、昌吉、石河子、奎屯、乌苏、克拉玛依、吐鲁番等
	北部湾城市群	南宁、玉林、北海、贵港、钦州、来宾、防城港
	滇中城市群	昆明、玉溪、曲靖、楚雄

注：根据国家级城市群和区域级城市群发展规划及相关资料整理。

第三节　区域增长极极化效应及扩散效应理论解读

为深入分析我国区域发展过程中的空间分异、产业结构演变和城市空间与区域增长极极化效应及扩散效应之间的关联，对我国人口大规模区域迁移进行理论解读，就需要对我国城乡居民收入状况进行分析，以便探讨我国城乡"二元经济"向复合型城市转变的难度和重要障碍性因素。

改革开放以来，我国城乡居民人均收入比率持续提升，但整体上来看，我国城乡居民收入差距依然很大。鉴于我国区域发展进入统筹发展时期，按照"新四化"①发展目标和要求,推进新型城镇化的核心是人的城镇化,新型城镇化以"产城融合"为依托,以现代农业为支撑,提高人的生活质量。

一、区域增长极极化与扩散的产业结构理论解读

综上,我国区域增长极极化效应和扩散效应研究,应深入分析城乡产业结构,对人口和产业向介于城乡间的城镇集中趋势进行解读(图2-2)。

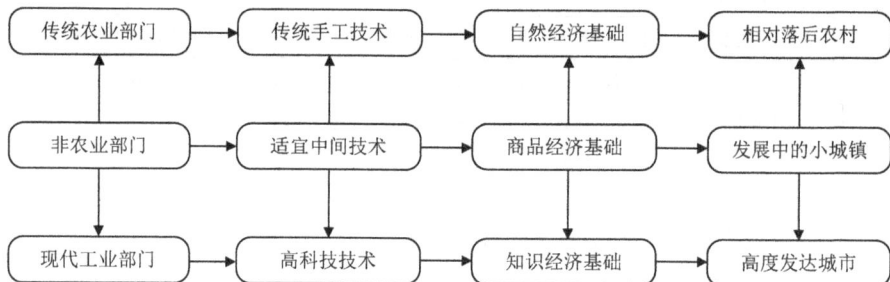

图2-2 城乡一体化协调发展产业结构演化示意图

注:箭头指示方向,上层表示乡村发展路线,下层表示城市发展路径,中间层的小城镇是城乡协调发展的关键。

如图 2-2 所示,要想实现"五个统筹"和"四个同步"导向的新型城镇化,就要将现代工业部门集中的城市与传统农业部门集中的农村统筹考虑,而非像改革开放初期阶段,人力、资金、资源向城市流动,造成城市工业和服务业发达而农村基本公共服务欠账太多的发展现状。其中,实现城乡一体化协调发展的重中之重在于发展好城市与农村之间的城镇,将以知识经济为基础的集聚高科技技术和现代工业部门的高度发达城市与以自然经济为基础的传统手工技术和传统农业部门为主导的农村联系起来,将城市中的现代工业通过城镇中的非农业部门,采用适宜的中间技术,实现区域发展的"公平"与"效率"兼顾。

（一）产业选择的"三大基准"

1. 赫希曼连锁效应基准

为实现城市和农村之间的产业互动发展,就需要考虑城乡产业之间的连锁效应。赫希曼连锁效应是指一种产业的发展是通过投入产业对其他产业的发展产生的带动作用。赫希曼把连锁效应区分为前向联系和后向联系,前者指一部门对其他部门的中间产品投入或者其他部门对本部门中间产品的需求,后者指一部门生产过程中其他部门中间产业的投入。由此,介于城市和农村之间的城镇化过程就

---

① 坚持走中国特色新型工业化、信息化、城镇化、农业现代化道路,推动信息化和工业化深度融合、工业化和城镇化良性互动、城镇化和农业现代化相互协调,促进工业化、信息化、城镇化、农业现代化同步发展。

是非农产业部门产业和技术选择的过程，也就是如何确定联络城市和农村之间的连锁效应较大的产业的过程。

2. 罗斯托基准

罗斯托基准是美国经济学家罗斯托对主导产业选择提出的准则。罗斯托在借用赫希曼的前向、后向联系思想的同时，提出旁侧波及联系，从而形成一种新的联系更广泛的基准——扩散效应基准。由此，介于城市和农村的城镇产业选择不仅要考虑产业之间的连锁效应，还应考虑城市（区域增长极）产业的极化和扩散角度，注重产业的"外部性"，防止出现新一轮的城镇化"飞地"。

3. 筱原基准

筱原基准是日本产业经济学家筱原为规划日本产业结构提出的准则，即"收入弹性"和"生产率上升"。其中，收入弹性是从社会需求出发，使产业需求增长随同国民收入增长而增长且结构相适应的原则；生产率上升是从社会供给方面使产业结构趋势走向合理化的原则。由此，新型城镇化肩负着缩小城乡居民人均收入差距的重担，在城市、城镇和农村产业选择过程中需要结合市场需要、产业关联，在坚持生产率上升和效率优先原则的基础上，着眼于农村居民收入水平的提高和劳动生产率的提升。

由此，城市、城镇和农村的产业选择主要依据投入产出表计算前向联系和后向联系，分析产业对前向、后向及旁侧的产业的带动效应。具体指标可以采用感应度系数、影响力系数等。感应度系数是指国民经济各部门每增加一个单位最终产品时，某一部门由此而受到的需求感应程度，也就是需要该部门为其他部门生产而提供的产出量。影响力系数是指国民经济某一个产品部门增加一个单位最终产品时，对国民经济各部门所产生的生产需求波及程度，影响力系数越大，该部门对其他部门的拉动作用也越大。其中，就感应度系数来看，若某产业感应度系数大于 1，则说明该产业受各产业部门影响程度较大。一般来说，在经济快速增长时，感应度系数较高的产业，其发展速度一般比较快；若某产业的影响力系数大于 1，则说明该产业对其他产业发展起较大推动作用。

综上，上述三大基准是新型城镇化主导产业选择的根本。城镇作为联络城市和农村的关键桥梁，其产业选择的高关联性和产业结构的连锁效应、外部性和高生产率等可以有效防止城乡之间的产业结构趋同，能够形成区域产业技术匹配链条，促进产业结构合理化、技术采用渐进化和生产率提升持续化，为缩小城乡差距奠定良好的基础。

（二）产业选择的社会标准

上述产业选择的三大基准主要从经济角度考察介于城市和农村之间的城镇

主导产业选择标准，但从以人为本、可持续发展观点出发，城市、城镇和农村的主导产业选择不仅要考虑其直接经济效应，还要考虑其在主导产业发展过程中所带来的产业竞争、消费需求、效率与公平等间接社会效应和社会生活协调效应。

首先，城市、城镇和农村主导产业的发展，不仅会对城市和农村居民的经济生活产生重大影响，还会对居民社会生活产生深远影响。其中，"社会生活协调效应"中的协调包括区域人口流动与迁徙、劳动就业、工作环境、人居环境等方面的协调，而人口流动和迁徙的过程本身就是社会发展与进步的明显标志，但区域人口过稀和过密都会对社会发展产生诸多不利的影响。因此，主导产业的选择应当充分考虑其由此而引发的人口流动和迁徙给社会发展所带来的有利和不利影响并进而做出选择。

其次，城市、城镇和农村主导产业发展通过自身持续增长、吸纳新科技对相关产业形成带动和扩散效应，从而促进区域经济发展。但在资源节约型、环境友好型社会的要求下，区域经济发展不能再以牺牲自然资源为代价，导致资源短缺、环境污染和生态破坏，影响人们的生活质量（如全国大部分地区出现雾霾天气，众多城市 $PM_{2.5}$ 几乎爆表）。因此，探讨城市、城镇和农村产业选择问题时还应充分考虑各个系统对自然资源的合理利用与环境保护的责任，在对城市、城镇和农村区域产业现状进行评价的基础上，确定各类区域产业发展的可持续性，保证各类区域主导产业投入供给的持久性。城市、城镇和农村区域产业选择应考虑产业吸纳劳动力就业率指标，在相同劳动生产率条件下，选择能吸收更多劳动力的产业。另外，从城市承载力与人口密度角度来看，承载力分析可综合考虑人口密度与人均建设用地指标探讨区域经济发展的可持续性。

（三）产业选择的经济学基准

一是区域产业选择应关注产业发展与市场需求之间的关系。部门需求收入弹性指标可测度产业发展趋势。部门需求收入弹性是指国民经济或人们对某一部门的需求随着收入水平的提高而增加的程度。其中，较高的需求收入弹性显示出社会对该产业的需求增加，表明该产业具有较强的扩张优势。部门需求收入弹性可采用需求收入弹性指数进行评判，需求收入弹性指数为边际需求与边际收入的比值。

二是区域产业选择应考虑效率优先。当产业具有较高的经济效益，可有力推动区域经济发展时，可产生较高的经济效益。产业经济效益可用比较利税率和产业比较劳动生产率来综合测度。比较利税率系数为区域内某产业产值利税率与全国该产业产值利税率的比值，区域内某产业的比较利税率系数越大，该产业的经济效益越好。产业比较劳动生产率又称产业相对国民收入，通过比较劳动生产率可以衡量产业效益，并考察不同产业的发展前景和产业结构变化的原因。产业比较劳动生产率越大，该产业对当地经济发展越好。

三是区域产业选择应考虑产业区域竞争优势。产业区域竞争优势是产业在区域性产业竞争中建立起来的在资源获取和利益分配方面相对于竞争对手和竞争产业的特定优势，具有区域竞争优势的产业应该成为该区域产业选择的方向。

四是在各类区域产业选择过程中应考虑产业技术采用情况。可通过技术进步率反映备选行业技术进步和技术采用状况。技术进步率等于某产业产值增长中扣除有劳动力增长和资金增长的作用后剩余的部分。技术进步率的高低决定产业结构是否具有高级化发展趋势。

二、区域增长极极化与扩散的城市空间理论解读

经济活动空间结构也称经济地域结构，即人类经济活动的空间组合关系，也是经济地域的主要物质内容在地域空间上的相互关系和组合形式。城市发展和地理空间密不可分。地理空间是一个区域或国家最为宝贵的资源，城市空间发展是地理空间的重要组成部分。城镇布局是城市化的产物，城镇体系空间分布包含两方面：一是城镇体系的规模分布，二是城镇体系的区位分布。城市空间结构一直是空间经济学与经济地理学关注的基本问题。地理空间结构实际上是个人和社会组织空间的偏好与选择，是经济均衡在空间维度下的集中体现。

（一）田园城市理论

1898 年，霍华德提出田园城市理论，旨在倡导健康生活居住方式与工业发展协调。他认为城市规模不能太大，城市应被乡村带包围，土地归公众所有或社区代管。霍华德的田园城市理论是他追求社会城市的反映。社会城市是全新田园城市群体组合，即社会城市由一个中心城市和若干个设计各异的田园城市组成的城市群落，各城市间依靠放射状和环状交通网络联系，把社会城市联结成一个整体。田园城市理论孕育了英国现代卫星城镇规划理论，对城镇空间布局有一定理论指导意义和现实借鉴价值。

（二）中心地理论

中心地理论是克里斯泰勒提出的，他认为中心地等级规模体系在三个原则支配下形成六边形中心地网络，这三个原则分别为市场原则、交通原则和行政原则。在不同的原则支配下，中心地呈现出不同的结构，而且中心地和市场区①大小等级顺序有着严格的规定。另外，克里斯泰勒指出，在上述三个原则中，市场原则是中心地理论城市发展的基础，而交通原则和行政原则可看成在市场原则基础上形成的中心地系统修正。

---

① 市场区指中心地吸引或辐射范围，市场区的范围取决于中心地与所吸引和辐射区域之间的距离远近。

（三）点轴渐进扩散理论

点轴渐进扩散理论是采用据点（节点）与轴线相结合的模式探讨城市空间演化进程的城市空间理论。该理论的核心是：社会经济客体大都在据点（节点）集聚，并通过线状基础设施连成有机的空间结构体系。点轴渐进扩散理论与钱纳里工业化阶段理论结合，可看出传统农业经济时期，城市中心布局延续最初的均匀分布状态，工业化初期，要素逐渐向中心城市（中心地）集中，初步形成中心和轴线。其中，点轴渐进扩散理论中的"点"是指区域中的各级中心城市，它们都有各自的吸引范围，是一定区域内人口和产业集中的地方，有较强的经济吸引力和凝聚力。点轴渐进扩散理论中的"轴"是联结"点"之间的线状基础设施，包括交通干线、高压输电线、通信设施线路、供水线路等工程线路。

（四）核心-边缘理论

核心-边缘理论是由弗里德曼（Friedmann，1966）提出的，它试图解释一个区域如何由互不关联、孤立发展变成彼此联系、发展不平衡，又由极不平衡发展变为相互关联的平衡发展的区域系统。按照核心-边缘理论，区域经济增长必然伴随经济空间结构的改变。经济空间结构的变化可分为前工业化阶段、工业化初期阶段、工业化成熟阶段、空间相对均衡阶段。每个阶段都反映了核心区域与边缘区域之间空间关系的改变。前工业化阶段，各地经济发展水平差异较小，区域之间的经济联系不紧密，城镇产生和发展速度慢，城镇等级系统不完整；工业化初期阶段，核心区域与边缘区域经济增长速度差异扩大；工业化成熟阶段，核心区域发展很快，造成核心区域与边缘区域间的不平衡，核心区域的资源要素开始向边缘区域回流；空间相对均衡阶段，资金、技术、信息等资源由核心区域向边缘区域流动加剧，形成功能上相互依赖的城镇体系，大规模城市化后，将出现关联性较强的区域协调和区域均衡发展局面。

（五）复合型城市理论

复合型城市是一种产业协调、功能融合、城乡统筹、生态平衡的新型城市形态。复合型城市是关注产业协调、功能融合、城乡统筹和生态平衡可持续发展的城乡一体化发展模式。由此，复合型城市需要深入挖掘产业集聚与扩散关系，梳理区域内生产要素流动，人口和产业空间分布动态变化和空间密度、形态和格局因素，把握城乡区域发展比较优势，体现不同行政区域间协调、区域内城市间协调和城乡间协调发展，合理处理部门间、地区间的利益矛盾，兼顾区域发展的经济效益、社会效益、生态效益。复合型城市发展钻石模型如图2-3所示。

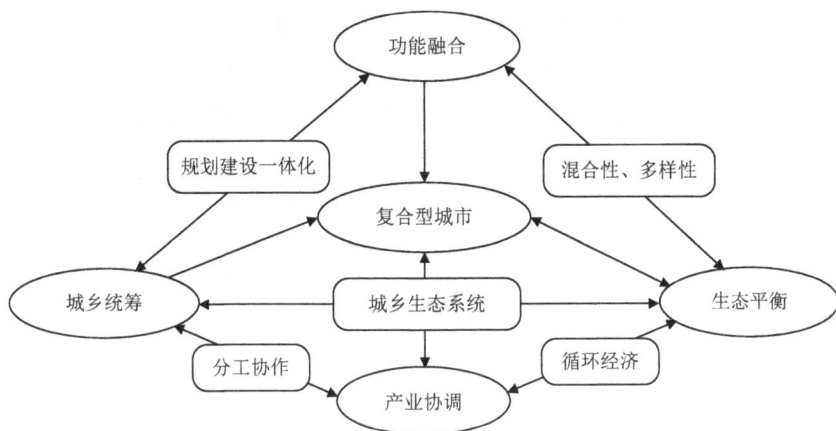

图 2-3　复合型城市发展钻石模型示意图

（六）圈层结构理论

圈层结构理论是在古典区位理论和现代区域空间结构理论基础上形成的。该理论认为，随着社会分工和商品经济的发展，城市和区域成为相互依存、互补互利的有机整体，区域是城市赖以生存和发展的腹地，城市作为经济中心对区域有辐射功能，带动其腹地发展；城市辐射功能受距离衰减法则制约，导致区域以城市为核心形成圈层状空间结构。

综上所述，区域的城市空间结构演化可分为低水平均衡、极核集聚、极核扩散和区域一体化均衡发展四个阶段。低水平均衡阶段的城乡经济活动分散孤立，生产力水平低下，主要呈现出小地域范围内相对封闭式发展空间结构特征。小城镇之间没有从属或等级关系，规模小，职能单一，影响范围小，小城镇之间缺乏联系，常以小城镇为中心形成若干地域分割。极核集聚发展阶段，城乡二元结构逐步形成，工业化在少数优势区位的经济中心聚集，受规模收益递增及聚集经济影响，中心城市（城镇）步入极化增长阶段，成长为区域增长极的核心区，其他区域成为受其支配的外围区域；区域经济基本部门结构和城市经济结构比较简单，城镇间以不同等级间的纵向联系为主。极核扩散发展阶段，城市、城镇、乡村三元结构逐步形成。随着第三产业的大量出现，产业部门间的前向、后向关联逐渐加强，城市产业空间聚集的外部不经济性导致新的劳动和产业地域分工，高层次和非标准化经济活动向大城市集中，大批量、标准化生产方式企业及较低层次的经济活动向城市边缘和外围区扩散，区域第二、第三级中心城市（城镇）迅速发展。区域一体化均衡发展阶段，区域发展呈现出网络化、均衡化、多中心的空间结构特征。随着现代化交通和通信系统、计算机的广泛应用，信息产业高度发达，区域地域结构形成各种核心间的联系网络，并以区域城市体系为核心，实现地域结构的相对均衡。

　　从发展阶段看，我国正处在工业化中期和城市化加速发展阶段，这是我国工业化、城市化加速推进的重要历史时期，也是发展方式发生实质性转变、实现又好又快发展的决定性阶段。在国民经济社会转型关键时期，不能简单复制从低收入经济体迈向中等收入经济体的既有发展模式。区域增长极是各种物质流、资本流、劳动力流、技术流和信息流综合作用的结果，因此，区域经济发展要求与城市空间结构协同推进，需要将区域增长极理论与推动型产业、创新理论、区位理论、产业集聚理论、国家竞争优势理论紧密结合，进行区域发展模式创新。

第三章　区域极化度与扩散度综合评价

通过区域极化度与扩散度综合测度，可为综合评价区域知识溢出效应奠定基础，还可对挖掘区域经济空间分异和俱乐部趋同①提供指导和借鉴。

第一节　区域极化度与扩散度指标体系构建

区域极化度与扩散度测度需要考虑区域发展实力、社会进步能力、区域功能竞争力和基础保障能力等功能性指标，还应体现人民日常生活水平改善指标。

一、区域极化度与扩散度测度指标概述

区域极化度与扩散度研究散落于区域经济空间分异调查，集中在城市区域空间集聚、城市辐射水平、空间极化现象解析等方面。其中，陈鸿彬等（2010）在河南省中心城市带动能力研究中关于城市集聚力指标的表述如表 3-1 和表 3-2 所示。

从表 3-1 和表 3-2 可以看出，从河南省中心城市市区（区域增长极）对周边区域（外围经济腹地）发展过程中的空间集聚能力和辐射带动能力来看，区域极化指标和区域扩散指标均涉及经济发展力、社会进步力指标。极化指标更加偏重区域功能竞争力和设施环境力指标，而扩散性指标更加关注区域内部人民生活水平的改善和环境外联力指标。

表 3-1　河南省中心城市市区集聚力评价指标体系

一级指标	二级指标
经济发展力	GDP（X_1）；第二、三产业增加值占 GDP 比例（X_2）；固定资产投资完成额（X_3）；地方财政一般预算收入（X_4）；储蓄存款年末余额（X_5）；限额以上批零贸易业商品销售总额（X_6）；规模以上工业企业主营业务收入（X_7）；规模以上工业企业利润总额（X_8）
社会进步力	市区总人口（X_9）；城镇居民人均可支配收入（X_{10}）；在岗职工人均年工资额（X_{11}）；居民生活用电（X_{12}）；人均居民生活用电（X_{13}）；本地电话用户数（X_{14}）；百人中本地电话用户数（X_{15}）；每万人拥有医院卫生院床位数（X_{16}）；每万人拥有医生数（X_{17}）；燃气普及率（X_{18}）；用水普及率（X_{19}）；恩格尔系数（X_{20}）
功能竞争力	人均 GDP（X_{21}）；GDP 增长率（X_{22}）；城镇居民人均可支配收入年增长率（X_{23}）；人均当年实际利用外资额（X_{24}）；人均固定资产投资完成额（X_{25}）；人均地方财政一般预算收入（X_{26}）；地方财政一般预算收入年增长率（X_{27}）；人均规模以上工业企业主营业务收入（X_{28}）；人均规模以上工业企业利润额（X_{29}）；人均储蓄年末余额（X_{30}）；普通高校在校生数（X_{31}）
设施环境力	建成区土地面积（X_{32}）；人均城市道路面积（X_{33}）；年客运总量（X_{34}）；人均年客运总量（X_{35}）；人均公园绿地面积（X_{36}）；建成区绿化覆盖率（X_{37}）；污水处理率（X_{38}）

---

① 俱乐部趋同是指经济增长的初始条件和结构特征等方面都相似的区域之间发生的发展趋同现象。

表 3-2　河南省中心城市市域辐射力评价指标体系

一级指标	二级指标
经济发展力	人均 GDP（Y_1）；人均 GDP 增长率（Y_2）；第二、三产业总值占 GDP 比例（Y_3）；第三产业总值占 GDP 比例（Y_4）；城乡全社会固定资产投资统筹系数（Y_5）；人均全社会固定资产投资（Y_6）；人均地方财政一般预算收入（Y_7）；地方财政一般预算收入年增长率（Y_8）；规模以上工业企业全员劳动生产率（Y_9）；人均规模以上工业企业增加值（Y_{10}）；人均限额以上批零企业商品销售额（Y_{11}）
社会进步力	城镇化率（Y_{12}）；万人中专业技术人员数（Y_{13}）；人均科技活动经费（Y_{14}）；科技活动经费增长率（Y_{15}）；人均教育经费（Y_{16}）；教育经费增长率（Y_{17}）；每万人拥有卫生机构床位数（Y_{18}）；区域每万人拥有卫生机构床位数统筹指数（Y_{19}）；每万人拥有医生数（Y_{20}）；区域每万人拥有医生数统筹指数（Y_{21}）；万人中参加基本养老保险人数（Y_{22}）；万人中参加基本医疗保险人数（Y_{23}）
生活改善力	人均消费水平（Y_{24}）；在岗职工平均工资（Y_{25}）；在岗职工平均工资增长率（Y_{26}）；农民人均纯收入（Y_{27}）；农民人均纯收入增长率（Y_{28}）；城乡居民家庭人均收入统筹系数（Y_{29}）；人均储蓄存款额（Y_{30}）；百户中使用互联网的用户数（Y_{31}）；农村居民恩格尔系数（Y_{32}）
环境外联力	人均公路客运量（Y_{33}）；人均公路货运量（Y_{34}）；人均邮电业务量（Y_{35}）；人均进出口额（Y_{36}）；人均实际利用外资额（Y_{37}）；人均规模以上"三资"工业企业增加值（Y_{38}）；人均国内旅游花费（Y_{39}）；人均旅游创汇收入（Y_{40}）

　　甄峰等（2000）在对广东省空间极化现象的研究中用到人均 GDP、人均国民收入、农民家庭平均每人纯收入、职工平均工资、人均全社会固定资产投资总额、人均地方财政收入、人均地方财政支出、人均城乡储蓄存款、人均城镇储蓄存款、年末总人口、非农业人口、非农业人口占总人口比例、人均社会商品零售总额、人均实际利用外资额等指标。刘兆德等（2007）在长三角空间极化研究中使用了人均 GDP、人均工农业产值、第二产业占 GDP 的比例、第三产业占 GDP 的比例、非农业人口比重、职工平均工资、农民人均纯收入、人均储蓄存款额、人均实际利用外资额、人均社会商品零售额、人均财政收入、万人拥有的科技人员数、乡村非农劳动力所占比例等指标。伍世代和王强（2008）通过对我国东南沿海区域经济差异及经济增长因素的分析，提出了涵盖经济均量能力、经济增长能力、经济结构能力和经济效益能力的区域极化与区域扩散评价指标体系（表 3-3）。

表 3-3　我国东部沿海地区经济发展水平指标体系

一级指标	二级指标
经济均量能力	人均 GDP、人均第一产业总产值、人均第二产业总产值、人均第三产业总产值、人均固定资产投资、经济密度
经济增长能力	GDP 年增长率、人均 GDP 年增长率、单位 GDP 固定资产投资额年变化率、投资 GDP 系数、第二产业增长率、人均地方财政收入年增长率、第三产业增长率
经济结构能力	产业结构偏离度、第一产业结构系数、第二产业结构系数、第三产业结构系数、二元结构系数
经济效益能力	人均财政收入、人均财政收入对人均 GDP 弹性系数、单位 GDP 财政收入、单位 GDP 财政支出、经济区位熵、城镇化水平、资金利税率

经济均量能力、经济增长能力为区域经济发展数量性指标；经济结构能力和经济效益能力体现区域经济发展质量。因此，极化度和扩散度综合评价既需要考虑区域经济发展数量性指标，又需要关注区域经济发展质量性指标。

针对表 3-3，相应指标的计算公式如下。

产业结构系数的计算公式为

$$\beta_i = \sqrt{L_i \times C_i} \ (i = 1, 2, 3)$$

式中，L_i 为第 i 产业产值占 GDP 的比例；C_i 为第 i 产业从业人员占全部劳动力的比例。

产业结构偏离度的计算公式为

$$P = \frac{100}{\sum\limits_{i=1}^{3} |L_i - C_i|}$$

投资 GDP 系数就是单位固定投资产出 GDP 总额，其计算公式为

$$\alpha = \frac{G_1 - G_2}{C}$$

式中，G_1 为当年的 GDP；G_2 为前一年的 GDP；C 为全社会固定资产投资额。

经济区位熵的计算公式为

$$\gamma = \sqrt{M \times N}$$

式中，M 为某一地市的人均 GDP 与全区域人均 GDP 之比；N 为这一地区的 GDP 密度与全区域的 GDP 密度之比。

另外，孙平军等（2011）研究东北地区非均衡性与空间极化现象，使用了人口集聚变化、经济实力发展变化、城市建设发展变化、居民生活水平变化等一级指标。其中，人口集聚变化包括城市化水平、城镇非农业人口占东北三省总人口的比例等二级指标；经济实力发展变化指标包括人均 GDP、第二产业产值占 GDP 的比例、人均社会商品零售总额等二级指标；城市建设发展变化指标包括基本建设投资密度、人均地方财政收入、人均地方财政支出、人均全社会固定资产投资等二级指标；居民生活水平变化指标包括职工平均工资、人均城乡储蓄额、城镇居民恩格尔系数等二级指标。

二、区域极化度与扩散度测度指标体系选定

综合考虑区域经济发展数量和经济发展质量指标，对照分析区域增长极对经济腹地的空间集聚和辐射带动作用，并借鉴我国空间极化研究相关指标设置的思想，构建区域极化度与扩散度测度指标体系，如表 3-4 所示。

表 3-4 我国区域极化度与扩散度综合评价指标体系

一级指标	二级指标
经济发展能力	区域 GDP、从业人员数、人均固定资产投资、工业化水平
人民生活水平	农民人均纯收入、城乡居民人均收入差距、在岗职工平均工资行业差距、教育水平差距
设施关联能力	人均公路里程
经济持续能力	人均耕地面积、万元地区生产总值能耗

从表 3-4 可知，区域极化度指标既包含区域经济发展数量水平的 GDP 指标，又包含经济发展中的从业人员、固定资产投资和工业化水平等人力、资本和技术性要素资源指标，还包含能够反映区域人民生活水平的农民人均纯收入以及区域分异性的城乡居民人均收入差距、在岗职工平均工资行业差距、教育水平差距指标，且涉及产业发展的运输距离性的人均公路里程等经济空间联系性指标，以及经济发展转型的人均耕地面积、万元地区生产总值能耗等环境涵养性经济可持续发展指标。区域极化度与扩散度综合评价指标体系在有利于综合评价区域经济空间结构状况的同时，还将对我国区域经济发展转型提供指导。

第二节 区域极化度与扩散度评价方法选择

选择极化度与扩散度评价方法，需要与评价经济空间集聚、空间分异的泰勒指数、变异系数（coefficient of variation，CV）与加权变异系数、崔-王指数和 Esteban-Ray 指数评价方法进行对照。

一、区域空间集聚与空间分异综合评价方法对照

以下是比较常见的区域空间集聚和空间分异综合评价方法。此外，以下公式都可以根据实际情况进行修正。

（一）泰尔指数

泰尔指数（Theil index）由经济学家泰尔所建立，1967 年，泰尔在研究国家间的收入差距时首先对其加以运用，其计算公式为

$$T = \sum_{i=1}^{n} x_i \log \frac{x_i}{p_i} \tag{3-1}$$

式中，p_i 为第 i 个地理单元人口数占全国（地区）总人口数的比例；x_i 为第 i 个地理单元的 GDP 占总 GDP 的比例；n 为地理单元数。

（二）变异系数与加权变异系数

变异系数又称标准差系数、变差系数等，是采用统计学中的标准差和均值比

来表示的，其计算公式为

$$\mathrm{CV} = \frac{1}{\bar{x}} \sqrt{\frac{1}{n}\sum_{i=1}^{n}(x_i - \bar{x})^2 p_i} \qquad (3\text{-}2)$$

式中，x_i 为第 i 个地理单元的经济发展水平指数；$\bar{x}$ 为各地经济综合指数的平均值；p_i 为第 i 个地理单元人口数；n 为区域内包括的地理单元数。

考虑到人口规模的影响，通常采用加权变异系数（$\mathrm{CV_w}$）。加权变异系数又叫威廉姆森系数（Williamson coefficient），由美国经济学家威廉姆森（Williamson，1965）首先用来衡量区域间经济发展的差异，其计算公式为

$$\mathrm{CV_w} = \frac{1}{\bar{x}} \sqrt{\sum_{i=1}^{n}(x_i - \bar{x})^2 \times \frac{p_i}{p}} \qquad (3\text{-}3)$$

式中，x_i 为第 i 个地理单元的经济发展水平指数；$\bar{x}$ 为各地经济综合指数的平均值；p 为各地区人口总数；p_i 为第 i 个地理单元人口数；n 为地理单元数量。

需要注意的是，加权变异系数是与地理位置无关的值，可视为变异系数修正。

（三）崔-王指数

沃尔夫森（Wolfson，1994）在 Lorenz 曲线基础上推演出收入和财富分布极化的测度方法，被称为 Wolfson 指数，后香港学者 Wang You-qing 和 Tsui Kai-yuen（2000）在 Wolfson 指数基础上，利用增加的两极化与增加的扩散（increased bipolarity and increased spread）两个部分排序公理推导出一组新的极化测度指数，即 TW 指数，其计算公式为

$$\mathrm{TW} = \frac{\theta}{N}\sum_{i=1}^{k}\pi_i \left| \frac{y_i - m}{m} \right|^r \qquad (3\text{-}4)$$

式中，θ 为正的常数标量；r 为 $(0,1)$ 区间的任一值；k 为地理区域数；π_i 为第 i 个地理区域的经济要素流；N 为全部地理区域的经济要素流；y_i 为第 i 个地理区域的城镇集聚能力得分；m 为所有城镇集聚能力得分的中位数。

关于 N 与 π_i 有不同解释。例如，叶磊和欧向军（2012）、宋丽思和陈向东（2009）均将 π_i 定义为地理区域 i 的人口数，N 则为全部地理区域的总人口数；孙平军等（2011）则将 π_i 作如下定义，即 $\pi_i = \sqrt{\mathrm{GDP}_i \times P_i}$，其中，$\mathrm{GDP}_i$ 为第 i 个城镇的国内生产总值，P_i 为第 i 个城镇的人口数。

（四）Esteban-Ray 指数

Esteban-Ray 指数简称 ER 指数，是 Esteban 和 Ray（1996）提出的用于测度极化的度量方法，其指数越大说明极化现象越明显。极化度指数往往按一定方法事先确定所有变量的均值，然后通过变量与均值之间的比较来测度极化状况。ER 指数则通过变量间的不断循环比较，内在确定比较基准，测度变量间的差异程度。同时，ER 指数中对相互比较的两个变量赋予不同权重，使变量之间的差异测度更加明显。

ER 指数的计算公式为

$$ER = A\sum_{i=1}^{N}\sum_{j=1}^{N} p_i^{1+\alpha} p_j \left| x_i - x_j \right| \tag{3-5}$$

式中，x_i 为被测度区域经济指标（如区域人均 GDP）。p_i 和 p_j 为区域权重（如区域人口权重）。N 为区域数。A 和 α 分别为标准化系数和极化敏感度系数。$A = \dfrac{k}{\mu}$，k 根据不同的数据要求选取，μ 为所有区域经济指标加权平均值（即 $\mu = \sum_{i=1}^{N} p_i x_i$）。$\alpha$ 取（0,1.6）之间的任意值，α 取值越接近 1.6，ER 指数越不同于标准的基尼系数，为了反映区域极化趋势，通常该值尽可能地大。A 为极化度指数的标准化系数，通常可以根据不同的数据要求构造以 μ 为分母的标准化系数（宋丽思和陈向东，2009）。在已有文献中，不同的研究者对 A 有不同选择。例如，叶磊和欧向军（2012）将 A 设定为常量 1，邓向荣和李伟（2007）则取 $A = \dfrac{1}{2\mu^{1+\alpha}}$，赵磊（2013）取 $A = \dfrac{k}{\mu}$，根据不同数据要求选择 k，使极化指数均为标准化值 [0,1]。

二、区域极化度因子分析法测算过程

由于极化度和扩散度都可标准化赋值为 [0,1]，说明区域极化度与扩散度综合评价可采用因子分析法进行综合测算。

（一）因子分析法简介

因子分析是通过研究众多变量之间的内部依赖关系，探求观测数据中的基本结构，并用少数几个假想变量（因子）来表示基本的数据结构的方法。斯皮尔曼（Spearman，1904）在研究智力时首次将因子分析法运用于实践。随后，因子分析的理论和数学基础逐步得到发展和完善，特别是 20 世纪 50 年代以后，随着计算机的普及和各种统计软件的出现，因子分析得到了巨大的发展。现在，因子分析在很多领域得到广泛应用。

因子分析可以分为探索性因子分析和验证性因子分析。本书利用探索性因子分析法获得关于地区经济现状的综合评价。

（二）探索性因子分析的基本原理

设有 k 个观测变量，分别记为 $x_1, x_2, \cdots, x_k$，则因子模型的一般表达形式为

$$x_i = a_{i1}f_1 + a_{i2}f_2 + \cdots + a_{im}f_m + u_i \quad (i = 1, 2, \cdots, k) \tag{3-6}$$

式中，$f_1, f_2, \cdots, f_m$ 为公因子，公因子是各个观测变量所共有的因子，解释了变量之间的相关性；u_i 为特殊因子，特殊因子是每个观测变量所特有的因子，表示该

变量不能被公因子所解释的部分；a_{ij} 为因子载荷，它是第 i 个变量在第 j 个公因子上的负荷，相当于多元回归分析中的回归系数。

因子分析模型假设 k 个特殊因子间彼此独立，特殊因子和公因子间也彼此独立。在因子分析模型中，每一个观察变量由 m 个公因子和一个特殊因子的线性组合表示。研究关心的是能代表较多信息的公因子。公因子个数最多可等于观测变量数，即 $m \leqslant k$。在求因子解时，总是使第一个因子代表所有变量中最多的信息，随后的因子的代表性日益衰减。在因子分析模型中，公因子的个数往往远小于观测变量数。概言之，探索性因子分析的过程实质就是寻求 $f_1, f_2, \cdots, f_m$ 等少数几个公因子以构建因子结构来最大限度地表示所有变量的信息。

（三）探索性因子分析的基本步骤

1. 收集观测数据

为达到研究目的，通常采用随机抽样的方法收集数据，所以研究者必须按照实际情况确定观测变量，并对其进行观测，获得观测值。

2. 确定因子个数

有时候研究者有具体的假设，它决定了因子的个数，但更多的时候没有这样的假设，研究者仅仅希望最后得到的模型能用尽可能少的因子解释尽可能多的方差。通常有三种主要确定因素个数的方法：Kaiser 法，即特征根大于 1 法；碎石检验（scree test）法；平行分析（parallel analysis）法。

3. 提取因子

因子的提取方法也有多种，主要有主成分方法、极大似然法等，可以根据需要选择合适的因子提取方法。其中，主成分方法是一种比较常用的提取因子的方法，它是用变量的线性组合中能产生最大样品方差的那些组合（称主成分）作为公共因子来进行分析的方法。

4. 因子旋转

由于因子载荷阵的不唯一性，所以可以对因子进行旋转，通过因子旋转使解释更为合理。旋转的方法有多种，最常用的是方差最大化正交旋转。

5. 解释因子结构

最后得到的简化的因子结构是使每个变量仅在一个公共因子上有较大载荷，而在其余公共因子上的载荷比较小，至多是中等大小，这样就能知道变量到底是由哪些潜在因素（也就是公共因子）影响的。

6. 因子得分

因子分析的数学模型是将变量表示为公共因子的线性组合。由于公共因子能反映原始变量的相关关系，用公共因子代表原始变量时，有时更利于描述研究对象的特征，因而往往需要反过来将公共因子表示为变量的线性组合，进而得到因子得分。

（四）基于因子分析方法的测算过程

根据以上的简单介绍，可以大致确定以下基于因子分析方法的测算过程。

1）确定原始测量指标 $X_1, X_2, \cdots, X_n$。

2）收集研究地区数据，数据结构为

$$\begin{bmatrix} x_{11} & \cdots & x_{1j} & \cdots & x_{1n} \\ \vdots & & \vdots & & \vdots \\ x_{i1} & \cdots & x_{ij} & \cdots & x_{in} \\ \vdots & & \vdots & & \vdots \\ x_{m1} & \cdots & x_{mj} & \cdots & x_{mn} \end{bmatrix}$$

3）利用因子分析技术进行降维并获得不同地区的因子得分 F_{ij}。

4）对不同地区汇总其因子得分，获得该地区的综合评价得分。

$$F_i = \sum_{j=1}^{K} w_j F_{ij} \tag{3-7}$$

式中，w_j 为方差贡献率，其大小能够代表主成分对样本信息变化反映程度的大小，主成分贡献率越大，该主成分对所研究区域综合特征的刻画程度就越大；F_{ij} 为不同地区因子得分；F_i 为综合因子得分。

5）基于综合因子得分 F_i，利用之前的极化度指标获得极化度评价结果。

三、基于城市流强度的扩散度指标设计与测算

与区域极化度相对应，区域扩散度可通过城市流强度进行测算。城市流强度是指在城市群区域城市间的联系中城市外向功能（集聚与辐射）产生的影响量，其计算公式为

$$F_i = N_i \times E_i \tag{3-8}$$

式中，F_i 为 i 城的城市流强度；N_i 为 i 城的城市功能效率，即各城市间单位外向功能量所产生的实际影响；E_i 为城市外向功能量。

城市流强度为城市与外界联系数量指标。城市流强度的计算要考虑到指标选取的易得性及代表性。选择城市从业人员作为城市功能量度量指标，城市是否具有外向功能量 E_i，取决于其某一部门从业人员的区位熵。i 城市 j 部门从业人员区位熵的计算公式为

$$LQ_{ij} = \frac{\dfrac{Q_{ij}}{Q_i}}{\dfrac{Q_j}{Q}} \tag{3-9}$$

式中，Q_{ij} 为 i 城 j 部门从业人员数量；Q_i 为 i 城从业人员数量；Q_j 为全国（或全地区）j 部门从业人员数量；Q 为全国（或全地区）总从业人员数量。

若 $LQ_{ij} \leqslant 1$，则城市部门不存在外向功能，即 $E_{ij}=0$；若 $LQ_{ij}>1$，则 i 城市 j 部门存在外向功能，因为 i 城市总从业人员中分配给 j 部门的比例超过了城市所在区域的分配比例，即 j 部门在 i 城市中相对于所在区域的其他城市部门是专业化部门，可以为城市外界区域提供服务。因此，i 城市 j 部门的外向功能量为

$$E_{ij} = Q_{ij} - Q_i \times \left(\frac{Q_j}{Q} \right) \tag{3-10}$$

式中，E_{ij} 为 i 城市 j 部门的外向功能量。

E_i 为城市 m 个部门的总外向功能量，其计算公式为

$$E_i = \sum_{i=1}^{m} E_{ij} \tag{3-11}$$

i 城市的功能效益 N_i 用从业人员的人均 GDP 表示，计算公式为

$$N_i = \frac{GDP_i}{Q_i} \tag{3-12}$$

式中，GDP_i 为 i 城市的 GDP。

i 城市的城市流强度 F_i 的计算公式为

$$F_i = N_i \times E_i = \frac{GDP_i}{Q_i} \times E_i = \frac{GDP_i}{Q_i} \times \sum_{i=1}^{m} E_{ij} = \frac{GDP_i}{Q_i} \times \sum_{i=1}^{m} \left[Q_{ij} - Q_i \times \left(\frac{Q_j}{Q} \right) \right] \tag{3-13}$$

第三节 区域极化度与扩散度综合测度

为验证区域增长极极化度与扩散度空间分布情况，下面以河南省 109 个县市为综合评价对象（包括各地级市区），采用 2012—2017 年面板数据（根据河南统计年鉴收集整理得来），对河南省极化度和扩散度进行综合评价（该部分仅分析极化度的空间状况，对应扩散度的空间分布反过来考虑即可）。

如表 3-5 所示，河南省域形成以郑州、洛阳为中心的区域极化度隆起带，导致区域核心增长极郑州市和副中心城市洛阳连成一体。郑州、洛阳核心增长极周边形成了济源市、焦作市、新乡市、开封市、许昌市、平顶山市、宝丰县、伊川县和新安县等区域的极化度隆起圈层。该圈层中大多是郑州市周边地市级城市，说明该类区域为次一级区域增长极，有一定区域极化作用，该类区域的快速发展对郑州—洛阳核心增长极的极化与扩散效应的发挥起重要支撑作用。核心增长极

与次一级区域增长极之间的区域（武陟、原阳、中牟、禹州、孟津、孟州、沁阳、温县、博爱）是整个区域发展的重要经济腹地，在经济发展过程中在区域核心增长极和次一级区域增长极之间产生频繁的要素流动和产业关联。另外，在次一级区域增长极圈层之外，还有第二层区域增长极圈层组成的区域增长极极化度高地条带，该圈层由北至南呈现出半包围态势。

表 3-5　2017 年河南省区域增长极极化度综合评价值降序排列

县市	评价值	县市	评价值	县市	评价值	县市	评价值	县市	评价值
郑州市	0.928 049	永城市	0.394 354	博爱县	0.075 152	尉氏县	0.044 839	南召县	0.033 446
洛阳市	0.853 322	长葛市	0.349 544	镇平县	0.074 913	方城县	0.044 770	舞阳县	0.032 959
许昌市	0.772 725	安阳县	0.333 926	渑池县	0.073 284	息县	0.044 470	内黄县	0.032 068
开封市	0.752 834	新安县	0.267 193	滑县	0.070 558	商水县	0.044 378	确山县	0.030 602
漯河市	0.714 902	汝州市	0.257 777	兰考县	0.069 910	泌阳县	0.044 335	修武县	0.030 226
平顶山	0.663 381	沁阳市	0.247 441	淮阳县	0.069 819	平舆县	0.042 865	延津县	0.028 693
驻马店	0.657 036	伊川县	0.238 747	虞城县	0.065 721	清丰县	0.042 762	社旗县	0.028 474
三门峡	0.655 725	邓州市	0.189 942	通许县	0.064 313	新蔡县	0.040 875	商城县	0.028 124
安阳市	0.646 821	辉县市	0.171 122	上蔡县	0.064 246	民权县	0.040 762	中牟县	0.027 589
焦作市	0.646 725	襄城县	0.133 370	项城市	0.063 921	洛宁县	0.039 523	原阳县	0.026 903
新密市	0.644 971	孟州市	0.125 840	叶县	0.063 834	桐柏县	0.039 446	汝阳县	0.024 826
新郑市	0.640 784	濮阳县	0.113 740	潢川县	0.063 363	西华县	0.039 207	淮滨县	0.024 671
南阳市	0.637 345	义马市	0.110 044	杞县	0.062 568	遂平县	0.038 698	卫辉市	0.024 461
商丘市	0.632 730	新乡县	0.106 303	淅川县	0.059 279	浚县	0.037 839	封丘县	0.021 546
巩义市	0.627 674	临颍县	0.098 962	沈丘县	0.059 154	内乡县	0.037 343	范县	0.020 753
濮阳市	0.623 621	西峡县	0.098 715	郸城县	0.058 628	正阳县	0.036 819	新县	0.018 901
鹤壁市	0.623 084	宝丰县	0.098 603	孟津县	0.058 309	柘城县	0.036 628	鲁山县	0.016 272
新乡市	0.622 432	鹿邑县	0.098 014	太康县	0.057 837	汤阴县	0.035 494	宁陵县	0.015 854
周口市	0.613 296	固始县	0.095 288	武陟县	0.057 081	罗山县	0.035 093	获嘉县	0.015 802
荥阳市	0.601 139	长垣县	0.092 793	宜阳县	0.056 967	汝南县	0.034 998	台前县	0.009 568
登封市	0.590 394	唐河县	0.092 039	开封县②	0.054 935	南乐县	0.034 852	卢氏县	0.008 466
信阳市	0.576 701	温县	0.090 462	夏邑县	0.054 165	光山县	0.034 737	南召县	0.033 446
灵宝市	0.514 387	鄢陵县	0.090 355	淇县	0.050 674	睢县	0.033 958		
禹州市	0.502 667	新野县	0.086 493	嵩县	0.049 096	郏县	0.033 909		
偃师市	0.496 542	许昌县①	0.084 297	陕县	0.049 091	扶沟县	0.033 861		
济源市	0.451 828	栾川县	0.075 789	西平县	0.048 304	舞钢市	0.033 566		

① 2016 年 11 月，国务院印发《国务院关于同意河南省调整许昌市部分行政区划的批复》，同意撤销许昌县，设立许昌市建安区，以原许昌县的行政区域为建安区的行政区域。为便于比较，本书仍统称许昌县。

② 2014 年 10 月，开封县正式更名为祥符区。为便于比较，本书仍统称开封县。

为探析河南省区域增长极的时空演化规律,下面对 2012 年数据进行对比分析(表 3-6)。

表 3-6 2012 年河南省区域增长极极化度综合评价值降序排列

县市	评价值	县市	评价值	县市	评价值	县市	评价值	县市	评价值
郑州市	0.943 261	灵宝市	0.333 984	渑池县	0.078 026	内乡县	0.051 907	嵩县	0.029 463
洛阳市	0.864 322	镇平县	0.328 015	西峡县	0.075 097	开封县	0.050 599	汝南县	0.029 203
许昌市	0.781 145	登封市	0.326 622	濮阳县	0.074 078	夏邑县	0.049 586	舞阳县	0.029 123
开封市	0.765 234	林州市	0.290 555	太康县	0.073 051	西华县	0.048 936	正阳县	0.027 900
焦作市	0.736 125	汝州市	0.274 959	新乡县	0.072 644	民权县	0.048 640	社旗县	0.026 436
漯河市	0.723 117	邓州市	0.265 003	虞城县	0.072 629	兰考县	0.047 141	商城县	0.024 614
新乡市	0.721 432	伊川县	0.256 942	温县	0.072 628	通许县	0.047 000	扶沟县	0.023 874
平顶山	0.678 921	新安县	0.234 250	滑县	0.071 917	睢县	0.044 595	原阳县	0.023 018
驻马店	0.665 846	沁阳市	0.213 029	淅川县	0.069 599	商水县	0.042 322	卫辉市	0.022 942
三门峡	0.664 135	许昌县	0.192 015	宝丰县	0.066 791	宜阳县	0.040 187	延津县	0.022 321
安阳市	0.657 821	安阳县	0.188 528	方城县	0.066 627	孟津县	0.039 944	鲁山县	0.021 950
巩义市	0.655 901	中牟县	0.172 624	淮阳县	0.065 914	浚县	0.039 510	确山县	0.021 004
南阳市	0.645 265	临颍县	0.152 781	潢川县	0.064 785	内黄县	0.035 612	洛宁县	0.019 028
商丘市	0.642 151	新野县	0.149 077	栾川县	0.061 633	泌阳县	0.035 083	淮滨县	0.018 936
偃师市	0.637 491	武陟县	0.144 612	上蔡县	0.061 302	遂平县	0.034 789	封丘县	0.018 834
鹤壁市	0.634 584	唐河县	0.139 896	长垣县	0.061 059	平舆县	0.033 700	获嘉县	0.016 680
濮阳市	0.632 141	博爱县	0.131 657	修武县	0.060 689	新蔡县	0.032 845	汝阳县	0.016 492
周口市	0.621 436	尉氏县	0.129 576	舞钢市	0.060 314	汤阴县	0.032 623	新县	0.016 417
新密市	0.615 422	襄城县	0.122 288	沈丘县	0.058 863	息县	0.032 184	宁陵县	0.011 669
新郑市	0.608 010	固始县	0.115 118	西平县	0.058 588	柘城县	0.031 979	范县	0.011 428
信阳市	0.586 112	辉县市	0.112 077	南召县	0.058 025	光山县	0.031 977	台前县	0.006 279
荥阳市	0.564 877	鄢陵县	0.108 421	鹿邑县	0.057 888	清丰县	0.031 223	卢氏县	0.003 623
济源市	0.498 782	项城市	0.106 315	叶县	0.055 305	郏县	0.031 215		
禹州市	0.461 812	义马市	0.092 208	淇县	0.054 212	南乐县	0.030 789		
长葛市	0.371 724	孟州市	0.090 978	桐柏县	0.053 765	陕县	0.030 275		
永城市	0.334 933	杞县	0.083 621	郸城县	0.053 574	罗山县	0.029 732		

就 2012 年河南省区域增长极极化度空间分布来看,可以得出以下几点结论。首先,河南省域范围内形成了以郑州—洛阳为中心的区域核心增长极(郑州和洛阳之间的荥阳、新密、巩义、登封和偃师区域极化度均大于 0.5),导致省会郑州市和副中心城市洛阳连成一体,发挥巨大的区域核心增长极作用。其次,郑州—洛阳核心增长极周边形成了济源、焦作、新乡、开封、许昌、平顶山、宝丰、伊川、新安发展圈层。该类型区域的快速发展对郑州—洛阳核心增长极的极化与扩散效应发挥起到重要的支撑作用,而且对核心增长极与次一级区域增长极之间的

区域（武陟、原阳、中牟、禹州、孟津、孟州、沁阳、温县、博爱）发展具有重要意义。最后，在次一级区域增长极圈层之外，还有第二层区域增长极圈层组成的区域极化度高地条带（鹤壁市、安阳市、濮阳市、长垣县、商丘市、永城市、周口市、驻马店市、信阳市、南阳市、内乡县、灵宝市），该圈层由北至南呈现出半包围态势（中原经济区周边区域合作的基础）。

对比表 3-5 和表 3-6 可看出，无论是 2017 年还是 2012 年，以郑州—洛阳为中心的区域核心增长极均已经成型，而且以地市级城市和经济发展相对较强县域组成的次一级区域增长极圈层和外围半包围增长极圈层也已经清晰化，说明了河南省构建"一极两圈三层"的区域发展模式的科学性。从外围半包围增长极圈层（知识溢出效应综合评价值相对隆起带）来看，其在地域空间上呈现出较为明显的以郑州—洛阳为中心的核心增长极为中心，且呈现出较为规则的半包围形状，这种类型的空间结构为构建河南省 1 小时经济圈和 2 小时经济圈提供了理论基础，另外，也为中原经济区（除河南全境外，还包括山东省聊城市、菏泽市、泰安市东平县；安徽省淮北市、宿州市、蚌埠市、亳州市、阜阳市、淮南市凤台县及潘集区；河北省邢台市、邯郸市；山西省运城市、晋城市、长治市）建设中实现区域竞争合作与空间互动发展提供借鉴。另外，2016 年与 2011 年相比，区域核心增长极和次一级区域增长极之间以及次一级区域增长极和外围半包围区域增长极之间的地带的知识溢出效应的综合评价值明显低于两级区域增长极的知识溢出效应综合评价值，说明近年来随着河南省经济社会的发展，区域增长极的扩散效应开始逐渐显现，位于两级区域增长极之间的经济腹地的经济发展较快，区域经济非均衡协调发展的基础愈加巩固。

第四章　增长极极化扩散模型

针对我国区域经济发展过程中形成的国家级增长极、区域增长极发展特征，鉴于我国区域经济发展主要处于工业化中期向工业化中后期过渡的重要历史时期，本章从知识溢出角度探讨区域增长极极化效应与扩散效应动态演化状况，并检验知识溢出模型极化-扩散效应（溢出效应是极化效应和扩散效应的叠加），为我国区域协调发展提供理论支持。

第一节　空间知识溢出模型研究

在区域发展的不同阶段，区域增长极的极化和扩散作用方式有所不同。极化效应与扩散效应在时间序列上有一定的相位差，极化效应与扩散效应叠加后，即为区域增长极的溢出效应。

区域增长极发展初期，生产要素向中心区域集中趋势明显，极化效应大于扩散效应，纯溢出效应为负值，在相对长的一段时间内，纯溢出效应为负值的趋势得到逐步强化，区域经济步入非均衡发展时期。当区域增长极纯溢出效应达到最低点时，扩散效应才逐步增强，而极化效应渐次减弱，区域经济发展至非均衡协调发展阶段。在极化效应与扩散效应相当时，两种效应相互抵消。区域增长极的扩散效应继续增强，扩散效应逐步占据主导地位，区域发展步入协调发展阶段，区域经济重心由中心逐渐向外围区域扩展。

区域增长极的溢出效应作为极化效应和扩散效应的叠加，将对区域增长极的时空演化发挥至关重要的作用。对目前我国区域增长极已发展成为国家级增长极、区域级增长极和地市级增长极等多层增长极体系来说，各类增长极间相互影响，研究增长极的极化效应和扩散效应，探讨区域增长极理论对我国区域非均衡协调发展机制的支撑作用，还要进一步分析区域间的溢出效应。

一、马克斯·凯尔贝奇简化区域溢出模型

为解读区域增长极极化效应和扩散效应，需对知识溢出相关模型进行深入解读，探讨要素溢出（知识溢出和资本溢出）与区域增长极空间演化的关系（知识溢出模型可为解读国家级增长极优先开发区域发展问题提供理论支持，资本溢出模型可为区域增长极重点开发区域发展提供理论指导）。下面分析知识溢出相关模型（资本溢出模型借鉴国外关于外商直接投资对本国经济知识溢出的作用，资本溢出模型仅关注资本驱动因素，其关注点依然为区域间的知识溢出），为探讨区域

增长极的极化效应和扩散效应奠定理论基础。

（一）一区域模型

马克斯·凯尔贝奇（Keilbach，2000）模型研究了区域内部的企业之间的知识溢出效果。假设区域内部仅有两个公司，研究不同情况下，两区域知识溢出情况。模型中假定有两个区域 A 和 B，每个区域都有一定数量的企业，假设企业会从其他企业的知识溢出中获得外部性影响而改变企业的经济行为。

设区域 A 中有两家企业，i=1，2，两家企业的产出为 Y_i。由于企业的距离较近，其中某一企业的部分知识或人力资本会溢出到同一区域内部的另一企业。为了简化起见，将资本的概念泛化成"广义资本"①。

引入柯布-道格拉斯（Cobb-Douglas）函数，两家企业的关系可表达为

$$Y_i = \left(K_i \cdot K_j^{\delta}\right)^{\alpha} L_i^{\beta} \tag{4-1}$$

式中，K 表示资金投入量；L 表示劳动投入量，K_i 为 i 企业的资金投入量；K_j 为 j 企业的资金投入量；L_i 为 i 企业的劳动投入量。i,j=1,2；$i \neq j$；$\alpha, \beta, \delta \in [0,1]$。

区域 A 内的总资产 $K_A = K_1 + K_2$，区域 A 内的总劳动投入量 $L_A = L_1 + L_2$。由于企业位于同一个区域内部，两家企业间的关系可以通过引入资本系数 ϕ 和劳动力系数 θ 来表示，那么有

$$K_1 = \phi K_A, \quad K_2 = (1-\phi) K_A; \quad L_1 = \theta L_A, \quad L_2 = (1-\theta) L_A \tag{4-2}$$

由此，式（4-1）可以变换为

$$\begin{cases} Y_1 = [\phi K_A]^{\alpha} [(1-\phi)K_A]^{\alpha\delta} [\theta L_A]^{\beta} \\ Y_2 = [(1-\phi)K_A]^{\alpha} [(1-\phi)K_A]^{\alpha\delta} [(1-\theta)L_A]^{\beta} \end{cases} \tag{4-3}$$

可以看出，若两家企业间有要素流动，区域内资本和人力总量不发生变化，而企业边际要素生产率发生变化。若有要素从区域外流入，那么，区域内部要素总量增大，但如果企业间的要素比率 θ 和 ϕ 不变化，则不会影响企业边际要素生产率。

假设所有要素可在区域 A 内部自由流动，员工将由工资低的企业流向工资高的企业。如果企业工资待遇高，资本系数 ϕ 就会由于员工的流动而增大；反之，资本系数（$1-\phi$）就会减少。假设工资因素与边际要素生产率相等，对资本和劳动力系数 ϕ、θ 进行如下修正：

$$\begin{cases} \dot{\phi} = \pi \left(\dfrac{\partial Y_1}{\partial \phi} - \dfrac{\partial Y_2}{\partial (1-\phi)} \right) \\ \dot{\theta} = \tau \left(\dfrac{\partial Y_1}{\partial \theta} - \dfrac{\partial Y_2}{\partial (1-\theta)} \right) \end{cases} \tag{4-4}$$

式中，π 和 τ 为衡量工资差异导致要素流动程度系数。假定区域内不存在工资差

---

① 广义资本概念的引入，主要是为了降低模型中的维度。这种扩展会增加空间相位的维度，但是并不改变模型的习性，Barro 等（1995）也曾经使用过类似的概念扩展。

异,可得到:边际资本(人力)增长率高的企业,资本总量 K_A 和 L_A 会增长。

若区域 A 内不存在要素流动趋势,则区域内将会实现空间均衡。如果令 ϕ 和 θ 都等于零,当 $\delta=0$,$\phi=\theta$,或者 $\delta>0$,$\phi^*=\theta^*=0.5$ 时,区域达到均衡。

由此,当 $\delta=0$,$\phi=\theta$ 时,非常容易断定均衡状态属性,但并不能说明是由空间因素分配导致的。对 $\delta>0$ 时的均衡条件进行研究,在经济集聚相关文献中通过不同方法得到同样的结论。从单一区域、两家企业模型中得到:区域内企业距离越远,企业之间的溢出效应越小。

(二)多区域模型

假设有两区域 A 和 B,且两区域都和前面单一区域两家企业的假设条件相同,可扩展成为城市-郊区环绕的情况,区域 A 的产出 Y_A 可以用公式表示为

$$Y_A = Y_1 + Y_2 = K_A^{\alpha(1+\delta)} L_A^{\beta} \cdot \mu \tag{4-5}$$

式中,$\mu = \left(\phi^\alpha (1-\phi^{\alpha\delta}) \theta^\beta + (1-\phi)^\alpha \phi^{\alpha\delta} (1-\theta)^\beta \right)$,$\mu$ 的引入简化了式(4-5)[①]。

假定区域 A、B 有相同属性,区域 A、B 之间的溢出系数用 Δ 表示。引入距离概念,系数 Δ 随着技术系数 δ 的增大而增大,随着距离的减小而增大。若该区域技术系数 δ 高,则区域 A 和 B 之间有较大潜在溢出可能。在给定技术系数 δ 条件下,区域 A 和 B 之间的距离越近,两者之间的溢出效应越大。由此,得表达式

$$Y_i = \mu \left(K_i \cdot K_j^{\Delta} \right)^{\alpha(1+\delta)} L_i^{\beta} \tag{4-6}$$

式中,$i,j=A,B$;$i \neq j$,$\Delta \in [0,\delta]$ 与式(4-1)相类似。为分析区域间溢出情况,对 $\Delta=0$ 和 $\Delta>0$ 两种情况分别进行研究。

当溢出系数 $\Delta=0$ 时的要素配置动态下的相关讨论如下:

设区域间的距离足够远,知识对另一区域外部性甚微。当 $\Delta=0$,可得

$$Y_A = \mu K_A^{\alpha(1+\delta)} L_A^{\beta} \tag{4-7}$$

$$Y_B = \mu K_B^{\alpha(1+\delta)} L_B^{\beta} \tag{4-8}$$

如果 $\delta > \dfrac{1-\beta-\alpha}{\alpha}$,则区域 A 和 B 在资本和人力方面遵从规模递增规律。如果 $\alpha+\beta=1$,当 $\delta>0$ 时,区域间存在溢出效应,企业获得稳定的增长回报。即使 $\alpha+\beta<1$,如果溢出系数 δ 足够高,企业依然会获得增长。与单一区域类似,引入要素分配影响系数 Φ 和 Θ,其中 $\Phi,\Theta \in [0,1]$,则有:$K_A = \Phi K$,$K_B = (1-\Phi)K$;$L_A = \Theta L$,$L_B = (1-\Theta)K$。代入式(4-7)和式(4-8),得

$$Y_A = \mu [\Phi K]^{\alpha(1+\delta)} [\Theta L]^{\beta} \tag{4-9}$$

$$Y_B = \mu [(1-\Phi)K]^{\alpha(1+\delta)} [(1-\Theta)L]^{\beta} \tag{4-10}$$

---

① μ 可以解释为马歇尔外部性(Marshallian externalities)下的要素分配的影响水平系数。当 $\delta>0$,$\phi=\theta=0.5$ 时,$\mu = 2 \times 0.5^{\alpha(1+\delta)+\beta} < 1$(非经典经济理论中 $\mu=1$),$\phi,\theta \in [0,1]$。

假设要素流入区域内促使工资水平上升，那么区域间的均衡条件将转化为

$$\dot{\Phi} = \prod \left(\frac{\partial Y_A}{\partial \Phi} - \frac{\partial Y_B}{\partial (1-\Phi)} \right) \tag{4-11}$$

$$\dot{\Theta} = \prod \left(\frac{\partial Y_A}{\partial \Theta} - \frac{\partial Y_B}{\partial (1-\Theta)} \right) \tag{4-12}$$

令 $\dot{\Phi} = \dot{\Theta} = 0$，得均衡方案：$(\Phi^*, \Theta^*) = (0,0)$ 或 $(1,1)$。

当 $\Phi = \Theta = 0.5$ 时，区域A和区域B具有相同的边际收益水平。当 $\dot{\Phi} = \dot{\Theta} = 0$ 时，要素不存在流动趋势，但这种状态是一种不稳定均衡状态，而且系统拥有多种均衡和路径依赖[①]。

当溢出系数 $\Delta > 0$ 时的要素配置动态情况下的讨论如下：

对于认定城市与农村知识溢出效应为零的假设来说，限制性条件过于严格。因此，对溢出系数 $\Delta > 0$ 时的相应讨论也是必要的。当 $\Delta > 0$ 时，则有

$$Y_A = \mu K_A^{\alpha(1+\delta)} K_B^{\Delta\alpha(1+\delta)} L_A^{\beta}$$
$$Y_B = \mu K_B^{\alpha(1+\delta)} K_A^{\Delta\alpha(1+\delta)} L_B^{\beta} \tag{4-13}$$

引入相应的要素系数后，式（4-13）变为

$$Y_A = \mu [\Phi K]^{\alpha(1+\delta)} [(1-\Phi)K]^{\Delta\alpha(1+\delta)} [\Theta L]^{\beta} \tag{4-14}$$

$$Y_B = \mu [(1-\Phi)K]^{\alpha(1+\delta)} [\Phi K]^{\Delta\alpha(1+\delta)} [(1-\Theta)L]^{\beta} \tag{4-15}$$

当 $\Delta > 0$ 且 Δ 数值比较低（低于分歧点，分歧点随 α、β、δ 的变化而不同）时，系统将聚合为 $(\Phi^*, \Theta^*) = (0,0)$ 或 $(1,1)$ 情况中的一种。如果 Δ 增大至接近 δ，则合并为 $(0.5,0.5)$；如果 Δ 趋向于 δ，则两区域可整合成一区域。

当 $\Delta > 0$，顶端条件 $(0,0)$ 和 $(1,1)$ 不是稳定均衡态（$\Delta = 0$）。图4-1 中的分歧表明，在给定 α、β、δ 的情况下，Δ 成为衡量系统稳定的重要指标。当 Δ 增大

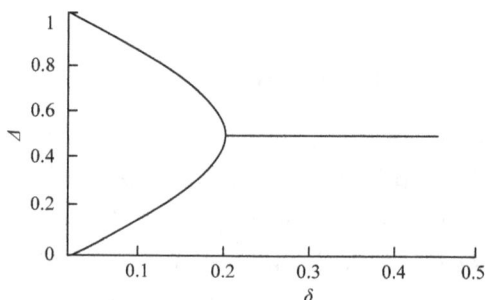

图4-1 两种不同状态的分歧示意图

---

① 阿瑟（Arthur）在集聚经济（块状经济）方面的论述中对路径依赖问题有过相应研究，但是此处提出的路径依赖与之存在一定差异。

时，如果区域之间的信息交流比较便利，该模型就能够解释要素由城市流向周边的合理性。

由凯尔贝奇模型可知，从单一区域两家企业进行简化到引入资本、人力变动影响系数和区域溢出系数，从微观层面探讨区域内部和两区域情况下的知识溢出机制和均衡条件，为区域层面知识溢出研究提供了相应的理论支持和借鉴。

由此，我们可以看出，对于两区域来说，技术领先区域（中心区域）对技术落后区域（外围区域）的知识溢出效应比较大；反过来，技术落后区域（外围区域）对技术领先区域（中心区域）的知识溢出效应相对较小。对于多区域来说，其他任何区域对所研究的区域都会有知识溢出效应发生，也就是说，该区域所接受的知识溢出效应来自系统内部其他区域知识溢出效应的总和。

二、弗森伯格空间知识溢出模型

弗森伯格（Verspagen，1991）对知识溢出的研究是通过研究区域间技术追赶问题开始的。他在两区域模型中，假定区域 j 为技术先进区域，区域 i 为技术落后区域。为研究区域间的技术追赶问题，假设两区域间的知识存量差距 G_{ij} 等价于对区域知识存量比 $\dfrac{K_i}{K_j}$ 取对数，上述假设保证了当区域间的知识存量差距为零时，两区域间的知识存量水平相等。

$$G_{ij} = \ln \frac{K_i}{K_j} \tag{4-16}$$

假定区域知识存量增长等于区域外生增长系数 ρ，表示区域知识存量作为知识溢出的扩散源具有外生特性。对于区域 j 和区域 i 来说，其外生增长系数分别为 ρ_j 和 ρ_i，而且 $\rho_j > \rho_i$ 成立。对于技术先进区域 j 来说，区域知识存量增长等于区域外生增长系数 ρ_j；对于技术落后区域 i 来说，区域知识存量增长等于区域外生增长系数 ρ_j 与接受的知识溢出效应的和。由此，有如下公式：

$$\rho_j = \frac{\dot{K}_j}{K_j} \tag{4-17}$$

$$\rho_i = \frac{\dot{K}_i}{K_i} + S \tag{4-18}$$

式中，$\dot{K}$ 为相对于区域外的知识存量；S 为 i 区域接受的知识溢出效应。

弗森伯格对区域知识溢出进行区分，把区域间的知识溢出划分为潜在知识溢出和实际知识溢出，其中实际知识溢出为潜在知识溢出的子集。假定在区域间知识存量差距 G 一定的条件下，区域获取知识溢出的大小取决于区域固有的学习能力 δ。区域固有的学习能力取决于区域的教育和基础设施等情况。由此，区域间两种知识溢出的表达式为

$$S = \alpha G \cdot e^{-\frac{G}{\delta}} \qquad (4\text{-}19)$$

式中，S 为区域间的实际知识溢出；αG 为区域间的潜在知识溢出，且 $0 < \alpha < 1$；δ 为区域的固有学习能力；$e^{-\frac{G}{\delta}}$ 为区域的学习能力。

根据上述分析可知，区域学习能力与区域间知识存量的差距密切相关。由此，可以得到下面的关系：

一是当区域的固有学习能力 δ 增大，$e^{-\frac{G}{\delta}} \rightarrow 1$ 时，区域间发生的实际溢出趋向于区域间能够发生的潜在溢出。

二是当区域的固有学习能力 δ 减小，$e^{-\frac{G}{\delta}} \rightarrow 0$ 时，区域间发生的实际溢出趋向于零。

综上可得

$$\dot{G} = \frac{\dot{K_j}}{K_j} - \frac{\dot{K_i}}{K_i} = \rho_j - \left(\rho_i - \alpha G \cdot e^{-\frac{G}{\delta}} \right) = (\rho_j - \rho_i) + \alpha G \cdot e^{-\frac{G}{\delta}} \qquad (4\text{-}20)$$

式中，$(\rho_j - \rho_i)$ 为区域间的外生增长系数差；$\alpha G \cdot e^{-\frac{G}{\delta}}$ 为区域间的实际知识溢出。

式（4-20）显示，当区域间的实际知识存量差距 $\dot{G}$ 等于零时，出现均衡状态。当区域间的外生系数不相等（$\rho_j - \rho_i \neq 0$）时，区域间的外生增长系数差异 $(\rho_j - \rho_i)$ 等于区域间的实际知识溢出效应。根据区域间的知识存量存在差距情况下的区域间实际知识溢出效应，可推出两种均衡状态：一种为稳定均衡，导致技术落后区域实现技术追赶；另一种为非稳定均衡，导致技术落后区域的没落（难以实现对技术先进区域的技术追赶）。考虑区域知识学习能力的影响，区域间的知识溢出效应随区域间知识存量差距的增大而逐步减小，随着区域学习能力的增强而逐渐增大。

三、凯尼尔斯知识溢出蜂巢模型

凯尼尔斯（Caniëls，2000）引入新经济增长理论"干中学"概念，将干中学效应（learning by doing effect）纳入区域知识溢出研究范围，修正弗森伯格（Verspagen，1991）知识溢出模型，构建知识溢出蜂巢模型。

在凯尼尔斯知识溢出蜂巢模型中，基于新经济增长 AK 模型中区域产出水平与区域知识存量水平正相关假设，假定知识存量与区域经济增长呈正相关，则有公式

$$\frac{\dot{Q_i}}{Q_i} = \beta \frac{\dot{K_i}}{K_i} \qquad (4\text{-}21)$$

式中，$\dfrac{\dot{Q_i}}{Q_i}$ 为区域 i 的产出水平；$\dfrac{\dot{K_i}}{K_i}$ 为区域 i 的知识存量水平；β 为由经济增长导

致的知识存量的变化率。

罗默（Romer，1990）将 AK 模型中的"干中学"概念引入区域知识的生产和创新方面，认为区域知识生产和创新来源于"干中学"、获取周边区域的知识溢出（S_i）、外生增长率（ρ_i）三方面。由此，得到如下等式

$$\frac{\dot{K}_i}{K_i} = \alpha\left(\lambda\frac{\dot{Q}_i}{Q_i} + S_i + \rho_i\right) \tag{4-22}$$

式中，α 为知识存量增长系数；λ 为干中学效应影响强度。

为了解释区域知识溢出 S，首先考虑只有两个区域的情况。假设一区域为技术先进区域，另一区域为技术落后区域，两区域间的知识溢出主要来自区域间的知识差距（G_{ij}）。根据弗森伯格（Verspagen，1991）知识溢出模型，得到区域 i 接受其他区域的知识溢出效应的公式为

$$S_i = \frac{\delta_i}{\gamma_{ij}}\mathrm{e}^{-\left(\frac{1}{\delta_i}G_{ij}-\mu_i\right)^2} \tag{4-23}$$

式中，S_i 为 i 区域接受 j 区域的知识溢出；δ_i 为 i 区域的学习能力；G_{ij} 为两区域间知识存量商的对数；γ_{ij} 为区域 i 与区域 j 间的地理距离；μ_i 为技术追赶系数，即区域间技术追赶实现情况下的知识存量差距。

当区域数目增至 k 时，衡量每个区域接受的知识溢出都需要用 $k-1$ 个区域的技术差距来度量。也就是说，每个区域的知识溢出是接受 $k-1$ 个其他区域的知识溢出的总和，则有

$$S_i = \sum_{j=1}^{k-1}\frac{\delta_i}{\gamma_{ij}}\mathrm{e}^{-\left(\frac{1}{\delta_i}G_{ij}-\mu_i\right)^2} \tag{4-24}$$

凯尼尔斯知识溢出蜂巢模型的建立存在如下假定条件：一是区域的产出水平与区域的知识存量水平正相关；二是知识创新受到"干中学"、获取知识溢出和外生增长率三方面因素的影响；三是区域间的知识差距是形成区域间的知识溢出的主要原因；四是假设区域间的地理距离越大，区域间的知识溢出效应越小；五是假设区域为无缝联结等半径六角蜂巢形状。

第二节 基于区域知识能力的知识溢出模型

由于前面的知识溢出模型引入的技术距离主要从地理距离、空间临近方面衡量，没有考虑知识吸收能力、通信与信息技术发展对经济发展和知识创造产生的影响。下面综合考虑地域临近、地理距离、区域知识能力、区域知识吸收能力、通信与信息技术、知识传播（扩散渠道）等因素，改进弗森伯格和凯尼尔斯模型，构建基于区域知识能力差距和区域间技术差距的知识溢出模型。

根据弗森伯格（Verspagen，1991）知识溢出模型研究思路，引入知识溢出效

率系数，对凯尼尔斯（Caniëls，2000）蜂巢模型中的知识存量、技术距离和知识吸收能力进行替代和改进；引入知识溢出效率系数，用区域知识吸收能力替代区域学习能力，用区域知识能力差距替代区域知识存量差距，对凯尼尔斯知识溢出模型进行修正。由此，基于区域知识能力的空间知识溢出模型修正就集中在探讨技术距离和区域知识吸收能力两个方面。

一、技术距离修正

从技术扩散理论中关于创新扩散在时间和空间维度的研究来看，美国传播学教授罗杰斯（Rogers，1963）的技术扩散 S 曲线和美国营销学教授弗兰克·巴斯（Bass，1969）的巴斯扩散模型主要从技术扩散的时间序列方面考虑，没能综合考虑空间因素；赫尔曼·哈肯（Haken，1983）扩散模型侧重技术扩散空间方面的研究，但没有和时间因素结合。对于技术扩散和知识溢出的时间、空间方面的研究，研究者基本上是把时间因素加入空间相互作用模型或将空间距离加入时间模型，但受欧氏距离和地理空间的限制，对知识溢出空间的理解过于简单，都没有综合考虑知识能力和知识吸收能力及区域间的技术距离。

（一）技术扩散中距离相关研究

由于技术扩散受行政区域阻隔，詹姆士·莱萨格（Lesage，2010）结合鲁克·安瑟兰（Anselin，2003）综合考虑区域与空间临近衰减系数，引入空间临近度概念，对区域知识溢出空间特性用指数权重衡量（图4-2）。

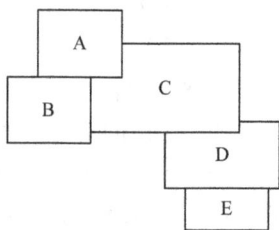

图4-2　区域临近权重分配示意图

假设区域之间的知识溢出受区域临近因素影响，相互临近的区域之间的知识溢出现象较易出现，区域间如果不能直接临近，知识溢出效应将会出现衰减，根据衰减程度对区域之间的临近程度赋予相应的权重。根据詹姆士·莱萨格提出的空间经济学模型，知识溢出衰减效应规律为

$$S = \lambda \cdot W \tag{4-25}$$

式中，S 为知识溢出衰减率矩阵；λ 为知识溢出衰减系数矩阵；W 为知识溢出空间权重矩阵。

根据詹姆士·莱萨格（Lesage，2010）的研究，知识溢出衰减效应与区域间临近有一定关系。假设区域内部的知识溢出没有衰减现象，即区域自身的临近权重为 0，相邻区域之间的权重为 1/2，中间仅间隔一个区域的权重为 1/3，依次类推，可以得到系统知识溢出空间权重矩阵 W。

其中，$W_{ij} > 0$，W_{ij} 为区域 i 对第 j 个临近区域知识溢出效应衰减权重（$j = 1, 2, \cdots, n$），n 为系统内的区域总个数。由此，图 4-2 中区域临近权重矩阵 W 为

$$W = \begin{pmatrix} 0 & 1/2 & 1/2 & 1/3 & 1/4 \\ 1/2 & 0 & 1/2 & 1/3 & 1/4 \\ 1/2 & 1/2 & 0 & 1/2 & 1/3 \\ 1/3 & 1/3 & 1/2 & 0 & 1/2 \\ 1/4 & 1/4 & 1/3 & 1/2 & 0 \end{pmatrix}$$

同时，假定区域临近因素的权重小于 1/5（区域间不直接相邻，需要通过四个区域才能实现接触关系），就可以认为两区域间的知识溢出效应衰减为 0，假设其区域临近权重为 0。

凯尼尔斯知识溢出模型根据区域无缝连接假设（假定以区域为中心，等半径六角形）提出蜂巢模型。从凯尼尔斯的中心区域 L（图 4-3）的知识溢出衰减情况来看，中心区域（技术先进区域）L 的知识溢出衰减情况难以用区域临近权重设置与区域临近情形进行合理解释。另外，由于区域间的人员流动将对区域知识溢出产生较大的影响，丹尼尔·凯尔切特（Kirchert，2001）在对我国知识扩散和区域吸收能力的相关研究中采用区域间的航空客运量替代区域间的技术距离。

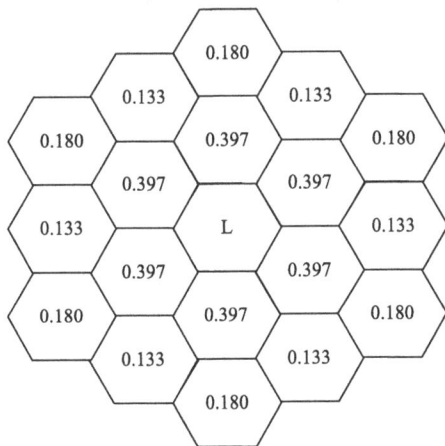

图 4-3　中心区域技术距离蜂巢模型示意图

后来，段利忠和刘思峰（2003）根据罗杰斯（Rogers，1995）的创新扩散模型（diffusion of innovations model）和瑞典隆德大学教授哈格斯特朗（Hagerstrand，1968）利用移民流动来预测技术扩散趋势的空间扩散 MIF 理论模型，把经济文化环境、科技资源环境和欧氏距离因素纳入影响知识溢出和技术扩散的空间距离，

并将这三种主要影响因素分别设为 x、y、z，确定技术扩散源与技术吸收体之间的扩散距离为 R，其计算公式为

$$R = \sqrt{(x-x_0)^2 + (y-y_0)^2 + (z-z_0)^2} \qquad (4\text{-}26)$$

由此来看，技术创新空间扩散是技术创新在非均质空间上传播、转移和推广的空间过程。技术创新受创新特征（强度维）、环境质量（环境维）综合作用，在扩散空间上呈现出非等同、非均衡扩散特性。由于信息技术的广泛应用，原本难以扩散的知识和技术跨越空间障碍，在信息技术许可情况下传播。由此，仅根据欧氏距离对技术扩散源与技术吸收体间扩散距离的扩展，不能解释信息技术拉近技术距离，不能解释技术扩散在空间上呈现非等同、非均衡扩散特性。

（二）区域技术距离修正模型

据前人研究，区域技术距离评价指标必须综合体现地理距离、区域临近、技术扩散渠道和交通便利性因素。近年来，知识溢出渠道和技术扩散渠道的便利性指标对区域间知识溢出的影响存在着马太效应[1]和摩尔定律[2]。由此，当区域间的信息和交通便利时，知识溢出效率会随便利性增强而急剧提升。本节用技术距离替代地理距离，最终会在知识溢出模型中引入知识溢出效率，从而对区域知识吸收产生影响。由此，研究技术距离需要考虑地理距离、区域临近、人才流动（交通）便利程度以及知识（信息）流动便利程度等因素。

引入区域临近度，对地理距离 L 进行修正，同时探讨区域间信息便利性 E 和区域间交通便利性 F 对区域知识吸收能力的影响变化。引入区域知识溢出效率系数 b，对区域知识溢出效应影响进行相关研究。相关计算公式为

$$b = (E_i \times E_j)^\varepsilon (F_i \times F_j)^\eta \xi^{W_{ij}} \qquad (4\text{-}27)$$

$$L_{ij} = \frac{\Delta_{ij}}{\xi^{W_{ij}}} \qquad (4\text{-}28)$$

$$\Delta_{ij} = E_{ij} F_{ij} \Delta_i \qquad (4\text{-}29)$$

$$E_{ij} = E_i E_j \qquad (4\text{-}30)$$

$$F_{ij} = F_i F_j \qquad (4\text{-}31)$$

式中，L_{ij} 为考虑区域临近度影响的区域间地理距离。ξ 为区域临近（区域间壁垒）对知识溢出的影响系数。$\xi \in [0,1]$，其中 $\xi = 0$ 和 1 分别为两种极端情况。当 $\xi = 0$ 时，区域间壁垒为无穷大，区域间无法形成知识扩散；当 $\xi = 1$ 时，区域间不存在壁垒，区域间知识溢出不受区域临近因素影响。W_{ij} 为区域间临近度，如

---

① 马太效应（Matthew effect），是指好的越好、坏的越坏、多的越多、少的越少的一种现象。

② 摩尔定律是美国英特尔创始人之一戈登·摩尔 1975 年提出的集成电路上可容纳的晶体管数目约每两年翻一倍的现象，后泛指信息技术性能提高、价格下降的发展规律。

果 i 区域与 j 区域相邻，则 $W_{ij}=1$；如果 i 区域与 j 区域要通过 1 个中间区域才能相邻，则 $W_{ij}=2$；依次类推。由此，随着区域间的间隔区域数增多，区域临近对区域地理距离的影响存在幂指数增长规律（假定区域间阻碍技术扩散和知识溢出的影响系数 ξ 完全相同）。为简化区域临近的影响，假设区域临近对知识溢出影响的强度相同。Δ_{ij} 为区域 i 和区域 j 之间的知识溢出效率。E_{ij} 和 F_{ij} 分别为区域间信息和交通便利程度。其中，E 用区域信息技术便利性综合评价值表示；F 用区域交通便利性综合评价值表示；E_i、F_j 的计算方法参见熵权的矢量优属度综合评价方法；ε 为区域间信息便利程度对区域知识吸收能力效率的影响系数。$\varepsilon \in [0,1]$，其中 $\varepsilon = 0$ 和 1 分别为两种极端情况。当 $\varepsilon = 0$ 时，区域间信息便利程度不会对区域知识吸收效应产生影响；当 $\varepsilon = 1$ 时，区域间信息便利程度对区域知识吸收效应影响最大。η 为区域间交通便利程度对区域知识吸收能力效率的影响系数。$\eta \in [0,1]$，其中 $\eta = 0$ 和 1 分别为两种极端情况。当 $\eta = 0$ 时，区域间交通便利程度不会对区域知识吸收效应产生影响；当 $\eta = 1$ 时，区域间交通便利程度对区域知识吸收效应影响最大。区域临近、信息便利性和交通便利性对地理距离的修正思路，可解释为什么要引入区域知识溢出效率系数 b，以便于评价区域临近、信息便利性和交通便利性因素对区域知识溢出效应的综合性影响。

二、区域知识吸收能力修正

凯尼尔斯（Caniëls，2000）知识溢出蜂巢模型中引入参数 δ_i 为 i 区域的学习能力，假定区域学习能力系数 δ_i 越大，区域接受外部知识溢出效应越大。但采用区域研发经费投入与产出比率来显示区域学习能力，只能反映区域知识创新能力，并不能反映区域在获取知识溢出过程中的知识可获取性、运用新知识障碍、社会文化、政治经济以及区域法律和行政执行力等因素对区域知识吸收能力的影响。区域知识吸收能力评价不能脱离区域科技人力发展潜力、知识传播渠道、交通便利指标和信息与通信技术指标，因此，仅利用区域的学习能力系数 δ_i 替代区域知识吸收能力存在一定的不合理性。

为使知识溢出模型更加贴近我国经济运行的现实情况，根据 Yoguel 等（2002）知识吸收能力指标（absorption capability index，ACI），综合考虑区域内部人力资本发展指标、知识传播指标、交通便利指标以及信息技术应用等，从量、质和质量三个维度，对凯尼尔斯知识溢出模型中的区域学习能力指标进行修正，修正后的区域知识吸收能力指标的表达式为

$$ACI = 0.3Q_1 + 0.5Q_2 + 0.2Q_3 \qquad (4-32)$$

其中，区域知识吸收能力指标中的量、质和质量指标分别见表 4-1～表 4-3。

表 4-1　区域知识吸收能力量的指标

指标	权重	指标值=1	指标值=2	指标值=3	指标值=4	指标值=5
研发全时当量	0.3					
科技投入	0.15					
专利	0.25					
论文	0.05					
技术贸易	0.25					

注：研发全时当量是将有关的非全时工作者的数量转换为相当于全时工作者的数量，包括从事全时工作的实际人数及参与某给定活动的人所用工作时间的百分比；科技投入用各地区科技活动经费筹集总额替代；专利指科技活动人员千人专利拥有量；论文指从事科技活动人员每千人发表论文篇数；技术贸易指各地区技术市场成交合同金额。

表 4-2　区域知识吸收能力质的指标

指标	权重	指标值=1	指标值=2	指标值=3	指标值=4	指标值=5
从事科技活动人员	0.35					
信息技术	0.10					
产品创新	0.35					
外商直接投资	0.15					
后备人才	0.05					

注：从事科技活动人员指各地区科学家和工程师人员数；信息技术指各地区互联网域名拥有量；产品创新指投入市场的新产品数量；外商直接投资指当地吸收外商直接投资额度；后备人才指当地普通高等学校在校生人数。

表 4-3　区域知识吸收能力质量指标

指标	权重	指标值=1	指标值=2	指标值=3	指标值=4	指标值=5
研究与发展投入	1					

注：研究与发展投入指当地研发投入。

区域知识吸收能力量的指标是结合区域知识能力相关研究确定的。另外，各项指标权重引用荣格和瑞拜蒂诺知识吸收能力指标中的权重设置，那么有

$$Q_1 = 0.3X_1 + 0.15X_2 + 0.25X_3 + 0.05X_4 + 0.25X_5 \qquad (4\text{-}33)$$

量的指标 X_i 根据该指标处于系统水平推算，$X_i \in [1,5]$。当该区域指标 X_i 最优时，$X_i=5$；当该区域指标 X_i 为该评价系统中最差时，$X_i=1$。

质的指标设置同样是结合区域知识能力相关研究确定的。另外，各项指标权重直接引用了荣格和瑞拜蒂诺知识吸收能力指标中的权重设置，那么有

$$Q_2 = 0.35Y_1 + 0.1Y_2 + 0.35Y_3 + 0.15Y_4 + 0.05Y_5 \qquad (4\text{-}34)$$

式中，Y_i 为区域知识吸收能力质的指标，是根据当年该指标处于系统中的水平而推算的指标值，$Y_i \in [1,5]$。当该区域 i 指标为该评价系统中最优时，$Y_i = 5$；当该区域 i 指标为该评价系统中最差时，$Y_i = 1$。

对知识吸收能力质量的指标设置是结合第三章中区域知识能力相关研究确定的。各项指标权重直接引用了荣格和瑞拜蒂诺知识吸收能力指标中的权重设置，那么有

$$Q_3 = Z_i \tag{4-35}$$

式中，Z 为区域知识吸收能力质量的指标，是根据当年该指标处于系统中的水平而推算的指标值，$Z_i \in [1,5]$。当该区域 i 指标为该评价系统中最优时，$Z_i = 5$；当该区域 i 指标为该评价系统中最差时，$Z_i = 1$。

三、基于区域知识能力的空间知识溢出模型构建

综上，对凯尼尔斯（Caniëls，2000）知识溢出蜂巢模型修正为

$$\tilde{S}_{ij} = \frac{\Delta_i}{\tilde{R}_{ij}} e^{-\left(\frac{1}{\Delta_i}\tilde{G}_{ij} - \mu_i\right)^2} \tag{4-36}$$

式中，$\tilde{S}_{ij}$ 为 i 区域接受 j 区域的知识溢出效应值；Δ_i 为 i 区域的知识吸收能力；$\tilde{G}_{ij}$ 为两区域间的知识能力差距；$\tilde{R}_{ij}$ 为 i 区域与 j 区域之间的空间技术距离；μ_i 为技术追赶系数，是指两区域间技术追赶实现情况下的知识能力差距。其中，有

$$\Delta_i = \mathrm{ACI} = 0.3Q_1 + 0.5Q_2 + 0.2Q_3 \tag{4-37}$$

$$\tilde{G}_{ij} = A\left|G_i - G_j\right| \tag{4-38}$$

同样，令 $\tilde{G}_{ij} = \ln \dfrac{K_i}{K_j}$，$A$ 为度量区域知识能力差距引入的常量，可得

$$\tilde{S}_{ij} = \frac{E_{ij}{}^{\varepsilon} F_{ij}{}^{\eta} \Delta_i}{\dfrac{D_{ij}}{\xi^{W_{ij}}}} e^{-\left(\frac{1}{\Delta_i}\tilde{G}_{ij} - \mu_i\right)^2} = \frac{E_{ij}{}^{\varepsilon} F_{ij}{}^{\eta} \Delta_i \xi^{W_{ij}}}{D_{ij}} e^{-\left(\frac{1}{\Delta_i}\tilde{G}_{ij} - \mu_i\right)^2}$$

$$= \frac{(E_i \times E_j)^{\varepsilon} (F_i \times F_j)^{\eta} \Delta_i \xi^{W_{ij}}}{D_{ij}} e^{-\left(\frac{1}{\Delta_i}\tilde{G}_{ij} - \mu_i\right)^2} \tag{4-39}$$

为了公式的统一性，式（4-39）可替换为

$$S_{ij} = \frac{(E_i \times E_j)^{\varepsilon} (F_i \times F_j)^{\eta} \delta_i \xi^{W_{ij}}}{R_{ij}} e^{-\left(\frac{1}{\delta_i}G_{ij} - \mu_i\right)^2} \tag{4-40}$$

式中，S_{ij} 为 i 区域接受 j 区域的知识溢出效应值。Δ_i 和 δ_i 为 i 区域的知识吸收能力。ξ 为区域临近（区域间壁垒）对知识溢出影响系数，$\xi \in [0,1]$。W_{ij} 为区域间临近度。D_{ij} 和 R_{ij} 分别为区域间的地理距离和技术距离。E_{ij} 为区域间信息便利性。G_{ij} 为两区域间的知识能力差距。G_i、G_j 分别为区域 i 和区域 j 的知识能力综合评价值。有 G_i、$G_j \in [0,1]$，其中 $G_i = 0$ 或 1 和 $G_j = 0$ 或 1 是极端情况。当 G_i、$G_j = 0$ 时，区域知识能力评价的各项指标均处于评价系统中的最小状态；当 G_i、$G_j = 1$ 时，区域知识能力评价的各项指标均处于评价系统中的最优状态。A 为度量区域知识能力差距而引入的常量，主要使区域知识能力差距与传统知识存量差距具有可比性，从而使凯尼尔斯（Caniëls，2010）知识溢出蜂巢模型公式用区域知识能力差距替代知识存量差距而不对数据的意义和范围产生影响；μ_i 为技术追赶系

数，指两区域间技术追赶实现情况下的知识能力差距。

假设研究系统中有 k 个区域，那么有

$$S_i = \sum_{j=1}^{k-1} \frac{(E_i \times E_j)^\varepsilon (F_i \times F_j)^\eta \delta_i \xi^{W_{ij}}}{R_{ij}} \mathrm{e}^{-\left(\frac{1}{\delta_i} G_{ij} - \mu_j\right)^2} \tag{4-41}$$

由式（4-41）可以看出，本书引入区域临近度、信息便利性以及交通便利性指标后，要对传统仅地理距离衡量区域间知识溢出的假定条件进行重新界定，即：

1）区域的产出水平与区域的知识存量水平正相关；

2）区域间知识能力差距是形成区域间知识溢出的主要原因；

3）知识创新受到"干中学"、获取知识溢出和外生增长率三个因素的影响；

4）假设我国省级行政区为以省级行政区市中心或省会为中心、等半径的无缝联结六边形；

5）假设区域间的地理距离越大，区域之间的知识溢出效应越小；

6）假设区域接受来自其他区域知识溢出效应不仅受区域知识吸收能力的影响，还与区域知识溢出效率系数有关，区域临近、信息便利性和交通便利性是影响区域知识溢出效率系数的重要因素；

7）不考虑地形因素对区域间临近度、交通便利性和信息便利性的影响；

8）区域临近度为省级行政区间能通过其他区域相邻的最小数目；

9）假设区域间的交通便利性为两区域的便利性综合评价值的乘积，也就是说，两个区域内部交通便利的区域之间的交通便利性同样较大。

四、多区域知识溢出修正模型

假设研究的系统内部有 k 个区域，为简化分析，假定 k 个区域都具有相同的参数（知识吸收能力、区域临近系数、信息便利性、交通便利性等），那么对于其中一个区域而言，其知识能力可以由其他 $k-1$ 个区域的特征来描述（此处忽略区域本身溢出情况 G_{ij}）每一个区域都接受来自其他 $k-1$ 个区域的知识溢出效应。由此，该区域接受的知识溢出效应的计算公式为

$$\dot{G}_{ij} = \frac{\mathrm{d}}{\mathrm{d}t} \ln \frac{K_i}{K_j} = \frac{\dot{K}_i}{K_i} - \frac{\dot{K}_j}{K_j} = \frac{\alpha}{1 - \alpha\beta\lambda} \left[(\rho_i - \rho_j) - \left(\sum_n S_{in} - \sum_n S_{jn} \right) - (S_j - S_i) \right] \tag{4-42}$$

式中，$0 < \alpha\beta\lambda < 1, n \neq i, j$；$\sum_n S_{in}$ 和 $\sum_n S_{jn}$ 分别为区域 i 和区域 j 接受来自 n 个区域的知识溢出效应。由于系统有 k 个区域，将有 $k-1$ 个上述公式。

式（4-42）右侧有几个非常重要的组成部分。$(S_j - S_i)$ 和 $\left(\sum_n S_{in} - \sum_n S_{jn} \right)$ 这两部分决定着区域外生系数差值曲线 $(\rho_i - \rho_j)$ 的位置，且有两种情况会对外生系数差值曲线 $(\rho_i - \rho_j)$ 与纯知识溢出曲线 $(S_j - S_i)$ 的交点 E（均衡点）位置的移动产生

影响：其一是区域外生系数的变化；其二是区域知识溢出效应值的影响。就区域间的知识溢出效应来说，区域所处的位置和区域间距离的影响尤为重要。由此，可用简单例子对上述情况进行研究。如图4-4所示，假设有两个区域a和b，其中，区域b在蜂巢边缘，区域a相对于区域b处于靠蜂巢中心位置。假定技术最先进的区域c位于蜂巢的正中心位置，在不考虑区域间信息便利性、区域临近因素和交通便利性的情况下，如果仅从区域之间的地理距离来考虑，区域a和区域c之间的距离$\gamma_{ac}=1$，那么区域b和区域c之间的距离$\gamma_{bc}=2$。

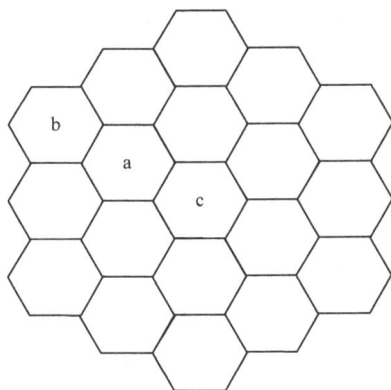

图4-4 多区域位置蜂巢示意图

假定区域a和区域b之间的其他参数都完全相同，则区域a和区域c以及区域b和区域c之间的知识能力差距可以表示为

$$\dot{G}_{ac}=\frac{\alpha}{1-\alpha\beta\lambda}\left[(\rho_c-\rho_a)+\left(\sum_n S_{cn}-\sum_n S_{an}\right)-(S_a-S_c)\right] \quad (4\text{-}43)$$

$$\dot{G}_{bc}=\frac{\alpha}{1-\alpha\beta\lambda}\left[(\rho_c-\rho_b)+\left(\sum_n S_{cn}-\sum_n S_{bn}\right)-(S_b-S_c)\right] \quad (4\text{-}44)$$

由此可以得到区域间的知识能力差距由两部分构成，均是(S_a-S_c)和(S_b-S_c)的不同导致的（区域a和区域c之间的纯知识溢出效应差距）。既然区域a到技术先进区域c的距离小，那么，区域a相对于区域b来说，将会得到来自技术先进区域c较多的知识溢出。另外，由于区域间的知识溢出很大程度上是通过经济活动中最活跃的因素——劳动力进行传播的，区域间的人员流动将对区域知识溢出产生较大的影响，因此，对于区域知识溢出技术距离的研究，还有部分学者尝试引入区域之间的人力流动指标。

由于区域a相对于区域b来说，其接受的知识溢出效应要大，可得$\sum_n S_{an}>\sum_n S_{bn}$，等同于

$$\left(\sum_n S_{cn}-\sum_n S_{an}\right)<\left(\sum_n S_{cn}-\sum_n S_{bn}\right) \quad (4\text{-}45)$$

如图 4-5 所示，在区域 a 中，水平线 $\left(\sum_n S_{cn} - \sum_n S_{an}\right)$ 将会低于区域 a 和区域 c 之间的纯知识溢出曲线峰值。也就是说，区域 a 和区域 c 之间的纯知识溢出曲线和外生系数曲线（综合考虑其他多区域）相交，区域 a 和区域 c 之间存在技术追赶问题。因此，区域 a 有可能追赶上先进区域 c，并趋向于稳定均衡状态 E_1 和 E_2。

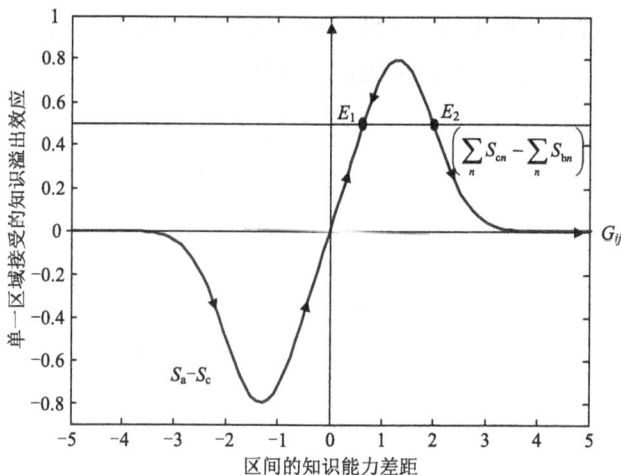

图 4-5   单一区域接受的知识溢出效应（技术追赶可实现）

但对区域 b 来说（图 4-6），水平线 $\left(\sum_n S_{cn} - \sum_n S_{bn}\right)$ 会高于区域 b 和区域 c 之间的纯知识溢出曲线。也就是说，区域 b 和区域 c 之间的纯知识溢出曲线和外生系数曲线不相交，区域 b 和区域 c 之间不存在技术追赶问题，区域 b 可能落后于区域 c 的发展，不能与区域 c 实现技术追赶。

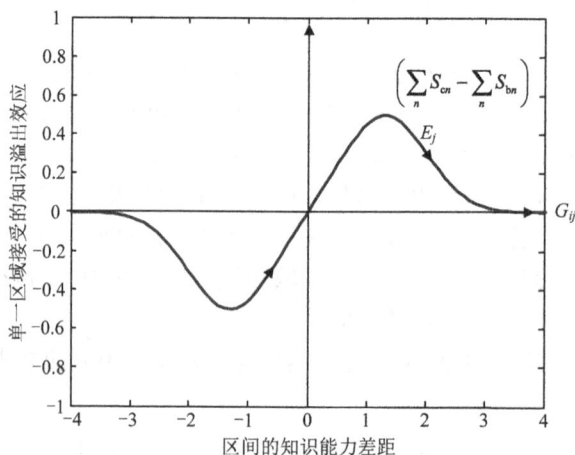

图 4-6   单一区域接受的知识溢出效应（技术追赶不可实现）

第五章   区域增长极极化-扩散模型实证检验

根据第四章中的区域增长极产业集聚中心外围模型和知识溢出模型，为深入探讨区域增长极的极化效应和扩散效应，本章对区域增长极极化-扩散模型的实证主要从两方面进行。首先，从高新技术产业集聚入手（高新技术产业是区域增长极的推动型单元，是创新主导产业中的重要组成部分，是建设创新型国家的重要支撑），对河南省国家级高新区和省级高新区进行检验，并将高新区的高新技术产业集聚水平与其所在母城进行对照，分析解读高新技术产业集聚和扩散情况。其次，结合区域知识能力的知识溢出模型，对河南省县域知识溢出情况进行检验，解读创新经济导向背景下的区域增长极极化扩散演化机制。

第一节   创新导向下的区域知识能力综合检验

新古典主义在完全竞争均衡条件下，把 GDP 看作资本积累、劳动力增加和技术进步长期作用的结果，但没有对技术进步产生的原因作出满意的解释。以研究内生技术进步为核心的新增长理论，通过建立以人力资本为核心的技术进步方程，成功地解释了经济增长的内生机制，发现人力资本规模及人力资本的生产效率是经济增长的关键影响因素。结构主义发展理论针对新古典增长理论和新增长理论忽略的结构因素，将需求结构变量及劳动力结构变量引入多部门模型，发现需求结构、产业结构与经济增长处于相互牵制、相互关联与相互作用的一个反馈系统中。制度学派则对经济增长提出了全新的观点，认为资本积累、技术进步是经济增长的本质，经济增长的根本原因是制度变迁，有效产权制度是经济增长的决定性因素。

一、区域知识能力评价指标选择

在"大众创业、万众创新"时代背景下，区域知识能力评价首先要选取"双创"导向的指标体系。由于双创工作受制度、资本、劳动力、技术进步、人力资本积累、经济结构等因素影响，我们对世界各国区域创新能力指标进行比对分析。

科技创新是一个国家（地区）经济增长的源泉。在全球性知识经济发展背景下，一个地区的可持续发展有赖于区域科技创新能力的提高。科学、技术和创新已变成促进发达和发展中国家经济持续增长的关键因素。近年来，区域创新系统成为支持地区经济增长、提高产业整体竞争力的基础，而区域科技创新能力是区域创新系统的核心，因此科学评价区域科技创新能力成为区域经济学的研究热点。

（一）国内外区域创新评价指标对照

西方发达国家和国际组织非常重视对现代科技的统计与分析，其评价结果对提升科技创新能力有重要意义。20 世纪 40—50 年代，美国国家科学基金会对现代科技的统计（特别是研发统计）开创了科技统计与科技评价指标研究的先河。

联合国教科文组织 1965 年开始组织科学技术活动数据的系统收集、分析、发表及标准化工作，并较早地注意到科技统计与社会经济统计的协调。20 世纪 90 年代以来，经济合作与发展组织率先就知识经济测度和指标展开研究，信息和通信技术发展指标成为知识经济测度的重点。

自英国技术创新研究专家弗里曼（Freeman，1987）提出国家创新体系概念和迈克尔·波特（Porter，1990）提出国家竞争力钻石模型以来，区域创新能力研究成为区域经济学的研究热点。总之，世界各国区域创新能力指标体系种类繁多、纷繁复杂。

通过对世界各国科技创新评价指标体系的归纳整理可知，研发经费投入、人力资源、专利产出及高技术产业和宏观经济条件等方面的指标较多地受到关注。可作为区域知识能力的核心评价指标。

（二）创新导向区域知识能力评价指标选定

为保证数据的连续性和长期性，我们对《中国统计年鉴》、《中国科技统计年鉴》和《中国区域经济统计年鉴》相关统计指标进行对照，就《中国统计年鉴》中国民经济核算、人口、就业人员和职业工资、固定资产投资、对外经济贸易、资源环境、教育科技领域指标，《中国科技统计年鉴》中的综合指标、工业企业、研究与开发机构和高技术产业指标和《中国区域经济统计年鉴》中的环境污染、能源消耗与自然环境保护领域指标进行核对，发现经济增长、科技创新、结构转型、制度调整等方面的指标选取，需要对区域技术进步、经济结构优化和创新创业转型指标进行适度调整（表 5-1）。

表 5-1　创新导向型区域知识能力评价指标体系

一级指标		二级指标
创新导向区域 知识能力测度	科技创新指标	各地区高等学校生均经费支出/（万元/年）
		各地区研发投入/（万元/年）
		研发人员全时当量/（人·年）
		各地区普通高等学校在校生人数/人
		各地区新产品产值/万元
		各地区年度专利授权量/项

续表

一级指标		二级指标
创新导向区域知识能力测度	知识交流能力	各地区电信和信息传输服务业就业人员/人
		各地区公路网密度/（千米/千米²）
		各地区人均拥有公共图书馆藏书量/册
	经济文化环境	各地区外商投资企业进出口总额/万美元
		区域管理水平
		劳动者人均报酬/元

注：各地区公路网密度采用各省公路里程与省份面积比值求得；区域管理水平根据中国科学院《中国可持续发展战略报告》有关区域管理能力（智力支持系统）拟合而成。

二、基于熵权矢量优属度的区域知识能力综合测度

下面以 2017 年我国区域知识能力综合评价为例，简单说明综合测度过程，并对我国区域知识能力测度结果进行分析。

根据熵权矢量优属度区域知识能力评价方法，可求出我国 2017 年各区域知识能力综合评价值（表 5-2）。

表 5-2　2017 年基于创新导向的区域知识能力综合评价值

省份	评价值	省份	评价值	省份	评价值	省份	评价值
北京	0.501 243 556	上海	0.450 233 434 0	湖北	0.088 450 236 0	云南	0.012 432 321 4
天津	0.089 234 345	江苏	0.873 499 209 0	湖南	0.065 346 767 0	西藏	0.000 987 634 3
河北	0.050 984 303	浙江	0.492 343 455 0	广东	0.887 662 340 3	陕西	0.044 343 420 6
山西	0.023 092 308	安徽	0.056 823 453 9	广西	0.015 688 349 2	甘肃	0.004 907 324 5
内蒙古	0.010 523 087	福建	0.063 488 906 3	海南	0.007 566 567 7	青海	0.005 201 256 8
辽宁	0.069 342 345	江西	0.024 003 453 5	重庆	0.065 546 034 5	宁夏	0.008 208 762 9
吉林	0.019 834 067	山东	0.401 043 485 8	四川	0.054 534 207 8	新疆	0.007 344 657 8
黑龙江	0.022 343 556	河南	0.102 384 855 8	贵州	0.014 323 067 7		

从表 5-2 可以看出，创新导向区域知识能力与前人研究结果相比呈现出较大的变化。也就是说，随着区域经济的发展，原有区域知识能力较强的区域在经济发展过程中，依托现代产业集聚，形成了较为强大的区域经济转型优势。

珠三角和长三角区域的知识能力迅速提高。长三角区域的创新要素与产业对接程度较好，导致区域增长极扩散效应明显。但珠三角、环渤海区域的经济腾飞并未实现区域知识能力的快速提升。为探讨创新导向区域知识能力空间分布特征，对 2011 年区域知识能力进行对照分析（表 5-3）。

表 5-3　2011 年基于创新导向的区域知识能力综合评价值

省份	评价值	省份	评价值	省份	评价值	省份	评价值
北京	0.623 642 287	上海	0.723 748 570	湖北	0.412 456 778	云南	0.031 409 392
天津	0.104 811 784	江苏	0.489 268 726	湖南	0.219 272 059	西藏	0.000 699 983
河北	0.252 109 187	浙江	0.467 102 860	广东	0.501 414 379	陕西	0.200 129 205
山西	0.057 646 918	安徽	0.145 650 918	广西	0.038 195 652	甘肃	0.017 986 027
内蒙古	0.015 207 328	福建	0.097 482 225	海南	0.014 459 644	青海	0.000 921 187
辽宁	0.263 770 668	江西	0.095 764 377	重庆	0.053 054 037	宁夏	0.002 847 502
吉林	0.092 820 941	山东	0.314 012 145	四川	0.233 371 175	新疆	0.013 969 104
黑龙江	0.105 552 480	河南	0.268 478 572	贵州	0.014 856 198		

对比表 5-2 和表 5-3 可知，2011 年我国区域知识能力差距与 2017 年相比相对均衡。但受国家级区域增长极快速崛起的影响，创新要素进一步在长三角、珠三角和环渤海区域空间集聚，创新型经济发展差距进一步拉大，劳动密集型和高耗能、高污染等传统产业有由沿海发达区域向中西部转移的趋势。受上述因素影响，创新型国家建设更加需要对区域知识能力较强的区域（国家级区域增长极和中部区域增长极）的知识溢出效应进行深入分析，探讨基于创新导向的区域知识能力较强区域的经济转型和产业升级，提升区域经济非均衡协调发展效率和效果，为我国区域经济协调发展奠定良好的基础。

第二节　创新导向下的区域知识溢出效率评价

由于区域知识溢出效率系数受区域临近度、信息便利性和交通便利性等方面影响，故有

$$b = (E_i \times E_j)^\varepsilon (F_i \times F_j)^\eta \xi^{W_{ij}}$$

下面对区域知识溢出效率系数进行分析。

区域知识溢出效率系数 b 主要受区域间信息便利性 E、区域间交通便利性 F 和区域临近因素影响，区域信息、交通便利性综合评价根据熵权矢量优属度方法求解。由于区域临近度涉及我国 31 个省级行政区。那么，要计算区域知识溢出效率系数 b 将涉及由我国 31 个省级行政区组成的 31×31 的矩阵（假设区域之间的临近度 ξ 相等，即每个区域间的技术壁垒对区域知识溢出效应的影响系数完全相同）。

一、区域知识吸收能力综合评价

结合对区域知识吸收能力综合评价的相关研究，在综合考虑区域内部人力资本发展指标、知识传播指标、交通便利性指标以及信息技术应用等方面因素的基

础上，采用 Yoguel 等（2002）有关知识吸收能力指标从量、质和质量三个维度综合评价思路，对区域知识吸收能力进行综合评价，并用区域知识吸收能力替代凯尼尔斯知识溢出模型中的区域学习能力，可解决仅采用区域投入与产出比率来描述区域学习能力的不合理性。

根据区域知识吸收能力评价中的量、质和质量综合评价方法，可得公式

$$ACI=0.3(0.3x_1+0.15x_2+0.25x_3+0.05x_4+0.25x_5)$$
$$+0.5(0.35y_1+0.1y_2+0.35y_3+0.15y_4+0.05y_5)+0.2z \qquad (5\text{-}1)$$

按式（5-1）对我国省级行政区的知识吸收能力进行求解，可得 2017 年区域知识吸收能力综合评价值（表 5-4）。

表 5-4 2017 年区域知识吸收能力综合评价值

省份	评价值	省份	评价值	省份	评价值	省份	评价值
北京	4.68	上海	5.00	湖北	4.52	云南	2.37
天津	3.36	江苏	4.87	湖南	3.56	西藏	1.48
河北	3.25	浙江	4.78	广东	4.83	陕西	3.36
山西	2.73	安徽	3.58	广西	2.45	甘肃	1.58
内蒙古	1.86	福建	3.29	海南	1.63	青海	1.00
辽宁	3.92	江西	2.51	重庆	3.98	宁夏	1.00
吉林	2.67	山东	4.68	四川	3.56	新疆	1.18
黑龙江	2.73	河南	3.95	贵州	1.33		

注：根据式（5-1），区域知识吸收能力为 1～5。

由表 5-4 可知，在打造"大众创业、万众创新"升级版时代背景下，经济相对发达的省份知识吸收能力一般较强。而且，对比 2011 年数据，我国大部分省级行政区的区域知识吸收能力综合评价值基本稳定，说明区域知识吸收能力受当地企业学习能力、区域受教育水平、经济社会和政治等多方面因素影响，区域知识吸收能力水平的提升有赖于长时间的科技创新、知识积累、科技教育、基础设施的投入，短期范围内区域的知识吸收能力可以有小幅度的波动，但知识吸收能力水平的大幅提升有赖于长期积累（这从另一角度说明了采用区域的专利投入产出比率描述区域学习能力的不合理性）。

我国各区域间的区域知识吸收能力差距非常大，经济发展水平较高区域（江苏、广东、北京、上海、浙江等地）的区域知识吸收能力很强，但经济发展水平较低省份（西藏、宁夏、青海和贵州）的区域知识吸收能力增长缓慢或停滞不前，甚至局部地区（贵州）的区域知识吸收能力呈下降状态。因此，我国区域经济的协调发展还存在着巨大的知识障碍。虽然区域之间的数字和信息的鸿沟可以通过基础设施的改善迅速缩短，但从我国区域知识吸收能力间差距较大的现实来看，经济发展落后区域在执行技术追赶策略过程中，应克服短期见效的盲目行为，通过稳步提升区域的知识吸收能力，加强与经济发展先进区域的经济交往和区域间

的协作，合理利用区域间的知识溢出效应，提升区域自身的知识能力和知识吸收能力（表5-5）。

表5-5　2011年区域知识吸收能力综合评价值

省份	评价值	省份	评价值	省份	评价值	省份	评价值
北京	4.73	上海	4.78	湖北	4.62	云南	1.92
天津	3.31	江苏	5.01	湖南	3.25	西藏	1.00
河北	3.46	浙江	4.67	广东	4.76	陕西	3.73
山西	2.51	安徽	2.99	广西	2.28	甘肃	1.84
内蒙古	1.43	福建	3.02	海南	1.29	青海	1.01
辽宁	4.35	江西	2.43	重庆	2.57	宁夏	1.02
吉林	2.64	山东	4.66	四川	3.95	新疆	1.35
黑龙江	2.87	河南	3.88	贵州	1.28		

注：根据式（5-1），区域知识吸收能力为1～5。

就2017年和2011年区域知识吸收能力综合评价值来看，区域知识吸收能力差异变化不大，仅有福建和安徽两省有一定的变化。由此来看，区域知识能力较强的区域（北京、上海、广东）及区域知识能力增速较快的区域（湖北、陕西、江苏、浙江、河北、辽宁、四川）一般具有较高的区域知识吸收能力[①]。江苏和浙江的知识吸收能力较强，表明其通过吸收来自上海的知识溢出效应转化为自身的知识能力；河北、山东和辽宁等区域的知识吸收能力较强，主要是通过接受来自北京对其临近区域的知识溢出效应来提升自身的区域知识能力；湖北和陕西的区域知识吸收能力快速增长，主要得益于湖北和陕西较高的科研投入和科研机构聚集及科技人才集中而导致的区域知识能力内部提升。

二、修正模型与凯尼尔斯模型对照研究

根据区域知识溢出公式，计算某一省级行政区的知识溢出效应时，要先分别计算来自其他30个省级行政区对该区域的知识溢出效应，然后相加得出，其计算是对区域信息便利性影响矩阵、交通便利性影响矩阵、临近度影响矩阵、区域知识吸收能力矩阵、知识能力差距矩阵以及地理距离矩阵的复杂运算过程。其中，信息便利性采用2017年互联网调查中的网民普及率指标，交通便利性用铁路网密度（千米/千米^2）和公路网密度（千米/千米^2）的乘积来替代。

根据区域知识溢出公式，本节依托MATLAB软件对区域知识溢出效应的计算步骤进行分解，设计出能够变更信息便利性影响系数ε、交通便利性影响系数η

① 由于知识吸收能力的计算方法属于经验公式，是在多指标评价基础上的加权平均，因此，区域知识能力评价结果可以说明区域间知识吸收能力的差距，但不是区域知识吸收能力评价的具体数值（本书计算知识吸收能力主要为求解区域知识溢出效应，因此可选用该评价方法综合评价区域的知识吸收能力）。

和区域间临近度影响系数 ζ 的区域知识溢出效应综合评价程序，方便区域知识溢出实证和系数变化对区域知识溢出效应的影响讨论。

为检查修正模型与凯尼尔斯原模型的差别，验证模型修正的意义及合理性，对我国 31 个省级行政区的知识溢出效应与凯尼尔斯原模型知识溢出效应值进行对比研究（表 5-6 和表 5-7）。

表 5-6　2017 年凯尼尔斯原模型知识溢出效应综合评价值

省份	评价值	省份	评价值	省份	评价值	省份	评价值
北京	0.036 790	上海	0.023 109	湖北	0.034 961	云南	0.007 817
天津	0.029 160	江苏	0.049 163	湖南	0.025 282	西藏	0.003 219
河北	0.032 960	浙江	0.035 632	广东	0.028 105	陕西	0.022 018
山西	0.021 830	安徽	0.036 195	广西	0.011 098	甘肃	0.009 812
内蒙古	0.012 860	福建	0.014 281	海南	0.004 519	青海	0.005 123
辽宁	0.017 820	江西	0.018 616	重庆	0.017 634	宁夏	0.004 329
吉林	0.010 980	山东	0.033 198	四川	0.023 196	新疆	0.001 917
黑龙江	0.008 519	河南	0.031 086	贵州	0.008 135		

表 5-7　2017 年创新导向修正模型知识溢出效应综合评价值

省份	评价值	省份	评价值	省份	评价值	省份	评价值
北京	0.002 494 2	上海	0.001 553 2	湖北	0.000 261 2	云南	0.000 007 1
天津	0.002 045 1	江苏	0.000 935 9	湖南	0.000 133 5	西藏	0.000 006 9
河北	0.000 346 2	浙江	0.000 422 4	广东	0.000 196 3	陕西	0.000 012 2
山西	0.000 214 6	安徽	0.000 313 6	广西	0.000 021 9	甘肃	0.000 006 1
内蒙古	0.000 011 8	福建	0.000 146 0	海南	0.000 025 2	青海	0.000 000 7
辽宁	0.000 201 9	江西	0.000 092 3	重庆	0.000 097 5	宁夏	0.000 011 0
吉林	0.000 057 4	山东	0.000 626 1	四川	0.000 026 7	新疆	0.000 000 5
黑龙江	0.000 017 3	河南	0.000 350 8	贵州	0.000 020 2		

对比表 5-6 和表 5-7，凯尼尔斯原模型的信息便利性影响系数 ε、交通便利性影响系数 η 都取 1，信息便利性、交通便利性各评价指标赋值为 1；修正模型采用我国 2018 年中国统计年鉴和中国科技统计年鉴面板数据，引入知识溢出系数 b（受区域临近度影响系数 ζ、信息便利性影响系数 ε 和交通便利性影响系数 η 的影响），并以 $\varepsilon=\eta=\xi=0.8$、$\mu=1$ 为例，对我国区域知识溢出效应进行分析，得出如下规律。

首先，相对于凯尼尔斯原模型，模型修正前后知识溢出效应值之间具有良好的正相关性（修正模型知识溢出曲线中知识溢出效应高的区域，原模型区域的知识溢出效应同样较高，且高出修正模型很多；反之，修正模型中知识溢出曲线中知识溢出效应低的区域，原模型中区域的知识溢出效应同样较低，而且比修正模型中的知识溢出效应低很多）。修正模型相对于原模型区域知识溢出效应曲线大幅度沿横轴压低（区域间的知识溢出效应值小），主要是由于引入知识溢出效率系数 b 后，受区域间的区域临近度、信息便利程度和交通便利程度等的影响，使假定区域知识溢出效率等于 1 的原模型知识溢出效应大幅度降低。由此来看，对于我国区域间信息和交通便利性差距较大的情况，如果采用忽略区域临近、信息便利性和交通便利性影响的凯尼尔斯原模型计算区域间的知识溢出效应，不能真实地反映我国区域间知识溢出效应的现实。

其次，原模型区域间知识溢出效应值间的差异性相对修正模型不明显，即区域知识溢出效应偏离平均值幅度不大。说明区域知识溢出效应受地理距离影响很大，靠近技术先进区域的知识溢出效应值很高（局部地区的知识溢出效应值甚至超过技术先进区域），如天津的区域知识溢出效应超过北京，河北的区域知识溢出效应也相当高；上海周边区域江苏、浙江、山东、河南、安徽、江西、湖北、湖南等区域的知识溢出效应与技术先进区域——上海之间没有形成差异性明显的梯次递减。因此，相对于修正模型，原模型没能很好地与我国经济区相吻合。

修正模型显示：区域增长极极化效应和扩散效应的综合值——知识溢出效应不仅与区域知识能力、区域知识吸收能力和地理距离相关，还与区域临近度、信息便利性和交通便利性密切相关。凯尼尔斯原模型假定区域间的知识吸收效应为 1 时的知识溢出效应可理解为区域间能够发生的潜在知识溢出效应，不能反映区域间知识溢出效应的真实值。因此，综合考虑区域临近、信息便利和交通便利等因素的影响，引入知识溢出效率系数，对凯尼尔斯知识溢出模型进行修正具有合理性和科学性。

从凯尼尔斯修正模型的知识溢出空间分布来看，我国省级行政区的知识溢出效应区域划分与环渤海、长三角和珠三角三大经济区的分布非常吻合，呈现出以环渤海、长三角和珠三角三大经济区为中心的知识溢出效应周边梯次扩散现象，只不过递减的方向和速度与区域自身的知识能力、知识吸收能力以及区域知识溢出效率系数相关。

对于以北京、天津为中心的环渤海经济区来说，沿东北方向知识溢出效应在河北—辽宁—吉林—黑龙江几个省区逐次递减；北京与河北和内蒙古方向的区域知识溢出效应递减速度较快，主要是由于河北和内蒙古区域自身的知识能力、知识吸收能力相对较低。对于以上海为中心的长三角经济区来说，分别在江苏—河南、江苏—安徽、浙江—江西、浙江—福建等几个方向的区域知识溢出效应逐次递减。由此看来，上海作为长三角经济带中心区域，对周边区域的知识溢出效应明显，这也是导致长三角地区经济俱乐部趋同的重要原因。对于以广东、深圳为中心的珠三角经济区来说，分别在广西—云南、广东—湖南、广东—江西、广东—福建方向梯次递减。广东对广西—云南、江西和海南的区域知识溢出递减速度要比对福建和湖南快，说明广西、江西和海南的知识能力、知识吸收能力相对福建和湖南来说较低。

对比表 5-6 和表 5-7 可以看出：凯尼尔斯原模型出现了福建和宁夏与周边区域的"盆地"现象。我国省级行政区的知识溢出效应呈现出明显的以技术先进区域为中心，向周边区域梯次逐级递减现象，即类似石子入水造成的水波纹痕逐级减弱、向外扩散的梯次递减情形。宁夏知识溢出"盆地"现象与我国省级行政区的形状直接相关，在计算区域临近度中也提及：内蒙古行政区的形状是长条形，导致与内蒙古直接临近的甘肃、宁夏、陕西、山西、河北、辽宁、吉林、黑龙江等地与内蒙古的临近度都为 1。其实，如果把内蒙古看成六角形区域（凯尼尔斯模型假设），宁夏可以被看成内蒙古以外（距离技术先进区域北京来说）的区域，其知识溢出效应低于周边区域，仍然可以看成知识溢出呈现以技术先进区域为中心的水波形梯次递减。福建则具有在长三角和珠三角之间的知识溢出的叠加效应。

区域临近因素和区域间的地理距离对区域知识溢出效应的影响相对修正模型要大得多，主要是因为凯尼尔斯原模型没有考虑知识溢出效率系数，也就是没有考虑区域间信息、交通和区域临近等因素对区域知识溢出效应的影响，导致凯尼尔斯原模型由于评价的是区域间潜在知识溢出效应值——区域间可能发生的最大知识溢出效应值，且原模型相对修正模型来说，区域知识溢出效应呈现出更强的以技术先进区域为中心的梯次递减现象。区域知识溢出效应以北京和上海为中心，对周边区域逐级递减，在长三角和环渤海两中心之间形成了知识溢出的波峰叠加，导致江苏、安徽、河南、湖北等中部区域的知识溢出效应增强。

三、创新升级版下的河南省区域知识溢出效应综合评价

从河南省县域经济发展来看，发达县市大都分布在河南的西北部，出现了以兰考到邓州的河南西北和中部的界线，以及以永城西部边界到信阳为河南中部和东南部的边界的梯次差异，而永城经济却突破梯次递减，成为河南省县域经济新秀。

根据科学发展观关注公平和效率、注重民生和谐、构建环境友好型和资源节约型社会理念，为便于验证区域增长极中心-外围和知识溢出模型，结合县域知识能力和创新导向型知识溢出效应，下面以河南省 126 个县市（108 个县、18 个市）为综合评价对象（包括各地级市区），采用 2011—2018 年面板数据（河南统计年鉴、中国县市统计年鉴数据），对河南省县域知识溢出效应进行综合评价（表 5-8），以便对河南省创新导向背景下的知识溢出空间分布情况进行分析。

表 5-8　2017 年创新导向下河南省知识溢出综合评价值

县市	评价值	县市	评价值	县市	评价值	县市	评价值	县市	评价值
郑州市	0.006 023	鲁山县	0.000 135	温县	0.000 318	方城县	0.000 092	息县	0.000 029
中牟县	0.000 087	郏县	0.000 071	沁阳市	0.000 498	西峡县	0.000 041	周口市	0.000 751

续表

县市	评价值	县市	评价值	县市	评价值	县市	评价值	县市	评价值
巩义市	0.003 618	舞钢市	0.000 158	孟州市	0.000 283	镇平县	0.000 093	扶沟县	0.000 030
荥阳市	0.004 316	汝州市	0.000 698	濮阳市	0.001 028	内乡县	0.000 063	西华县	0.000 027
新密市	0.004 202	安阳市	0.001 027	清丰县	0.000 072	淅川县	0.000 021	商水县	0.000 046
新郑市	0.004 308	安阳县	0.000 376	南乐县	0.000 116	社旗县	0.000 049	沈丘县	0.000 063
登封市	0.002 092	汤阴县	0.000 072	范县	0.000 039	唐河县	0.000 092	郸城县	0.000 069
开封市	0.003 159	滑县	0.000 105	台前县	0.000 018	新野县	0.000 088	淮阳县	0.000 092
杞县	0.000 245	内黄县	0.000 074	濮阳县	0.000 102	桐柏县	0.000 015	太康县	0.000 095
通许县	0.000 099	林州市	0.000 319	许昌市	0.002 761	邓州市	0.000 086	鹿邑县	0.000 119
尉氏县	0.000 612	鹤壁市	0.001 308	许昌县	0.000 606	商丘市	0.001 023	项城市	0.000 153
开封县	0.000 181	浚县	0.000 079	鄢陵县	0.000 549	民权县	0.000 095	驻马店	0.000 746
兰考县	0.000 106	淇县	0.000 082	襄城县	0.000 436	睢县	0.000 015	西平县	0.000 150
洛阳市	0.003 702	新乡市	0.000 156	禹州市	0.001 187	宁陵县	0.000 048	上蔡县	0.000 146
孟津县	0.000 187	新乡县	0.000 276	长葛市	0.002 018	柘城县	0.000 098	平舆县	0.000 068
新安县	0.000 878	获嘉县	0.000 098	漯河市	0.001 739	虞城县	0.000 162	正阳县	0.000 069
栾川县	0.000 116	原阳县	0.000 073	舞阳县	0.000 073	夏邑县	0.000 070	确山县	0.000 056
嵩县	0.000 069	延津县	0.000 106	临颍县	0.000 346	永城市	0.001 049	泌阳县	0.000 049
汝阳县	0.000 050	封丘县	0.000 071	三门峡市	0.000 707	信阳市	0.000 682	汝南县	0.000 061
宜阳县	0.000 207	长垣县	0.000 209	渑池县	0.000 098	罗山县	0.000 061	遂平县	0.000 052
洛宁县	0.000 062	卫辉市	0.000 108	陕县	0.000 107	光山县	0.000 059	新蔡县	0.000 061
伊川县	0.000 756	辉县市	0.000 319	卢氏县	0.000 026	新县	0.000 009	济源市	0.001 504
偃师市	0.003 016	焦作市	0.002 306	义马市	0.000 219	商城县	0.000 007		
平顶山市	0.001 703	修武县	0.000 208	灵宝市	0.000 517	固始县	0.000 027		
宝丰县	0.000 141	博爱县	0.000 401	南阳市	0.000 704	潢川县	0.000 020		
叶县	0.000 096	武陟县	0.001 109	南召县	0.000 135	淮滨县	0.000 013		

　　由 2017 年河南省知识溢出效应空间分布可知以下几点。首先，河南省域范围内形成以郑州—洛阳为中心的区域核心增长极（郑州和洛阳之间的荥阳、新密、巩义、登封和偃师的知识溢出效应均大于 0.0015），导致省会郑州和副中心城市洛阳连成一体，发挥巨大的区域核心增长极作用。其次，郑州—洛阳核心增长极周边形成了济源、焦作、新乡、开封、许昌、平顶山、宝丰、伊川和新安发展圈层。该圈层中大多是郑州周边的地市级城市，说明郑州周边地市级城市作为次一级区域增长极，具有承接郑州—洛阳核心增长极知识溢出效应的地缘优势，该类型区域的快速发展将对郑州—洛阳核心增长极的极化效应与扩散效应的发挥起到重要的支撑作用，且对核心增长极与次一级区域增长极之间的区域发展具有重要意义。该类介于区域核心增长极和次一级区域增长极的区域，是整个区域发展的重要经

济腹地，在经济发展过程中将在区域核心增长极和次一级区域增长极之间产生频繁的要素流动和产业关联。由此，该类区域发展中应重视企业簇群发展、合理产业定位、联合研发创新，使之成为连接区域核心增长极和次一级区域增长极的重要经济发展空间。最后，在次一级区域增长极圈层之外，还有第二层区域增长极圈层组成的知识溢出高地条带，该圈层由北至南呈现出半包围态势（中原经济区周边区域合作的基础）。对照河南省 2011 年的知识溢出效应，分析区域增长极的时间空间演化情况。

表 5-9 所示为 2011 年河南省创新导向下的知识溢出空间分布情况。由 2011年河南省知识溢出效应空间分布可知以下几点。首先，省会郑州市和副中心城市洛阳连成一体，发挥区域核心增长极作用。其次，郑州—洛阳周边也基本形成了济源、焦作、新乡、开封、许昌、平顶山、宝丰、伊川和新安发展圈层。该类型区域的快速发展将对郑州—洛阳核心增长极的极化效应与扩散效应的发挥起到重要的支撑作用，且对核心增长极与次一级区域增长极之间的区域发展具有重要意义。

表 5-9　2011 年创新导向下河南省知识溢出综合评价值

县市	评价值	县市	评价值	县市	评价值	县市	评价值	县市	评价值
郑州市	0.006 093	鲁山县	0.000 032	温县	0.000 379	方城县	0.000 048	息县	0.000 016
中牟县	0.000 106	郏县	0.000 063	沁阳市	0.000 710	西峡县	0.000 013	周口市	0.000 816
巩义市	0.003 606	舞钢市	0.000 094	孟州市	0.000 291	镇平县	0.000 082	扶沟县	0.000 021
荥阳市	0.004 295	汝州市	0.000 805	濮阳市	0.001 105	内乡县	0.000 306	西华县	0.000 014
新密市	0.004 582	安阳市	0.001 052	清丰县	0.000 042	淅川县	0.000 003	商水县	0.000 042
新郑市	0.004 498	安阳县	0.000 502	南乐县	0.000 037	社旗县	0.000 041	沈丘县	0.000 056
登封市	0.002 373	汤阴县	0.000 071	范县	0.000 006	唐河县	0.000 038	郸城县	0.000 052
开封市	0.003 271	滑县	0.000 109	台前县	0.000 001	新野县	0.000 051	淮阳县	0.000 083
杞县	0.000 283	内黄县	0.000 048	濮阳县	0.000 121	桐柏县	0.000 003	太康县	0.000 105
通许县	0.000 105	林州市	0.000 505	许昌市	0.002 795	邓州市	0.000 063	鹿邑县	0.000 102
尉氏县	0.000 582	鹤壁市	0.001 252	许昌县	0.001 052	商丘市	0.001 108	项城市	0.000 107
开封县	0.000 190	浚县	0.000 081	鄢陵县	0.000 683	民权县	0.000 069	驻马店	0.000 837
兰考县	0.000 101	淇县	0.000 097	襄城县	0.000 449	睢县	0.000 093	西平县	0.000 121
洛阳市	0.037 902	新乡市	0.000 598	禹州市	0.001 531	宁陵县	0.000 026	上蔡县	0.000 101
孟津县	0.000 191	新乡县	0.000 294	长葛市	0.002 528	柘城县	0.000 071	平舆县	0.000 048
新安县	0.000 903	获嘉县	0.000 053	漯河市	0.001 764	虞城县	0.000 138	正阳县	0.000 024
栾川县	0.000 091	原阳县	0.000 051	舞阳县	0.000 056	夏邑县	0.000 062	确山县	0.000 025
嵩县	0.000 063	延津县	0.000 044	临颍县	0.000 435	永城市	0.001 042	泌阳县	0.000 048
汝阳县	0.000 036	封丘县	0.000 066	三门峡市	0.000 707	信阳市	0.007 011	汝南县	0.000 031
宜阳县	0.000 197	长垣县	0.000 171	渑池县	0.000 150	罗山县	0.000 034	遂平县	0.000 046

县市	评价值	县市	评价值	县市	评价值	县市	评价值	县市	评价值
洛宁县	0.000 037	卫辉市	0.000 039	陕县	0.000 052	光山县	0.000 031	新蔡县	0.000 045
伊川县	0.000 936	辉县市	0.000 363	卢氏县	0.000 001	新县	0.000 004	济源市	0.001 602
偃师市	0.003 498	焦作市	0.002 306	义马市	0.000 306	商城县	0.000 002		
平顶山市	0.001 702	修武县	0.000 216	灵宝市	0.000 642	固始县	0.000 016		
宝丰县	0.000 158	博爱县	0.000 583	南阳市	0.000 736	潢川县	0.000 012		
叶县	0.000 113	武陟县	0.001 253	南召县	0.000 072	淮滨县	0.000 004		

对比表 5-8 和表 5-9 可看出，无论是 2011 年还是 2017 年，以郑州—洛阳为中心的区域核心增长极均已经成型，而且以地市级城市和经济发展相对较强县域组成的次一级区域增长极圈层和外围半包围增长极圈层也已经清晰化，说明了河南省构建"一极两圈三层"区域发展模式的科学性。从外围半包围增长极圈层（知识溢出效应综合评价值相对隆起带）来看，其在地域空间上呈现出较为明显的以郑州—洛阳为中心的核心增长极为中心，并呈现出较为规则的半包围形状，这种类型的空间结构为构建我省 1 小时经济圈和 2 小时经济圈提供了理论基础，另外，也为中原经济区（除河南全境外，还包括山东的聊城、临清、菏泽、泰安东平县；安徽的淮北、宿州、蚌埠、亳州、阜阳、淮南凤台县及潘集区；河北的邢台、邯郸；山西的运城、晋城、长治）建设过程中高效实现区域竞争合作与空间互动发展提供借鉴。另外，2017 年与 2011 年相比，区域核心增长极和次一级区域增长极之间，以及次一级区域增长极和外围半包围区域增长极之间地带的知识溢出效应的综合评价值明显低于两级区域增长极的知识溢出效应综合评价值，说明近年来随着河南省经济社会的发展，区域增长极的扩散效应开始逐渐显现，位于两级区域增长极之间的经济腹地的经济发展较快，区域经济非均衡协调发展的基础愈加巩固。由此，在中原经济区建设过程中，在关注区域协作与空间互动发展的同时，应加强区域增长极与经济腹地间极化效应和扩散效应的监测，避免产业雷同，强化产业关联。

从 2011—2017 年河南省县域知识溢出效应分类来看，全省各个县域的知识溢出效应变化和调整并不大（除了少数县域在同一类型县域中排序略有变化外，很少有县域的知识溢出效应能够实现跨类型调整）。其中，一类县域主要为毗邻以郑州市—洛阳市为中心的区域核心增长极的县域（偃师、新密、新郑、登封、荥阳）和个别经济社会发展较好的地市（济源、漯河、平顶山、许昌、焦作、开封）。从一类区域来看，河南省经济空间结构发展除了应注重以郑州和洛阳为中心的区域核心增长极示范带动作用外，还应最大限度地发挥次一级区域增长极与区域核心增长极之间的交互作用，合理开发利用两级区域增长极之间的经济腹地。二类县域主要为永城、新安等知识能力较强的县域以及商丘、安阳、濮阳、驻马店、南阳、周口、信阳、三门峡等。该类区域多为外围半包围区域增长极，对河南省区域非均衡协调发展起着联系核心增长极和次一级区域增长极以及广大经济腹地的重要作用。对于区域知识能力和知识溢出效应双高的外围半包围区域增长极来说，应加快与核心增长极和次一级区域增长极的经济联系，尽快实现对上述区域的技术追赶，迅速拉近与核心增长极和次一级区域增长极的经济差距，努力成为增长极网络中的重要节点以及区域合作与空间互动发展的活跃区域。三类县域主要为经济发展相对较强的地市周边的县域（襄城、安阳、临颍、林州、温县、辉县、新乡、杞县、孟州、长垣、义马、修武、宜阳、开封、孟津、虞城、西平、项城、宝丰、上蔡、鹿邑、叶县、渑池等），该类县域不仅地理位置毗邻地市级城市，而且知识能力相对较强，因此，需要加速县域内部产业集聚区、工业园区的产城互动与产城融合发展，快速实现与其邻近的地市级城市经济同城化发展。四类县域为河南省周边县域和少数知识能力相对较低的县域（汝阳、商水、宁陵、西峡、范县、扶沟、息县、西华、固始、淅川、潢川、桐柏、卢氏、睢县、淮滨、台前、新县、商城），该类县域大多位于河南省与其他省份邻近的区域，距离郑州—洛阳核心增长极距离较远，且大多县域位于黄淮平原，县域知识能力相对较弱。因此，该类县域的发展应建立起区域帮扶制度，与其周边要素资源互补区域或各级区域增长极之间搭建"一对一"或"多对一"的区域产业转移、劳动力技能培训或投资项目帮扶活动，以快速实现知识溢出效应较低区域承接外部产业转移、接受来自区域知识能力相对较强区域的知识溢出效应，实现经济快速发展。

第六章　促进区域高质量发展的政策建议

综合我国省域极化度和扩散度的相关分析以及河南省县域知识溢出效应空间格局分析，无论是长三角、珠三角、环渤海国家级增长极区域，还是中部武汉城市圈、长株潭城市群、皖江城市带、中原城市群等区域的增长极，其扩散效应均开始显现，区域非均衡协调发展成为国家和地区经济社会发展的关键。下面分别从区域高质量发展面临的环境变化、区域非均衡协调发展过程中的政府调控与市场调节、产业集群发展阶段与推动型产业选择、高新区与产业集聚区协作互动发展等角度探讨促进我国区域非均衡协调发展的政策建议。

第一节　区域高质量发展面临的环境变化

在实现社会主义现代化进程中，我国经济和科技实力大幅提升。支撑创新型国家建设，促进区域高质量发展将面临经济转型、矛盾转化、发展转向、动能转换、理念转变、工业转轨、产业转移、分化逆转等内外部环境变化。

一、经济转型

我国经济社会发展经历了依靠土地、劳动力和资本等生产要素投入为主要驱动力的"一次创业"，依托实用技术应用、规模经济效应提高生产要素的效率驱动"二次创业"，以及以知识创造和创新应用为基础、以企业自主创新为抓手的创新驱动"三次创业"，区域高质量发展同样要在"一次创业""二次创业"的基础上，实现创新驱动的"三次创业"的转型升级。

二、矛盾转化

在社会主义初级阶段，我国社会主要矛盾是人民日益增长的物质文化需要同落后的社会生产之间的矛盾。目前，中国特色社会主义进入新时代，社会主要矛盾已经转化为人民日益增长的美好生活需要和不平衡不充分的发展之间的矛盾。因此，区域高质量发展应以科技创新"四个面向"为指导，在国家、省、地（市）三级联动工作机制基础上，着力培育全价值链条创新创业生态体系。

三、发展转向

党的十九大报告明确指出，中国经济发展步入新常态，由高速增长转向中高速增长和高质量发展阶段。党的二十大报告强调，以中国式现代化全面推进中华民族伟大复兴。鉴于当前经济社会发展面临的巨大不确定性，我们在推进中国式现代化进程中，应该保持战略定力，提高经济政策的稳定性、科学性和有效性，尽可能地降低政策风险。由此，区域高质量发展应在深化供给侧结构性改革进程中，处理好产业结构、区域结构、要素投入结构、排放结构、经济增长动力结构和收入分配结构等问题，加速释放实体经济活力。

四、动能转换

当前我国经济正处于转型升级、爬坡过坎的关键期，加快新旧动能转换是有效应对经济下行压力、实现经济社会高质量发展的必然选择。区域高质量发展，既要实现高新区"又高又新"，又要发挥要素资源禀赋和比较优势，补齐短板，从主要依靠增加物质资源消耗实现的粗放型高速增长转变为依靠技术进步和科技创新的创新驱动高质量发展。

五、理念转变

围绕落实黄河流域生态保护、高质量发展国家战略、污染防治攻坚战、蓝天碧水净土保卫战等中心任务，区域高质量发展要牢固树立"创新、协调、绿色、开放、共享"五大发展理念，建设生态文明的科技创新激励约束机制，有效解决人民日益增长的美好生活需要和不平衡不充分的发展之间的矛盾，充分体现科技担当意识，真正彰显出科技创新的巨大驱动力。

六、工业转轨

当今数字经济日益成为经济发展的关键驱动力，中国成为全球唯一被联合国认证为工业体系最完备的国家，在这种背景下，区域高质量发展要注重技术技能人才，弘扬工匠精神，根据《中国制造 2025》和《中共中央 国务院关于开展质量提升行动的指导意见》，在中国制造向中国质造、中国智造和中国创造转轨进程中，充分发挥平台优势，助推数字经济与实体经济深度融合。

七、产业转移

受生产要素成本压力和全球供应链布局影响，劳动密集和资源密集型产业向东南亚转移，低端产业链转向人力红利依然充分的东南亚地区，欧洲发达国家的家电、零售、食品等行业出现退出国内市场或缩小投资现象。受利润下降、成本上升和制造业回归政策因素影响，美国跨国公司在华投资出现将全部或部分产能迁移回美国本土倾向，高端产业链将转向科技和市场红利更为显著的欧美国家。区域高质量发展要处理好产业承接和主导产业发展关系。

八、分化逆转

受"本国优先"和"单边主义"思潮影响，近期美国逐步扩大对中国科技公司的制裁范围，将一些中国企业及机构列入实体清单。以美国为首的西方国家的"贸易保护主义"和"逆全球化"呼声日高，以平等贸易和人员流动为方式的"全球化"和"国际化"进入逆转分化期，给全球价值链多边合作和国际贸易协同发展蒙上诸多阴影，为深化开放创新和区域高质量发展制造了诸多困难。

第二节　区域非均衡协调发展过程中的政府调控与市场调节

根据区域增长极的极化阶段和扩散阶段，政府调控与市场调节所关注的工作重点和工作方式不同，下面分别从区域增长极极化阶段和区域增长极扩散阶段两方面探讨政府调控和市场调节相关问题。

一、区域增长极极化阶段的政府调控与市场调节

由于我国区域增长极大都是在政府主导基础上发展起来的，因此，对区域增长极极化阶段的政府调控与市场调节方面的政策探讨主要从产业空间布局与区域功能分区、经济转型发展与产业结构调整、财政转移支付与产业内生能力、资源价格补偿与内需市场培育等角度进行分析。

（一）产业空间布局与区域功能分区

随着我国经济体制的逐步转换和各个区域经济的发展，原有的按"资源互补"或"产品互补"原则而进行的纵向型分工格局，即中、西部以开发生物资源、能源资源以及发展原材料工业为主，东部以中西部的产品为原料主要发展加工制造业的垂直型地区分工已有所淡化，但离上述历次规划所提出的理想目标尚有较大差距。这个特征突出表现在东部沿海地带产业结构的高级化进程比较缓慢，以及与此相伴而生的诸多经济、社会和环境问题。

在我国经济继续高速增长和体制转轨加速的新形势下，在实现地区经济协调发展总目标下，要建立地区间的合理分工关系，必须兼顾以下四个方面的原则。

1. **充分发挥市场机制对资源配置的基础性作用**

引导和建立地区间的合理分工体系是一种政府行为，本质上属于加强和改善宏观调控的范畴，但其前提仍然是应充分发挥国内外投资主体的作用，鼓励投资者利用市场的价格信号和竞争机制，自主进行建设项目的区位选择，以达到提高微观经济效益、优化生产要素流动与组合的目的。

发挥市场机制在资源配置中的基础性作用，并不是要排斥国家对资源配置必

不可少的引导和管理，即使将来建立和完善了市场经济体制，也会由于市场机制自身的缺陷和不足而需要国家有效的宏观调控，以弥补市场机制的失败或失灵带来的后果，这在西方市场经济国家经济发展历史上已经得到了证明。问题的关键在于，国家实施宏观调控时，决不能离开市场机制，而应该通过综合运用各种手段，包括编制各种类型的规划、制定产业政策和各种财政金融政策、直接投资建设基础设施以改善投资环境等，有效地实施一整套以利益诱导为主的政策体系去引导、规范、调节和补救企业的投资决策，从而为企业的发展和地区产业结构的调整优化创造良好的外部环境。

2. 地区产业分工需要与地域比较优势紧密结合

地区比较优势是制定区域经济发展和经济布局政策、促进社会经济资源空间配置合理化的基本前提，也是各地区制定正确的发展战略和产业政策、实现地区经济健康协调发展的主要条件。总结我国地区分工的经验与教训，"扬长避短、发挥优势"仍将是指导地区分工的基本原则。

我国幅员辽阔，地区之间自然条件、经济社会发展基础的差异悬殊，客观上造成了各类地区的比较优势有多有少、或强或弱，因此生产要素配置的疏密程度应该与地区比较优势的分布相吻合。换言之，作为反映经济空间结构状态的地区分工格局，它的合理与否应该取决于各产业部门能否在其最适宜的地区得到充分的发展，取决于各地区能否充分利用其相对比较优势，趋利避害、扬长避短，建立起富有特色的专业化部门并相应发展关联产业，形成与其他地区既有合理分工，又有密切协作的经济关系。在改革开放的新形势下，地区分工的合理化不仅要考虑国内地区之间的合理分工，还应考虑积极参与国际分工，从市场、自然资源、资金、技术、劳动力等要素的现实条件和潜在条件出发，努力构造能够突出地区比较经济优势特点的地区分工格局。

3. 地区产业分工要有利于缩小区域发展差距

实现地区间的合理分工，最大限度地获取分工效益，是加快不发达地区发展、缩小地区发展差距、促进地区经济协调发展的主要内涵之一。

产业发展的规模及质量是地区综合经济实力的主体要素，因而确立地区间的产业合理分工对地区经济增长的速度和质量至关重要。就我国三大地带经济发展的条件和质量而言，东部地带并非百业皆宜，部分地区已经出现的交通、就业、资源及环境全面紧张化的局面与一些产业的过度扩张密切相关，其经济增长方式的转变和增长质量、效益的提高，在很大程度上依赖于限制发展某些产业，以及鼓励某些产业向不发达地区扩散。与此同时，西部有许多加快发展的有利条件。例如，在增强农业基础、保证粮食增产方面，在加强能源、原材料等基础工业发展方面，在利用国防科技发展某些支柱产业及高新技术产业等方面，中西部都拥有巨大的发展潜力。

在确立地区间的合理分工关系，特别是确定各地区的产业发展方向时，必须综合考虑各地区的发展要求与条件，努力使合理的分工协作关系成为带动落后地区经济增长，促进各地区共同发展、普遍繁荣的主导力量。

4. 地区产业分工要适应经济国际化发展要求

近年来，我国经济坚持进一步全面开放，从而使我国已经初具规模的沿海、沿江、沿边、沿路的全方位、多层次的对外开放格局日臻完善，一些地区凭借独特的区位优势扩大对外经贸往来，并先一步取得较快的发展。地区分工适应经济国际化的要求，主要体现在对外开放的时序安排和重点地区选择上。

东部沿海地区是我国率先对外开放的前沿地带，进入全面开放的新时代，东部沿海区域仍将是面向国际市场的重要阵地，将在我国发展对外经济方面发挥主导作用，应重点发展高新技术产业和出口创汇产业。为了适应日益扩大的外贸进出口需要，还要选取一批沿海港口城市，加强其海运和空运基础设施的建设与改造。

广大的中西部地区同样要改善投资环境，积极发展外向型经济。一是要强化建设或改造若干重大运输通道，有选择地增设开放口岸；二是加快并扩大沿长江、沿铁路干线大中城市的对外开放，积极吸纳国外和沿海地区的资金和技术，并以自身的优势产业和产品参与国际市场的竞争；三是重点规划和建设好北疆及其边境地区、珲春—图们江地区、昆明—滇南地区，积极发展其与周边国家互补性强和高附加值的各类产业，使其成为我国面向中亚、西亚、东北亚及东南亚与南亚的最重要的出口商贸基地。

（二）经济转型发展与产业结构调整

区域政策与产业政策这两大类政策关系是通过其政策目标、政策内容和实施方式体现出来的。产业结构复杂程度、产业结构水平的高低都与区域经济的发达程度相适应，容纳多个产业类别的高水平产业结构和有发展潜力的产业多出现在发达地区。以促进国民经济调整发展、提高经济效益为目标的产业政策一般有利于发达地区，与市场机制的作用方向是一致的，而区域政策则着力于促进不发达地区的发展，以实现区域间经济发展的协调，其作用方向往往与市场机制的作用方向相反。因而，区域政策与产业政策在实际运作中往往是相互矛盾的。但是，与产业政策的目标一样，区域政策的目标也是促进国民经济的协调发展，实现经济的高速增长。因此，区域政策与产业政策有矛盾的一面，也有相互一致、和谐的一面。产业结构政策是以产业间的资源配置为对象从而影响产业结构变化的政策，其基本目标是实现产业结构的合理化和现代化。

现阶段要推进我国产业结构的合理化，为产业结构高度化奠定基础，以产业结构的优化带动我国国民经济的起飞，应该从以下几方面着手。

1. 促进产业政策的协调性，为产业结构升级奠定良好基础

加快交通、通信等基础设施建设，以及农业、能源和其他第三产业等薄弱环节的发展，保证基础产品和基础设施供给稳定增长，扭转基础产业和基础设施供不应求的局面，改善全社会的投资、生产和生活环境，为其他国民经济部门结构高级化提供保证。

2. 促进产业结构稳步升级，提高产业国际竞争力

通过实现以规模经济为中心的产业组织调整和加速技术进步的步伐，振兴机械电子、石油化工、汽车制造及建筑业，使之迅速成长为国民经济的支柱产业，促进产业结构（包括对外贸易结构）稳步升级，带动国民经济的加速发展。由此，产业政策主要是振兴特定产业，扶持少数支柱产业超前发展，带动国民经济的高速增长；通过扩大出口和替代进口，提高国际竞争力，改善国际收支；通过缓解基础设施的"瓶颈"制约，降低生产成本，提高宏观经济效益，以最大限度地确保经济增长，满足人民群众不断增长的物质与文化生活的需要。

（三）财政转移支付与产业内生能力

我国政府间的财政转移支付，大体上可以分为三大类：一是中央财政与省级财政之间的转移支付，二是中央财政对解决相对贫困和减少长期贫困的转移支付，三是发达省市对不发达省区的财政转移支付。重点放在第一类。从国情来看，中央财政对地方政府的转移支付或补助，其主要功能是：其一，调控地区经济发展的不平衡，中央政府以其掌握的财力支持不发达地区的发展和老工业基地的改造；其二，中央政府借以协调中央与地方的经济关系，缓解中央财政与地方财政发展中的不平衡矛盾；其三，中央政府借以进行宏观经济调控（为了有效实施对经济的调控，中央政府需要集中必要的财力）。

在目前的分税制条件下，中央政府与省级政府之间的财政转移支付主要采取中央财政对省级财政的税收返还。此外，还包括如下几种：一是按旧体制运行的中央政府对省级政府的体制补助和省级政府对中央政府的体制上解，二是中央政府对省级的各类专项拨款，三是年终结算补助。目前财政转移支付主要存在如下问题。一是转移支付不规范，缺乏科学方法。现行分税制深深打上了过去财政包干体制的烙印，中央对省级政府的转移支付，是采用基数法实行一省一率、一省一额的极不规范的办法，让很多地区难以接受。二是破解专项转移支付中的地区间协调与合作难题。改革央地关系，由中央政府负责失业保险、养老保险、医疗保险、社会救助等支出，适当提升中央政府的支出责任，并探索建立地区间转移支付制度，破除地区间支出协调和合作的困境。

　　根据我国现行转移支付存在的问题和借鉴国际转移支付经验，我们建议如下：在财政收入方面，以中央占 60%～65%、地方占 40%～35%为宜；在财政支出方面，以中央占 40%～45%、地方占 60%～55%为宜，中央向地方转移支付规模以35%左右为宜。另外，财政转移支付种类可参照法国做法：一是专项补助，二是均等化转移支付。

　　专项补助应主要补助给欠发达区域用于基础设施建设（如水利、交通等）。此外，这种补助还应与产业政策紧密结合，以促进产业政策的贯彻实施。为促进地区经济协调发展和各地区共同富裕、调节地区财力平衡，必须建立规范的中央对地方财政转移支付制度。从政府公共预算来看，中央对地方的转移支付可以采取以下几种形式。一是一般性补助，即税收返还。在确定一般性税收返还以前，必须按照因素法测定地方财政公共开支的一般水平。如果支大于收，由中央财政给予一般性税收返还，它主要用于平衡地方政府公共预算，满足地方政府最基本的开支需要。对一般性税收返还，中央不规定具体用途，由地方政府统筹使用。为使地方这部分收入能稳定增长，返还数额应视中央税收增长状况每年有所增加。这种方法有了基本统一的客观标准，比较合理规范，有利于提高转移支付的管理。二是特殊因素补助。政府公共预算的一项重要职能是调节分配结构和地区结构，特别是扶持经济不发达地区的发展。为了调节地区之间的分配，应根据国家的民族政策、产业政策、中央财政的增长状况，对老、少、边地区在一般性税收返还基础上，再适当增加一些补助。三是临时性特殊补助。主要是在地方遭受特大自然灾害和其他意外重大事故时，中央政府公共预算应给予必要的补助。四是项目专项补助。从国有资产经营预算来看，中央对地方的转移支付，要采取项目专项拨款的方式。中央对地方的项目专项补助是中央实施宏观调控的有力手段，它是为了有效地贯彻国家的有关政策、解决经济和社会改革中的特殊问题而设置的，以体现中央政策举措。首先，专项补助要体现国家产业政策的要求，重在解决国民经济发展中的"瓶颈"产业，范围不能太宽。专项补助主动权在中央，地方没有讨价还价的余地。其次，地方对中央的专项拨款应有配套资金，以发挥中央财政的资金导向功能，从而增加对急需发展产业的投资量，优化投资结构。最后，地方财政对中央财政的专项补助必须纳入地方财政的国有资产经营统一管理，从资金投入使用到项目完成的每一个环节，都要落实责任者，建立项目专门账户，不得挪用于平衡地方预算，并实行严格的项目验收制度，提交资金决算报告。

　　在确定各地区应得的均等化转移支付资金数额方面，加拿大和澳大利亚的经验值得借鉴。在确定人均标准预算方面，可参考加拿大的做法，即以若干中等偏上省份（如人均财政收入居第 4 至第 14 位的省区）的人均财政收入的平均值作为全国的人均标准预算，小于标准预算的省区才能得到中央的转移支付资金；在确定具体的转移支付额方面，可参考澳大利亚的因素法，即既考虑支出需要，又考虑收入筹集能力，具体指标可包括人均财政收入、人口文化素质、运网密度、居民消费水平、人均 GDP、产业结构水平、技术开发能力、城市化水平等。各省区市上述指标的数值分别除以其对应的全国平均值即可得到各指标的指数，各省区市的各指标指数相加就可得到一个综合指数，再根据综合指数的大小，将各省区市分成若干等级，处于同一等级的省区市，可得到相同的转移支付额。另外，内蒙古、宁夏、新疆、西藏、广西五个自治区和一直作为民族地区对待的云南、贵州、青海三省可给予特殊照顾，额外追加一次补助。

（四）资源价格补偿与内需市场培育

改革开放 40 多年来，我国经济的快速发展取得了举世瞩目的成就。然而，支撑经济快速增长的却是以资源大量消耗、生态环境遭严重破坏为代价的粗放型经济增长方式，资源短缺已成为制约我国经济社会实现可持续发展的"瓶颈"。资源价格改革成为破解资源短缺的"必闯之关"。要突破这一"瓶颈"，政府就必须在资源价格改革中发挥强有力的"协调人"和"助产士"的作用，提供必需的职能——为改革创造所需环境和条件。只有当新的市场价格机制形成，更长远地看，经济走上了具有自增强的良性循环的发展轨道时，强政府作用才被缩小为更间接的一种作用：维持国家创新体系并创造对新技能的需求。由此，政府在资源价格改革中扮演的角色决定了其必须履行如下职责。

1. 提供资源产权制度

资源价格改革的方向是建立反映市场供求状况和资源稀缺程度的价格形成机制，其目的是更大程度地发挥市场在资源配置中的基础性作用，提高资源配置效率。完善的产权制度是价格形成和价格发挥分配效用的前提和基础。只有在产权制度确立后，明确了人们可交易物品权利的边界、类型及归属问题，而且能够被有关交易者乃至社会识别和承认，交易才能够顺利进行。政府是产权制度的最大供给者。政府可以凭借其强制力潜能和权威在全社会实现所有权，降低产权界定和转让中的交易费用；为产权的运行提供一个公正、安全的制度环境；利用法律和宪法制约利益集团通过重构产权实现财富和收入的再分配，遏制国家权力对产权的干预。

2. 提供公平竞争的市场环境

市场化定价要以市场主体多元化和竞争为基础。目前，我国资源部门的市场结构基本以垄断为主，在缺乏竞争的市场结构中，垄断企业具有天然的为自身谋取高额利润的倾向，缺乏增加产量、降低成本和提高效率的动力。在当前以政府管制价格为主的定价机制下，垄断企业的资源产品销售价格及利润受到一定程度的约束。然而，价格一旦放开就可能会强化垄断企业的定价能力，使其成为真正的市场垄断者，最终效率和社会福利的损失只能由消费者来承担。

3. 平衡各方主体间的利益关系

资源价格改革的本质是相关各方利益调整的过程。政府部门应事先设计、形成、完善相关的利益协调机制，防止利益调整不当造成的冲突。从短期来看，水、电、油等资源产品价格上涨使资源使用和消费方在资源价格改革中遭受损失。近年来，全国粮食、猪肉等生活必需品的价格出现较大幅度的上涨，使不同收入水平居民的感受程度和承受能力差异明显增大。市场化不是万能的，人的能力存在很大差异，不能期望把任何人都裸露于市场之下让其平等承受市场的考验。在某种程度上，政府应该是调整天平的砝码，当某一方的力量过弱时，政府应当帮助弱的一方，进行利益调整。因此，在资源价格改革过程中，政府部门应建立健全对低收入群体的利益保障机制，积极采取社会保障、财政补贴、价格优惠等措施，消除或弱化改革给社会弱势人群带来的不利影响。另外，在价格传导机制作用下，资源等上游产品的价格上涨，势必会给下游企业和产业带来成本和价格上升的压力，因此要注意企业和产业的承受能力。

二、区域增长极扩散阶段的政府调控与市场调节

区域增长极的扩散阶段，区域之间的产业转移活动、产业链整合与产业技术联盟等活动逐步取代区域增长极极化阶段中的要素流动和空间集聚行为，区域发展开始更加注重城乡统筹发展和"四化同步"协调发展。

（一）区际产业转移与产业承接

根据现阶段产业转移出现的问题、地方发展需求及国内外发展环境变化，产业转移政策应从国家和地区发展的全局和中长期战略出发，由相关职能部门研究制定，重点发挥市场配置要素资源作用，优化生产力布局，促进产业转型升级，促进产业在不同发展水平区域间实现空间结构优化与空间互动发展。

1. 引导和规范地方承接产业转移

根据各地资源优势、产业基础和资源环境承载力，定期出台"全国产业转移指导目录"，发挥目录导向，挖掘地区比较优势，增强区域产业互动合作，严格禁止落后产能异地转移。鼓励各地区加强土地资源集约利用，及时纠正土地未批先用、擅自变更土地利用规划、侵占基本农田等违规行为，严查企业未根据实际需要进行大规模圈地、囤地。建立考核机制，把园区投资强度和产出强度作为考核重点，鼓励中西部有条件的地区依托现有工业园区，把创建国家新型工业化产业示范基地与提升承接产业转移能力结合起来，提高产业承接水平。在产前、产中、产后加强对产业转移项目的环评，建立定期环境监测机制，严惩企业违规排放"三废"（废水、废气、固体废弃物）行为。

2. 完善产业转移示范区试点方案

按照促进区域协调发展和工业转型升级的要求，出台产业转移示范区创建工作实施方案。设计不同的创建考核标准，鼓励产业转出地和承接地在同等条件下创建国家级产业转移示范区。采取区域分类指导和差别化政策支持的办法，对于产业转出地，设立产业转移示范区标准；重点考察传统产业转出规模、新兴产业培育发展状况以及淘汰落后产能进展，在技术改造资金、重点科技项目立项等方面给予必要的支持；重点考察产业转移示范区承接产业的行业类型、投资规模、企业技术工艺水平和节能减排状况，在用地指标、税收优惠、基础设施建设等方面给予相应的支持。

3. 建立产业转移的部际协调机制

注重部际协调和中央、地方上下联动，研究成立国家促进产业转移领导小组，由国务院有关领导担任小组负责人，领导小组成员由国家有关部委和各省（自治区、直辖市）主管产业转移工作的领导组成。领导小组定期召开全国产业转移工作会议和部际协调会，总结和讨论产业转移的重点工作和配套政策，指导地方开展产业转移工作，讨论通过国家级产业转移示范区试点和实施方案，协调解决部际和省际层面在开展产业转移的过程中遇到的突出问题和主要矛盾。领导小组日常工作由领导小组办公室承担。

4. 研究制定促进产业转移相关法律法规

从国家职能部门分工来看，可以由工业和信息化部提出，会同国家发展改革委、司法部等有关部门一起协商，制定产业转移促进法及有关管理条例，对各种违背产业转移规律的政府行为和企业行为进行严格界定和区分，对相关责任主体和执法主体进行说明，明确处罚的具体细则。

（二）产业链整合与产业技术创新战略联盟

产业技术创新战略联盟是指由企业、大学、科研机构或其他组织，以企业的发展需求和各方的共同利益为基础，以提升产业技术创新能力为目标，以具有法律约束力的契约为保障，形成的联合开发、优势互补、利益共享、风险共担的技术创新合作组织。产业联盟的实践形式主要分为研发合作产业联盟、技术标准产业联盟、产业链合作产业联盟、市场合作产业联盟、社会规则合作产业联盟等五种类型。由此，鉴于区域增长极的扩散作用日益加强，构建跨区域产业技术联盟，推动区域间产业链高效整合，可从如下方面发力。

1. 发挥技术创新主体作用

促进企业与高等院校、研究院所建立合作伙伴关系，推动以产业链为基础的创新网络组织形成，同时发挥大学科技园等组织的科技成果转化平台作用，最终目标是实现企业间广泛而深入的合作与联系，使企业紧跟技术和市场发展前沿、增强自身学习能力和创新能力。

2. 实现重点领域技术突破

建设重大科技基础设施，以产业技术联盟为纽带，整合区域技术优势企业及科研机构，开展重点产业核心和共性技术攻关，推动在核心技术领域的原始创新和集成创新，力争在重点领域实现突破。

3. 培育行业品牌龙头企业

扩大区域品牌知名度、培植行业龙头企业和品牌企业是提高区域产业竞争力和区域知名度的重要方面。因此，政府应当鼓励具有发展行业龙头潜力的企业，通过技术联盟、产业联盟等联盟行为不断整合国内外技术成果和市场渠道，在带动产业生态良性发展的同时，扩大自身规模和实力，提高自身对产业发展的影响力，最终发展成行业的佼佼者。

4. 促进产业集群升级，提高区域产业竞争力

在产业发展过程中，产业技术联盟应该作为重要的政策工具，在形成特色产业结构和产业生态、促进产业集群发展和价值链升级、不断扩大区域产业影响力等方面发挥重要作用。特别是在促进形成大中小企业协同发展的产业生态等方面，产业技术联盟能够集聚技术优势和创新资源、统筹组织协调产业成员等方面的突出优势，加速产业集群升级，同时提高区域产业竞争力和区域产业品牌。

（三）核心、外围二元结构重构

"飞地经济"是指在区域经济发展的过程中形成的与原来区域在空间上相分离、内容上相互联系的地区。具体而言，就是在推进工业化和招商引资过程中，打破行政区划限制，把甲地招入的资金和项目放到行政上隶属于乙地的工业园区，通过建立科学的利益分配机制，实现互利共赢的经济发展模式。各级政府的政策设计应充分发挥导向作用，吸引多方主体参与到"飞地经济"发展。

1. 强化政府作为拉动"税收"的引擎作用

"飞地经济"模式需要各级政府的充分支持和配合。财政收入作为各级政府的"敏感点"，要发挥引擎作用。上级政府通过税收激励政策，能很好地调动下级政府以及企业的积极性。一是合理设计各级政府以及"飞入地"与"飞出地"政府的税收分配比例。在政策设计中体现共同参与、利益共享。同时，随着"飞地经

济"的发展，具体问题具体分析，合理调整税收分配比例。二是设计有足够吸引力的企业税收优惠。企业是"飞地经济"创造财富的主体，也是盘活"飞入地"土地的催化剂，因此，要最大限度地调动企业的积极性，鼓励企业在"飞入地"建设新厂房，开发新市场，采用税收优惠政策弥补企业支出，激发企业的投入热情和动力来建设"飞地园区"。

2. 制定核心、外围互动发展优惠政策

招商引资一系列优惠政策的制定，涉及租金、厂房等租赁协议以及其他招商奖励政策。同时，工业集中区基础设施的构建是一个系统工程，对入驻企业的生产发展具有重大的影响。因此，"飞入地"政府要致力于建设一个配套设施齐全的集中区，吸引企业入驻。对企业而言，在一个尚未成熟的市场发展，除了资金的考虑，还面临员工、管理、社保等其他方面的问题，政府在这些领域要提供保障。同时，加强"飞入地"政府与"飞出地"政府在这些领域的合作，为企业排忧解难。政府"搭台"，企业"唱戏"，拓展招商引资平台。在工业集中区建设初期，"飞出地"政府利用已有招商引资平台吸引入驻企业。当工业集中区发展到一定的规模，"飞入地"政府与"飞出地"政府协力打造工业集中区的形象，做好政策宣传。在政府主导下，定期举办贸易洽谈会，形成良性循环，壮大工业集中区的规模。

第三节　产业集群发展阶段与推动型产业选择

从产业集聚区的使命和作用来看，其是落实自主创新战略的重要载体，同时也是带动产业辐射升级、促进区域经济发展的服务平台。目前，我国产业集聚区已具备创新要素集聚、企业集聚、政策集聚、产业组织集聚等特征，并朝着专业化、国际化、高端化和集群化方向发展。

产业集群是高新区发展的重要特征，高新技术产业创新集群是产业集聚区创新能力提升的关键。科技创新能力是指产业集聚区具备的发明创新综合实力，包括科研人员的专业知识水平、知识结构、研发经验、研发经历、科研设备、经济实力、创新精神等要素。其中，专业知识水平是科技创新最基本的条件，知识结构是园区科技人员具备相互配合所需的各有所长的专业知识，研发经验和研发经历是科技人员及本单位从事某一领域科技攻关研究和开发的时间积累和经验总结及成果凝结，科研设备是本单位开展科研试验需要的硬件设施，经济实力是本单位开展科研试验和相关活动需要的经费来源，创新精神是科技人员本身和集体具备的创造力、创作灵感、奉献精神等思想境界。

科技创新是高新技术产业获取竞争优势的主要驱动力，硅谷等国内外高新技术产业园区的发展经验表明，产业集聚是科技园区（高新区）高新技术产业的主

要发展模式。产业集群发展所导致的专业分工互补机制①、交易费用降低机制②和知识（技术）外部性机制③能提升高新区及园区高新技术企业的科技竞争力。

一、高新区与产业集聚区产业集聚发展阶段

结合周元和王维才（2003）高新区阶段模型，可按产业集聚发展阶段将产业集聚区发展阶段划分为要素集聚阶段、产业集聚阶段、创新集聚阶段和知识集聚阶段（图6-1）。

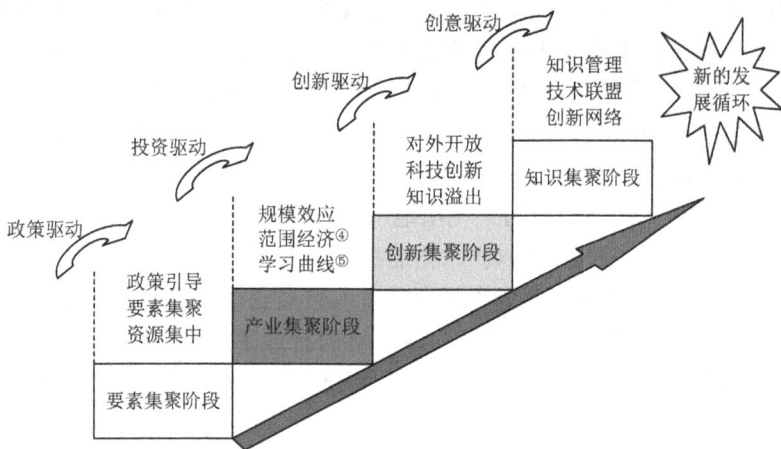

图 6-1　我国产业集聚区产业集聚发展阶段示意图

迈克尔·波特在其著作《国家竞争优势》中将国家发展划分为生产要素驱动、投资驱动、创新驱动和财富驱动等阶段⑥。高新区作为经济空间结构和产业集聚发

---

① 随着经济全球化和产业链的延伸，科技创新不单是企业的个体活动，而是技术专长互补和研发能力的组合。高新区具有孵化功能，可引导技术互补性创新创业企业之间联合研发，有利于提高区域创新能力和区域科技竞争力。

② 产业集聚导致交易费用降低主要体现在产品运输费用、市场信息获取、社会网络组建和市场监督费用等方面，另外，还包括知识创新渠道、范围经济和创新风险分担层面。

③ 知识外部性总是伴随知识溢出、技术外溢或知识扩散的全过程，是通过一个国家和地区或者产业内不同企业之间的知识共享或者学习模仿实现的。产业空间集聚导致的区域内部企业之间的非正式交流便利性，使新知识、新技术在学习型企业之间的相互模仿、相互学习和相互赶超成为常态。

④ 范围经济指由厂商的范围而非规模带来的经济。同时生产两种产品的费用低于分别生产每种产品的费用之和，即把两种或更多的产品合并在一起生产比分开来生产的成本要低。

⑤ 学习曲线又称经验曲线、改善曲线、波士顿经验曲线。学习曲线是反映人们对某种活动或工具的学习速度与效果变化规律的曲线图。学习曲线表示经验与效率之间的关系，当个体或组织在一项任务中习得更多的经验，他们会变得更高效。

⑥ 生产要素驱动阶段，以土地、矿产、水等自然资源、环境和低技能廉价劳动力作为推动经济发展的主要力量；投资驱动阶段，以资本投资作为经济发展的主要推动力，此时政府有强烈的投资愿望和较强的投资能力，企业有极高的产能扩张的冲动；创新驱动阶段，以创新作为经济发展的主要推动力，经济发展涉及的各个领域相继出现创新要素，包括技术创新和体制、结构、组织、人力资源、分配机制等的创新；财富驱动阶段，更多创新型产业倾向将投资回报流入金融等财富型产业。

展模式，其发展演化具有自身规律，在高新区发展从相对较低阶段向高级阶段发展的过程中，阶段转化驱动力因素各有不同。

（一）要素集聚阶段

在经济全球化背景下，要素集聚是各种要素的国际流动，是一些国家或地区的资本、技术、管理、品牌、专利、跨国经营网络等要素集聚到另一些国家或地区，使这些国家或地区成为全球经济体系的主要生产者。要素空间集聚过程，其实就是劳动力、资本、知识、技术、制度、政策等经济要素在一个国家或某一地区经济社会发展中相互联系、相互作用的过程，是要素合作的过程。

要素集聚主要有自然集聚、人为集聚、近程集聚、远程集聚四种途径。自然集聚指经济体具备初始资源禀赋而拥有吸引资源的能力；人为集聚的主体是各国政府、企业和其他相关组织，包括主动挖掘、吸引、管理、配置优势资源及对退化资源的处理；近程集聚指区域经济体积极地挖掘、利用和整合积累内部及邻近区域资源；远程集聚则指破除地理的限制，积极从较远的国家或外部地区集聚优势资源。

高新区作为人为创造的独特经济发展区域，其初级阶段发展的显著特征为：在优惠政策引导下，经济发展必备的要素资源成本大幅度降低，使人才、技术、资本等要素快速集聚。由于大多数企业处于初创期，受市场环境不完善和现代企业制度尚未建立等因素的影响，该阶段的资源优化配置和产业专业化分工、市场细分、价值链延伸等还没有受到足够的重视，依靠优化政策等"人为外力"驱动发展模式，难以实现资源优化配置和要素整合。在该阶段，高新区经历了"贸—工—技"的发展道路，即采用贴牌生产、加工贸易等形式，从流通环节的贸易逐步向加工制造生产环节过渡，最后实现技术研发和自主创新产品。高新区要素集聚阶段是我国改革开放、被动国际化进程中的体现。

在要素集聚阶段，高新区的主要驱动因素是政策引导、要素集聚和资源集中，高新区内部集聚企业一般情况下技术层次不高，缺乏技术创新能力，技术开发主要采用模仿和引进，产品附加价值不高，技术含量较低，产业处于全球价值链低端。

（二）产业集聚阶段

产业集聚阶段，高新区出现了真正意义上的企业。企业通过生产要素整合和产业链延伸，形成了围绕主导产业的上、中、下游产业链，逐渐形成了龙头企业、骨干企业和产业支撑配套企业集群。高新区产业集聚阶段，在"投资驱动"①指引下，大规模投资、技术改造成为主导产业快速发展的动力。但受"投资驱动"影

---

① 投资对经济的促进作用主要体现在三个方面：一是投资形成资本积累，通过提高资本增长率来提高产出增长率；二是新增投资促进新知识、新技能产生，并外溢到其他经济部门，推动技术进步，从而产生内生增长；三是新增投资往往会形成新的就业，于是通过劳动增长促进经济增长。

响，企业集群内部研发投入热情不高。高新区企业技术研发主要依靠外部研究机构和研究型大学，高新区内部研发机构较少，企业科技创新能力不强，高新区发展主要依赖规模效应、范围经济和学习曲线的作用，规模效应导致企业扩大生产规模，范围经济致使企业延长产品线、延伸产业链条，逐步形成电子与信息技术、生物工程和新医药技术、新材料及应用技术、先进制造技术、新能源与高效节能技术以及环境保护新技术等高新技术主导产业集群。

该阶段标志高新区和产业集聚区"一次创业"[①]基本完成，高新区和产业集聚区的成长路径发展成为"工—贸—技"模式。企业开始关注新产品开发和技术创新，生产加工技术和工艺水平快速提高，高新区成为"进口替代"和"加工出口"类型的高新技术产品生产基地，形成了高新技术产品"中国制造"形象，经济开放性外向型[②]特征明显。

（三）创新集聚阶段

随着高新区内主导产业的发展质量和核心竞争能力的持续提高，行业龙头企业和骨干企业开始拥有大量省级和国家级工程技术中心和企业研发技术中心，企业的研发能力大大加强。企业开始成为技术创新、管理创新和制度创新的主体，自主创新能力进一步提升，高新区由"一次创业"量的发展阶段向"二次创业"质的阶段转化。在该阶段，高新区开始出现创投资金（风险投资）大量涌入、自主创新成果转化加速、创新要素空间集聚和创新文化氛围日益浓厚等支撑创新型经济发展的基础条件。主导产业企业间的知识溢出效应进一步提升，高新区通过实施科技创新服务体系建设工程[③]，加强园区企业对外开放与国际合作交流，搭建高新技术产业技术创新公共服务平台，使高新区成为区域技术创新的源头。高新区发展路径主要表现为"技—工—贸"模式。高新区对区域经济发展的带动作用进一步凸显，逐步奠定了高新区高新技术产品的"中国智造"形象。但国家级高新区统计资料表明，随着园区"技工贸"收入快速增长，园区"技工贸"收入占GDP 的比重稳定上升，但园区利润总额占"技工贸"总收入的比重却呈现连年下降趋势。由此可看出，我国高新区由产业集聚阶段向创新集聚阶段过渡时期，创新驱动发展机制尚未建立，还存在专业化分工协作产业网络不完善、"产学研"合作机制不健全、科技金融体系尚未建立、创新创业环境亟待优化等问题，表明高

---

① 2002 年，科技部明确提出深入推进创新型产业集群高质量发展，要求进一步坚持发展高新技术产业空间集群，使经济总量、运营质量、经济效益、创新能力同步提高，促使传统行业和高新技术产业的经济效益同步增长，促进传统产业高技术化。

② 通过外商直接投资、引进外资和发展"三资"企业，高新区企业在全球市场中获取技术，偿付专利费用，采用国内资源、能源、人力成本。

③ 一般情况下，高新区科技创新服务工程包括孵化器、生产力促进中心、科技交流中心、创业服务中心、高新技术产业化基地和高新技术产业技术研发中心等。

新区发展还存在过度依赖规模扩张或大批量生产方式倾向，园区生产要素整合与科技创新引领作用进一步弱化，企业创新协作网络尚未完全建立，"领袖型"企业家精神稀缺，制度创新尚待更大范围的突破。

根据"提高自主创新能力，建设创新型国家"的战略要求，2008 年，科技部发布了《创新型科技园区建设指南》，要求有条件的国家高新技术开发区及时转变观念和发展模式，以"建设创新型科技园区"为切入点，推动高新区创新集群①发展，使高新技术企业创新能力提升、创新创业环境进一步优化、产业价值链趋向高端化、"技工贸一体化"为特征的"创新主导"发展模式成为高新区经济社会发展的重要动力，实现高新区"二次创业"过程中"五个转变"②目标。

（四）知识集聚阶段

高新区通过创新驱动为主导的"二次创业"，注重采用知识管理和技术联盟手段，扩大创新网络对自主创新的推动作用，通过大力实施"产业能力升级、创业能力升级、创新能力升级、国际化能力升级和服务能力升级"等五大升级工程，逐步摆脱产业主导发展的"数量经济"阶段，向创新驱动为主的"质量经济"过渡。高新技术产业逐步占据全球产业链高端环节，高新区积累了大量财富，开始步入创意驱动的"品牌经济"③发展阶段。

在知识集聚阶段，高新区逐渐成为全球（全国或区域）品牌中心、科技创新与技术研发中心、创业企业孵化中心、创新产品营销中心、创意精英人才集聚中心和金融资本中心，集聚了较高的经济发展势能，为新一轮的发展奠定了基础。例如，郑州高新技术产业开发区通过规划"一个中心七大平台"④，构建大学—产业—政府边界交叉重叠作用网络，逐步形成了产业、大学和政府协调合作、互动发展的区域产业联盟，为创新型科技园区建设奠定了坚实的基础。在知识集聚阶段，高新区发展驱动主要体现在"创意驱动"⑤，依靠现代信息技术手段，以摆脱

---

① 创新集群跟企业集群不同，具体表现为"技工贸一体化"，它不是要素聚集和简单的要素相加，而是各种创新发展要素的叠加与融合。创新集群的决定因素是制度创新，关键是创新资源要素整合，在资源配置方式上既注意市场配置，又兼顾政府宏观调控。而且，创新主体间形成良好的关联、互动与竞合的关系，能有效提升高新技术产业之间和高新技术产业内部的知识溢出效应。

② "五个转变"是指园区发展从注重招商引资和优惠政策的外延式发展向主要依靠科技创新的内涵式发展转变，从注重硬环境建设向注重优化配置科技资源和提供优质服务的软环境转变，从以国内市场为主向大力开拓国际市场转变，从"小而分散"的产业向特色产业的主导产业发展转变，从逐步、累积式改革发展道路向适应社会主义市场经济要求和高新技术产业发展规律的新体制和新机制转变。

③ 品牌经济是生产力与市场经济发展到一定阶段的产物，是以品牌为核心整合各种经济要素，带动经济整体运营的一种市场经济高级阶段形态。

④ 一个中心指河南省技术创新服务中心，七个平台分别是"产学研"结构系统平台、企业孵化平台、公共技术服务平台、科技投融资平台、人才信息平台、科技中介服务平台和专利产业化平台。

⑤ 互联网式"微创新"逐渐成为科技创新的主流，基于互联网的特质，依靠奇思妙想的创意，快速推出能够满足用户使用习惯的新产品，不断让产品进步，为用户提供用户认为有价值、有未来的解决方案。

全球价值链低端环节，打开高新技术产品"中国创造"的大门（高新技术产品由中国制造向中国智造和中国创造的转变见图 6-1）。

迈克尔·波特在其著作《国家竞争优势》中探讨了生产要素、需求条件、企业战略（包括企业结构、同业竞争）、相关与支持性产业、机会和政府因素等影响国家和地区竞争优势因素间的关系，总结出解释国家和地区在全球中竞争地位的"钻石模型"。鉴于此，我们将驱动一个国家和地区的经济发展的主要因素归结为资源要素、产业结构、制度环境和需求条件。

鉴于我国依靠低成本，特别是低人力成本优势，工业主要集中在"微笑曲线"①底部的加工制造和集成组装环节。随着我国人口老年化问题日益突显，数量型人口红利将逐渐衰退，我国人工成本将持续上扬，沿海外向型经济在人力成本上升、两税并轨和人民币升值压力影响下，产业结构从传统加工制造向智力密集、技术密集转型势在必行（图 6-2）。

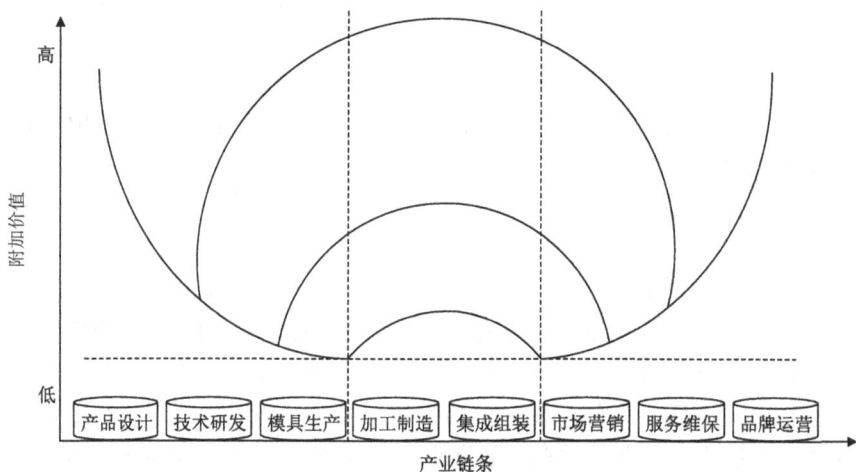

图 6-2　创新导向经济转型"元宝曲线"

工业化中期向工业化后期过渡阶段，知识密集型产业和现代服务业的发展成为经济发展的重要驱动力，区域产业结构呈现出经济服务化、重工业化、高加工化、知识密集化、产业集中化和产业国际化趋势。随着土地、劳动力、能源等生产要素价格的提高和生态环境、资源能源约束条件的趋紧，产业转型升级和产业结构调整成为我国经济社会发展的关键。

从图 6-2 可知，当前我国产业结构转型升级需要聚焦于加工制造和集成组装优势领域，将实体经济制造业的"微笑曲线"向"元宝曲线"中附加价值相对高

①　微笑曲线是指微笑嘴形的一条曲线，两端朝上。在产业链中，附加值较高的主要集中在曲线两端的产品设计和品牌运营环节，位于曲线底部的加工制造和集成组装环节的附加值最低。

的产品设计、技术研发和模具生产以及市场营销、服务维保和品牌运营等环节过渡，从而实现"微笑曲线"从中部次第抬升。我国经济社会从工业化中后期向后工业化期转化，需要坚持创新型国家建设，强化科学技术和人力资本对经济发展的作用，发展高新技术，改造传统产业，采用信息技术和先进制造技术，快速提升我国工业产品的附加价值。

我国工业由加工制造和集成组装环节向附加价值较高的产品设计、技术研发和模具生产以及市场营销、服务维保和品牌运营等环节过渡，不仅仅是加工制造和集成组装环节两方面的局部提升，更需要产业链的整体改善。但由于我国制造业还集中在附加价值较低的加工制造和集成组装环节，因此需要抓住当前工业结构中存在的主要问题，快速提升加工制造和集成组装环节的技术含量，带动我国整体产业结构优化升级和创新导向经济转型。

二、高新区与产业集聚区产业集聚发展阶段阶梯转换分析

高新区与产业集聚区经过艰苦的"一次创业"过程，大多数已从要素集聚阶段进入产业集聚阶段。从图 6-1 中可以看出，高新区与产业集聚区从要素集聚向产业集聚、创新集聚和知识集聚转型升级的过程，也体现为高新区与产业集聚区从"中国制造"向"中国智造"乃至"中国创造"不断跃升的过程（图 6-3）。

如图 6-3 所示，我国高新技术产业制造企业经历了单体高新技术产品制造企业、供应链协同创新制造企业和产业链协同创新高新技术制造企业等发展阶段。

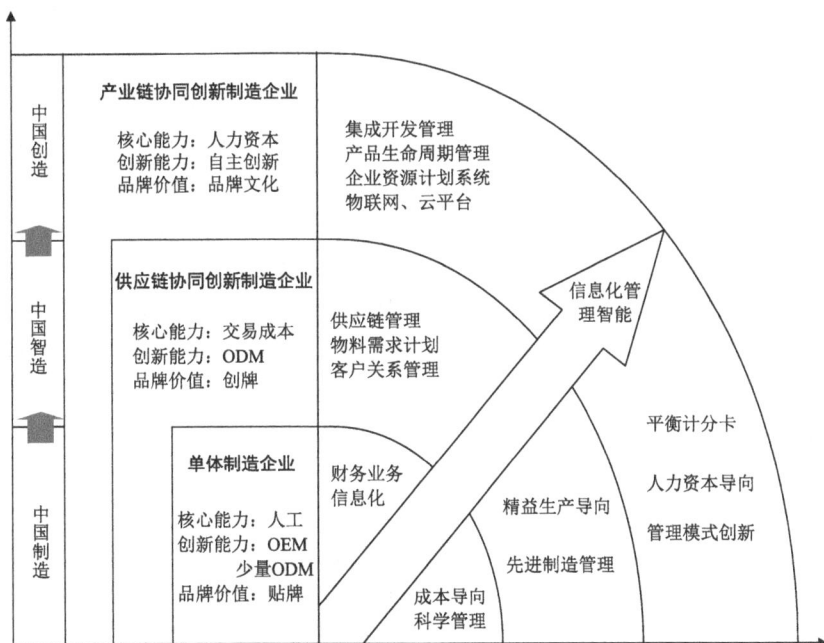

图 6-3　我国高新技术产业制造企业发展层级示意图

（一）要素集聚向产业集聚转换

我国高新区由要素集聚阶段向产业集聚阶段转换的过程，也是我国高新技术产业"中国制造"发展的重要阶段。鉴于人口红利和劳动力成本优势，我国单体制造企业在具有财务业务信息化和成本导向科学管理加持的情况下，具有相对比较优势，致使发达国家高新技术产业开始向沿海地区（经济特区）①转移，我国沿海地区成为高新技术产品定牌生产（original equipment manufacturing，OEM）基地，高新技术企业仅负责全球高新技术产业价值链加工制造和组装集成低端环节，产品附加价值较低，产品没有话语权。该阶段向产业集聚高端环节的过渡主要依靠投资驱动，在主导产业中逐步依托规模效应、范围经济和学习曲线，使"中国制造"的高新技术产品具有较强的全球竞争力。外商投资企业开始将本土先进的信息化手段和智能化管理手段向我国高新技术合资企业或合作企业转移。在上述信息化和管理智能化的影响下，高新区内的外向型高新技术企业开始拥有一定的研发能力和技术创新能力，少数企业开始根据国内外市场需求，采用原厂委托设计（original design manufacturer，ODM）方式生产高新技术产品。

（二）产业集聚向创新集聚转换

我国高新区由产业集聚阶段向创新集聚阶段转换的过程，也是高新技术产业由"中国制造"向"中国智造"发展的重要阶段。该阶段在廉价劳动力、自然资源等"要素集聚"驱动下，受制于国外市场，我国高新技术产业集聚有趋向低端外向型国际化发展趋势。2000 年以来，高新区"技工贸"收入占 GDP 的比重不断上升，利润占"技工贸"收入的比重却出现连年下降趋势，说明高新区经济总量不断增强的同时，创新能力却出现下降趋势。外向型加工贸易如果没有强大的国内市场需求做支撑，高新技术产业发展将进入全球价值链低端环节，陷入"国际劳务和资源能源输出"的境地而难以自拔。经过对我国高新技术产业"世界工厂"地位的反思，依靠"三来一补"，发挥成本比较优势，采用"市场换技术"②路径发展高新技术产业，但受经济发展阶段所限，国内需求疲软，导致我国高新技术产业长期处于全球价值链低端的发展模式难以持续。而且，我国经济特区、经济技术开发区和高新技术产业开发区的产业选择趋同，招商引资和市场竞争加剧，导致与高新区"发展高科技，实现产业化"创新初衷和发展定位相背离，高新区原有政策以及土地、人才等政策的引导作用逐步弱化。在这种背景下，科技部提

---

① 1979 年 4 月邓小平首次提出在深圳开办"出口特区"，后于 1980 年 3 月，"出口特区"改名为"经济特区"。经济特区是通过实行特殊经济管理体制和特殊政策，用减免税收等优惠办法和提供良好的基础设施，吸引外商投资和促进出口的特定地区。

② 以市场换技术的主要目的是通过开放国内市场，引进外商直接投资，引导外资企业技术转移，通过获取国外先进技术，消化吸收后再创新，提升独立自主研发能力和技术创新水平。

出推进高新区"二次创业"①。高新区发展逐渐从单一产业布局向企业规模结构、产业结构演变,形成大企业发挥主导产业链和带动、辐射区域经济发展的功能,中小企业具有高成长性的潜力和更强的技术创新动力,大中小企业之间的专业分工配套的企业生态群落。

该阶段向创新集聚高端环节的过渡主要依靠创新驱动,在我国高新技术产品全球比较优势固化的同时,高新区内部逐渐形成了完整的高新技术产业链条,高新区的招商引资也由起初的政策招商向产业链招商和以商招商转化。园区内高新技术企业交易成本优势明显,企业研发投入热情高涨,高新技术产品生产方式逐渐由以 OEM 为主转变为以 ODM 为主,高新技术产品附加价值进一步提高,自有品牌高新技术产品和新产品占销售收入的比例快速提高。园区内的高新技术企业开始关注精益生产和柔性制造等先进的智能化管理方式,采用供应链管理(supply chain management,SCM)、物料需求计划(material requirement planning,MRP)和客户关系管理(customer relationship management,CRM)等先进信息化辅助手段,提升高新技术产业信息化水平,使高新区逐步成为促进技术进步和增强自主创新能力的重要载体、带动经济结构调整和经济增长方式转变的强大引擎、高新技术产业走出去参与国际竞争的服务平台、抢占世界高新技术产业制高点的前沿阵地,高新技术产业"中国智造"形成进一步凸显。

(三)创新集聚向知识集聚转换

我国高新区由创新集聚阶段向知识集聚阶段转换的过程,也是高新技术产业由"中国智造"向"中国创造"发展的重要阶段。在该阶段,高新技术产业逐渐占据全球产业分工价值链的高端环节,高新区成为全球品牌中心、研发与创新中心、孵化中心、营销中心、创新创业人才集聚中心和金融资本中心。

该阶段以知识生产、知识创新为主体的创新活动异常活跃,以"智能+互联+协同"为理念的新型服务业(尤其是生产性服务业),快速推进传统制造模式向产业链协同创新智慧企业变革。人力资本和创新创意成为经济发展的核心竞争力,知识产权意识高度强化,高新技术企业推崇自主创新,高新技术产品开始在销售的同时推广自身品牌文化。由"中国智造"向"中国创造"转换,需要高新技术企业在现代新型信息技术应用和管理模式创新方面寻求突破。高新技术企业管理通过推行平衡计分卡、卓越绩效模式,倡导人力资本导向的经营管理观,鼓励"创新创业"(甚至内部创业),通过物联网、云计算平台等先进信息技术手段,结合集成产品开发(integrated product development,IPD)、产品生命周期管理(product

---

① 高新区增长方式由粗放向集约转变,提升企业自主创新能力,完善产业链,强化企业之间和产学研之间的有效集聚。加快培育有区位特色和优势的高技术产业集群。实现从单纯重项目引进向重环境和服务建设的转变,为"大企业做强"和"小企业做大"营造良好环境,形成优化的企业规模结构、产业结构、园区贡献结构,培育园区内生良性增长机制。

life-cycle management，PLM）、企业资源计划（enterprise resource planning，ERP）等管理信息系统的应用，通过研发创新和品牌建设，提升产业链协同创新能力，创造崭新的商业经营模式，通过"中国设计"寻求科学人文知识的突破，实现"中国创造"战略目标。

第四节　高新区与产业集聚区协作互动发展

高新区作为创新型导向经济发展的主阵地，要与传统产业和新型工业化发展道路为主的产业集聚区互动发展，才能实现区域经济转型的艰巨历史使命。

一、高新区与产业集聚区创新驱动力探讨

为便于探讨创新型园区建设问题，特对高新区和产业集聚区创新驱动力进行探讨（图 6-4）。创新驱动力可分为创新外部驱动力和创新内部驱动力两方面。

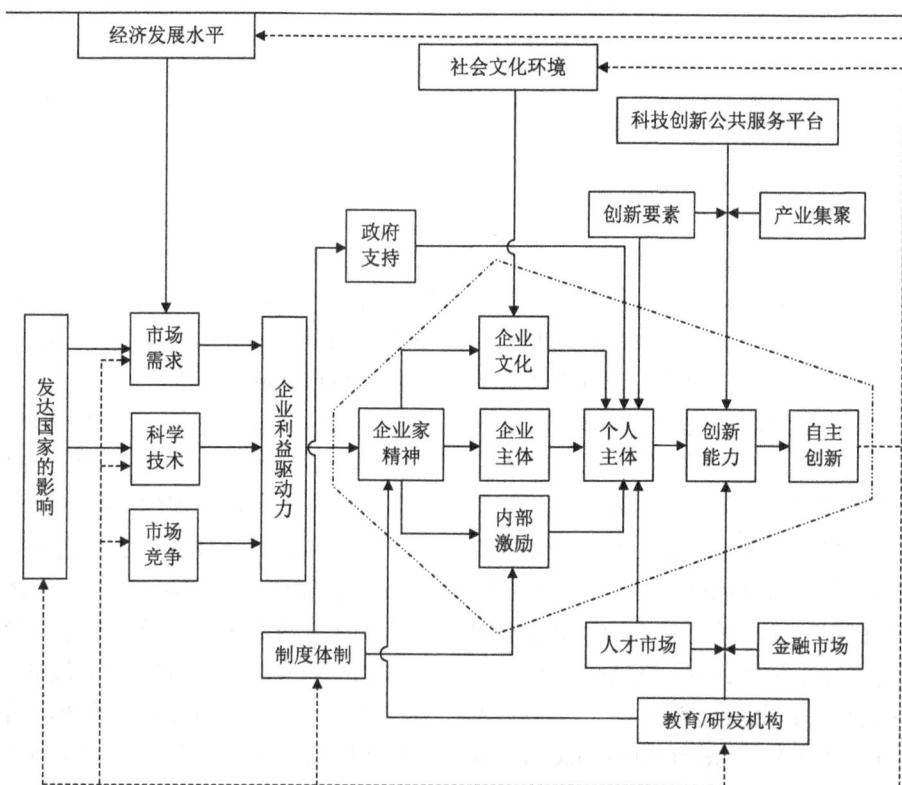

图 6-4　高新区与产业集聚区互动发展创新驱动力示意图

注："-----"框内体现园区企业内部驱动力作用，其余部分体现园区外部驱动力作用；实线箭头表示直接作用，虚线箭头表示间接作用。

（一）高新区与产业集聚区互动发展创新内部驱动力

个人主体、企业主体和高新区创新能力向自主创新转化等环节是高新区创新内部驱动力的关键环节。其中，个人主体方面主要探讨人才创新能力；企业主体方面主要探讨在企业家精神、企业文化引导下，企业通过内部激励手段获取的企业创新能力；高新区创新能力是指在创新要素和产业空间集聚的背景下，高新区在科技创新公共服务平台构建过程中，整合教育、研发、人才、金融等创新要素资源而逐步形成的自主创新能力。

1. 微观内驱力——创新创业人才

组织中个人的绩效，是个体在组织情境中一系列行为的结果。在复杂的工作情境中，尤其是知识处理、加工、生产等活动，个体所选择的具体工作行为、行为方式以及行为时机的有效性取决于内隐和外显的个人特征，包括个性、知识、技能等。具体来说，员工个人主体（创新创业人才）的创新能力体现在业务知识能力和通用知识能力两方面。业务知识能力是指员工个人与科技创新和研究开发具体业务过程有关的知识能力，包括理论知识、技术知识、市场知识和操作知识等。通用知识能力是指员工个人与科技创新和研究开发具体业务过程及其环境无关的知识能力，包括基本技能、品质诚信、情感能力、交际能力、信息知识等。员工个人主体的创新能力受企业主体、企业文化、内部激励影响，同时还与人才市场和创新要素集聚程度相关。个人主体创新能力是通过将自身的通用知识灵活运用到具体的业务工作（新产品研发、知识创造或技术创新）中来体现的。由此，员工个人的主体创新能力可将知识和业务作为输入项，通过分析输入项和输出项——绩效之间的关系来探讨高新技术产业创新创业人才创新驱动力。

2. 中观内驱力——创新创业企业

高新区内创新型企业是科技创新驱动力的最为重要的载体。企业创新中至关重要的因素是企业家精神[①]。在企业利益驱动作用下，在倡导冒险、创新、合作、敬业、学习、执着、诚信、服务的企业家精神指引下，高新区创新创业企业培育"锐意创新、宽容失败"的企业文化，采用合适、合理、合规的创新激励手段，激励员工个人认同创新、投身创新，把科技创新作为个人主体发展的事业动力[②]。目

---

① 按照彼得·德鲁克和熊彼特的观点，企业家精神中最主要的是创新，即企业家使经济资源的效率由低转高，努力通过科技创新方式，解决资源与需求矛盾。企业家精神是企业家组织建立和经营管理企业的综合才能的表述方式，它是一种重要而特殊的无形生产要素。

② 例如，美国硅谷 500 Startups 公司接受全球创业初期的公司到硅谷进行 3～4 个月的"孵化训练"，创业团队通过孵化训练，在"结业仪式"展示日两分钟的推介中展示自己项目的发展前景，以打动投资人，获得项目继续发展所需要的资金。

前，相对来说，我国企业家缺乏企业家精神中的重要因素——冒险精神，致使我国创新创业型企业大多采用模仿追随策略，难以形成自主品牌。这就需要政府在制度和体制上加以扶持，制定知识产权保护和专利入股等激励政策，构建创业投融资平台，培育倡导创新的社会文化，打造具有自主知识产权的创新企业集群。

3. 宏观内驱力——创新型科技园区

创新型科技园区是创新要素和高新技术产业空间集聚的载体。创新型科技园区建设的总体目标是形成主要以创新为驱动的高新区发展模式，具体表现为如下几点：一是园区内知识创新和技术开发机构、人才和信息资源、资本实力和融资渠道、支撑创新的物质条件以及拓展市场的平台和条件等创新要素高度密集；二是组织间的交流合作氛围浓厚，创新网络和创新合作发达，园区内协会、联盟等组织形态密集；三是行使政府职能的园区管理部门具有强烈的以创新引领发展的意识，倡导独立运营的管委会体制；四是创新创业活跃，集群创新优势和技术领先优势明显。由此，创新型科技园区建设需要在政府支持下，在科技创新公共服务平台的支撑下，通过加强创新载体建设、构建区域自主创新体系，整合科技、教育、人力、金融、产业和创新要素资源，优化园区创新创业发展环境，培育创新型企业集群，大力发展价值高端环节高新技术产业，优化高新技术产业结构，促进区域经济发展方式转变和经济结构调整。

（二）高新区与产业集聚区互动发展创新外部驱动力

高新区创新外部驱动力包括发达国家影响、经济发展水平等因素影响下的市场需求、科学技术水平和市场竞争状况，以及社会文化环境、制度体制创新等方面。

1. 发达国家影响

鉴于我国高新技术产业发展是在国际化产业分工背景下的产业承接基础上发展起来的，高新区创新驱动力中的重要因素就是全球化国际化条件下的产业定位和国际化①发展问题。发达国家高新技术产业定位将对我国高新区高新技术产业市场需求、科学技术选择和市场竞争状况产生深远影响，决定着高新区技术创新路径（技术引进、消化吸收基础上的再创新、自主创新）。由此，针对发达国家对高

---

① 国际化不是企业发展的捷径，而是循序渐进的过程；不是企业发展的目标，而是实现目标的途径。国际化分为内向国际化和外向国际化。内向国际化方式包括引进国外先进设备、进口零部件和元器件、加工装配、技术合作和创办合资企业等，该阶段国际化进程具有提高生产技术水平、提高产品档次和质量、改进生产流程、跟踪国际技术发展方向、提高管理水平，以及利用外商的资金、技术、市场和信息等优点。外向国际化方式包括定牌生产、直接出口、建立海外办事处、海外技术合作、建立海外研究与技术开发中心、间接投资、直接投资等，该阶段国际化进程具有全面提升产品质量、改善工艺流程、建立国内外销售网络和渠道、树立企业和产品品牌形象、收集海外市场信息、把握行业发展趋势、参与国际竞争、提升企业资源整合能力和企业核心竞争力等优点。

新区创新驱动的影响，需要在"一次创业"过程中加强内向国际化内涵建设，提升创新要素集聚程度，并积极投身外向国际化进程，争取在更高价值链环节获取竞争优势。

2. 经济发展水平

一个国家和区域的经济发展水平与科技创新资源空间集聚有强相关性。一方面，区域科技创新能力不足成为经济发展的严重制约；另一方面，区域经济发展水平与产业集聚发展阶段密切相关。一般来说，经济发展水平较高的区域集聚了创新要素。由此，在科学判断区域经济发展水平和内需市场成熟程度的基础上，有效整合区域创新资源要素，构建区域科技创新体系，增强区域科技创新能力，由外需导向的投资拉动型的外向经济向内外需并重的投资消费兼顾型经济转型，成为高新区高新技术产业发展的重要驱动力。

3. 社会文化环境

科技创新的核心因素是人，而创新型科技人才的成长离不开其生长的社会文化环境。我国传统文化中相对缺乏团队协同文化，缺乏相互欣赏的情感激励和文化认同，缺乏公平正义的文化气节，缺乏竞争择优的市场文化意识，这些都制约着创新型科技园区建设。区域创新文化[①]是建设创新型国家的一项重要任务，创新文化建设要构建鼓励创新的社会文化，培育有利于企业家精神和企业家成长的文化氛围；构建政府服务创新文化，降低政府管理成本；构建中介平台创新文化，培育"兼容并蓄、大胆革新"的创新意识。

4. 制度体制创新

我国加入世界贸易组织以来，发生了多起科学技术领域的跨国知识产权纠纷和纷争，直观表现为我国知识产权保护环境和技术问题，但究其深层次原因，主要在于我国的高新技术企业普遍存在"重生产轻研发、重引进轻消化、重模仿轻创新"等问题。吴敬琏（2002）提出，发展高新技术产业，制度重于技术。历史经验表明，只有在制度安排有利于智力创造的情况下，技术创新和产品升级的活动才会广泛开展。由于我国从计划经济转变为社会主义市场经济，推动技术进步、实现经济发展方式转变的关键在于消除体制性障碍，促进人力资本积累（即人的知识和技能积累），激励技术创新的机制制度化，推动内生性技术进步。具体来说，在科学研究方面，要制定和执行严格的学术规范，实施以科学发现优先权为核心的奖励制度；在技术创新方面，要通过营造良好的市场竞争环境和产权保护体系，确保发明家、技术人员和企业家从技术研发过程中获利。

---

① 区域创新文化是符合区域创新体系的价值观念、思维模式、行为规则、制度体系、精神氛围的总和。

二、高新区与产业集聚区互动发展策略

（一）高新区与产业集聚区错位发展策略

不同阶段高新区和产业集聚区的经济实力、软硬环境都有很大差别，应对各类高新区和产业集聚区进行分类指导，实现高新区与产业集聚区的错位发展。

1. 重视基础设施建设，优化园区投资硬环境

我国很多高新区和产业集聚区与国外技术城和科技城模式相比，还停留在较低的发展阶段，因此，加强基础配套设施建设是园区创新发展的持续重点。其中，推进园区信息化进程是优化园区硬环境的关键。园区要继续加强基础设施建设，改善园区的经济发展环境。同时，要加强基础配套设施建设，提升吸引投资硬环境质量。这就需要集中力量解决产业投资硬环境中的突出问题，加快园区交通运输、邮电通信、信息网络、电网广播电视、水电气等基础设施建设，促进园区与外部环境的联系和资源共享，为国内外人才、技术、资金等经济要素的流入创造良好的氛围。大力推进园区信息化建设进程，不断优化投资硬环境。园区应抓紧以办公业务网、业务咨询网、电子信息资源库等为框架的政府电子信息网建设，将招商引资信息、政策介绍和咨询、行政审批事项与企业的沟通联系等通过网上解决，让企业"最多跑一次"。

2. 培育"亲商、安商、富商、强商"环境，打造园区引资软实力

园区应成立专门的政策研究与督查部门，抓紧出台对投资主体具有竞争力的产业政策、投资政策、土地政策、财税政策和人才政策，强化企业家之间的交流与合作，鼓励技术创新，增强政府与企业的联系与信任，加强区域基础设施建设，注重大学、科研机构的建设等，努力培育区域的软硬环境。要全面推行依法治区，完善外商投资的法律环境，健全外商投资地方性法规体系和涉外经济法规，从法律法规上切实保护中外双方的合法权益，做到依法行政、文明执法、公正执法，严厉打击各类损商、扰商、害商等违法犯罪活动，保护和保障外商投资者的合法权益和投资利益。转变政府职能，提高服务质量。园区应厘清部门职能，以"服务、协调、组织、引导"为宗旨，注重调查研究，及时发现和解决问题。通过实行领导联系制度，了解企业经营情况，协助企业解决生产经营实际问题。切实转变工作作风，全面推行亲商服务，树立"守法规范、透明高效、合作双赢"理念，为投资者提供"优质、高效、低成本、全天候"的服务，改善园区营商环境，真正做到"亲商、安商、富商、强商"。

3. 提升中小型科技企业经济实力，增强园区吸引投资的辐射效应

为提升园区吸引投资的能力，园区应努力提高科技资源利用效率，注重提高科技投入水平，推进园区企业自主技术创新，加速科技成果转化，改善园区中小型科技企业经营状况。首先，提高中小型企业科技投入水平，为园区吸引投资的后续发展储备潜力。其次，积极扶持中小企业（特别是中小型科技企业）发展，分阶段、有步骤地增强吸引投资辐射力。最后，改善中小型企业经营状况，扩大吸引投资的感召力。寻找经营状况良好的典型企业，将其作为园区吸引外来投资的形象代表，以增强投资者的信心。

4. 营造企业生态环境，提高园区吸引投资综合竞争力

营造园区企业生态环境是吸引投资阶梯发展的关键。园区由软环境培育阶段向集聚整合阶段过渡时期，应注重企业生存发展的综合环境和产业链的延伸，在吸引投资过程中不断增强产业配套能力。为外商提供宽松的投资环境，为外商企业建立产品配套生产基地，加速其投资产业本土化，带动更多投资者在园区投资。扶持中小企业发展，通过产业集群发展与土地集约化使用，吸引众多的关联性企业和配套企业集聚园区，延伸产业链条、发展产业簇群，构建良好的企业生态圈。

（二）高新区与产业集聚区发展方式转变策略

创新型经济转型发展背景下，高新区和产业集聚区需要实现"五个转变"，提升集聚效应、创新效应、示范效应、合作效应和创业效应，使之成为区域自主创新高地、科技成果转化示范基地和高新技术新生企业的生态"栖息地"。

1. 以信息技术应用为主导，推进高新技术产业走新型工业化道路

信息技术和信息产业跨越式发展以及信息基础设施建设是快速推进我国高新技术产业发展、培育高新技术产业发展软硬环境的重要基础。由此，要坚持以信息技术应用为主导，用信息技术改造传统制造业，用信息化带动新型工业化向纵深发展。一是要大力引进高新技术，使高新技术企业通过与巨人同行和技术合作，获取来自国外高新技术企业的先进技术和管理经验。二是要高度重视发展具有自主知识产权的信息技术。在消化吸收跨国公司高新技术的基础上，自主创新，积极开发具有自主知识产权的技术和产品，提高高新技术产业的科技附加值。

2. 促进高技术产业与资本市场结合，加速高新技术跨越式发展

高新技术产业与资本市场的结合，不仅是促进高技术产业规模化发展的重要条件，而且是资本市场可持续发展的内在要求。由此，要促进高技术产业与资本市场结合，需要优化风险投资资本的来源结构，发展高科技风险投资，促进科技

与经济的结合，使科技链与产业链之间"天堑变通途"。通过拓宽资金来源，实行投资主体多元化，充分吸纳各方面社会资金。通过努力盘活上市公司的存量资金，推进产业重组，让高技术企业买"壳"上市，实现上市资源的优化配置。加快对传统产业上市公司的技术改造，推进创新成果对接，提高上市公司质量。

3. 鼓励自主创新和技术合作，加速高新技术产业创新"内生化"

鼓励企业自主创新和技术合作，提升园区企业研发活动水平，真正使园区内的企业成为技术创新、研究与开发活动的主体。鼓励自主创新和技术合作，改变研究与开发活动游离于企业之外的"外部化"现象，促进企业技术创新和研发系统的"内生化"格局形成。不论是传统企业技术改造还是新兴产业技术提升，都需要技术资源支撑，技术创新和扩散是获取资源的主要途径。

4. 以主导产业为主，促进产业集聚和高新技术产业结构优化

根据高新技术产业园区自身发展特点和资源禀赋合理选择主导产业，是转变经济增长方式——由外延型规模增长向依靠技术创新和科技进步的内涵型增长的必由之路。这就需要通过产业链条延伸，形成基于比较优势的特色产业化企业集群；以价值链条为基础，建立以市场选择主导产业为主的产业集群发展体系。

（三）高新区与产业集聚区创新型园区建设策略

1. 积极推进园区管理体制和运行机制创新探索

构建经营型园区管理模式，探索"特区+公司"的管理体制，在法律框架下进行用人制度、薪酬制度、管理体制改革探索，进一步发挥高新区的特区优势；进一步下放管理权限并提高服务效率，积极探索市场经济条件下政府服务的新模式；推进高新区管委会管理职能的转变，强化对创新活动的支撑和导向作用，使之成为区域创新发展的发现者、参与者和服务者；探索成立园区经营型管理公司，有效担负起"园区专业化管理、专业化招商，国有资产保值增值，市场服务能力不断提升"的经营化职能。

2. 加大创新型园区建设的投入力度

在依托高新区财政投入的同时，积极争取国家、省、市专项资金和财政税收返还资金支持，并大力引导社会资金投入。设立国家创新型园区建设专项资金，用于高新区创新基础设施建设、创新配套设施建设。设立"产学研"合作发展专项资金、科技型中小企业技术创新专项资金、重大科技成果产业化专项资金、风险投资引导资金和人才专项资金等，支持创新型园区建设。设立企业创业种子资金，用于支持创业期（种子前期、种子期、初创期）中小企业的研发项目，重点

资助企业的贷款贴息、技术研发、科研设备购进、关键技术购买、产业共性平台建设等。

3. 加速实施促进创新合作与服务平台建设

建立高新区"政产学研"联合推进指导委员会,指导和监督高新区创新合作发展资金运行,促进和协调政府与产业合作。促进产业技术联盟的发展,支持鼓励成立各类产业技术联盟。支持改良"产学研"创新战略联盟,完善园区企业与大学、科研机构全面合作和对接工作机制。加速集群公共平台和创新网络建设,发挥其整合资源与集成创新、促进知识溢出与集体学习、增强信任机制与创新文化优势。引导中介服务平台建设,加速科学技术中心、"产学研"系统平台、企业孵化平台、公共技术服务平台、科技投融资平台、人才信息平台、科技中介服务平台和专利产业化平台建设,充分发挥其促进合作、信息交流、整合资源、提高绩效的功能优势。

4. 加速科技创新软环境建设,促进"产学研"深度合作

充分发挥大学和科研机构的植入优势,促进大学和科研机构、产业力量和政府力量的有机结合,引导企业与大学、科研机构开展全方位合作,提升园区创新资源的整合配置能力,打造区域性"产学研"结合基地。引导创新资源向园区集聚,引导重大创新资源向园区集聚。提高园区的知识层次和创新资源富集程度,培育具有影响力的产业(技术)专家或团队,强化园区区域增长极优势。设立高端知识载体引入专项支持计划,支持跨国企业、国际知名大学、国内大学和重点科研机构引进。强化知识载体与人才环境建设,强化园区人才高地对产业发展的拉升作用。

5. 促进中小型科技企业创新发展,打造园区集群创新高地

鼓励完善孵化器制度,为中小型科技企业创新发展提速。加大力度实施知识产权战略,加强企业参与行业标准制定、专利技术和科技成果转化及标准申请工作。支持园区自主创新平台建设,突出产业扶持效果,提升园区企业产品区域竞争力。引导园区企业在主导产业和战略性支撑产业领域进行技术路线图编制工作,支持高新技术产业技术联盟、市场联盟建设,促进园区产业创新发展。设立中介组织资助计划,重点对产业创新驿站、产品研发和新兴产业中介组织提供资助,为园区产业集群发展提供重要支撑。

第五节　高新区与产业集聚区服务平台建设

针对产业集聚区创新创业现有流程存在的流程较分散、服务体系不健全、流

程存在封闭性、生态环境不佳等问题，综合研究构建创新创业综合服务平台，打造创新创业示范集聚区，优化创新创业资源配置可行性，促进创新创业要素流动，提升创新创业服务水平，激发创新创业活力，构建有利于产业集聚区创新创业的生态环境体系。

一、高新区与产业集聚区流程再造控制点

运用大数据、云计算技术，对创新创业公共服务信息平台、企业综合服务中心、创业科技园、中介公司和产业集聚区创业园等社会要素资源，以及发改委、科技局等政府要素资源进行全面的信息整合，利用数据挖掘手段，通过智能监察、智能决策实现对企业在全生命周期过程中所需服务的主动推送。通过云平台融合人才、科技、项目、资金和产业，促进各种资源要素在线上、线下实时匹配对接。

（一）政府流程关键控制点

企业在发展过程中需要政府提供扶持。企业按照规范化的流程在创新创业综合服务平台上运行，根据自身现状提出需求，向政府部门上交所需材料。政府部门审核，根据有关政策标准在规定时间内给出评定结果。企业对政府进行服务评价并运用电子监察等相关系统对政府进行绩效考核和责任追究。

（二）社会流程关键控制点

为充分发挥社会资源的全面性、庞杂性，在创新创业综合服务平台的基础上，运用大数据、云计算实时动态整合民众反馈的社会要素资源，采用鼓励引导、实时奖励等方法，实行利益驱动、回馈民众措施，实现社会要素资源的有效整合。

将社会要素资源集中到创新创业综合服务平台上，需要经过民众发现要素资源、运用信息化手段上传至数据中心、奖励回馈至民众、要素在数据中心进行资源整合、有效信息上传至创新创业综合服务平台、归档等流程，这样才能有效实现社会要素资源的整合。

二、高新区与产业集聚区创新智慧化工程

积极推进产业创新智慧化工程建设，推广包括智慧园区、智慧产业、产业转型升级等智慧行业的应用，发挥智慧金融平台对园区中小企业创新发展的支撑作用，加强信息经济发展对智慧产业空间集聚、产业协同创新发展对区域经济转型和产业升级的引领作用。

（一）智慧园区建设

积极推进智慧科技园区、工业园区、商业园区、金融园区、物流园区等园区建设，实现园区经济可持续发展和产业协同创新目标，通过物联网、互联网等技术，建立以"部门联动、资源聚合、商业运营、公共服务"为准则的园区业务管理和运营平台，提高园区管理效率和产业服务水平。以电子商务、物流产业集聚区为依托，聚集同行企业，组成高效的产业链集群，实现产业链协同运作、产供销无缝对接和"产学研用"动态联动。

（二）园区企业服务云

利用互联网、物联网等技术，为园区内企业提供电子商务、物流贸易、金融服务、管理服务（ERP、CRM）等方便、快捷、低成本的云服务，降低企业创业及运行成本，辅助企业健康成长。通过企业服务云平台，整合园区内外生产性、生活性服务资源，提高企业创新创业能力和产业协同创新水平。

（三）智慧园区综合业务智能管理系统

借助产业集聚区运行管理平台，整合园区安防、管理和服务信息，形成各系统信息交互，实现园区智慧化管理，为园区企业提供安全、便捷、规范的工作环境；为园区管理者提供高效、可靠的综合管理手段，提高园区管理和资源利用效率，增强园区竞争力。

（四）智慧园区综合运营服务系统

以产业集聚区智慧城市公共服务云平台为依托，建设智慧园区综合运营服务系统。为企业提供网上办公、网络会议、网上财务、人力资源管理、客户关系管理及网络传真等智能化服务，优化园区内企业经营管理模式。为园区企业提供全方位的市场和行业信息，丰富线上采购和网络营销等智慧化应用，实现产业链智慧化管理。

（五）智慧园区能耗管理系统

依托智慧环保应用系统，对所有园区企业能耗数据进行实时采集、动态分析和智能管理，为节能减排和企业生产工艺改进提供数据支持。

三、高新区与产业集聚区双创服务支撑平台

消除不利于创新创业发展的各种制度束缚和桎梏，支持各类市场主体开办新企业、开发新产品、开拓新市场，培育新兴产业。完善创新创业相关体制机制，构建普惠性政策扶持体系。采取创建创新创业云平台、整合全要素资源、规范企业全生命周期流程、创建"一站式"窗口等措施，遵循创新创业流程再造的思路，对关键控制点、权责分工进行探索研究，使政府支持创新创业的政务管理和公共服务更加便捷化、高效化、产业化、智能化，最大限度地整合政府行政资源和市场要素资源。

（一）高新区与产业集聚区智慧产业打造

建设和完善产业基地的各类公共技术服务平台，以重点产业基地为依托，以扶持本土品牌企业为核心，有计划地引进一批重点企业，大力发展以软件、数字内容及创意应用等为代表的信息服务业。实施产业技术创新战略联盟培育工程，鼓励企业、科研院所、高等院校研发创新；鼓励以优势互补、资源共享等合作方式结成企业联盟，形成大型企业集团、企业联盟、专业企业协调发展的产业格局，促进智慧产业的集群式、规模化发展。

1. 积极建设云制造服务平台

重点打造云制造服务平台，立足产业集聚区主导产业，实施工业云及工业大数据创新应用试点，建设一批行业工业云平台和大数据平台。以互联网、物联网、云计算、大数据为支撑，积极引导园区主导产业培育特色化、专业化云平台，构建智能协作的产业生态体系。

2. 产业转型升级智慧化改造工程

以"互联网+"为抓手，以主导产业为切入点，以产业链智能化升级和众创空间的建设为落脚点，加快推进工业化与信息化深度融合；采用新技术、新手段促进煤炭、特种玻璃等产业转型升级，把握市场动向，推进工业转型升级。

3. 企业生产线智慧化改造

加强智能传感器、智能控制器等技术在智能制造中的应用，建设智能工厂、数字化车间，实现制造工艺与装备技术升级。在园区主导产业中推广应用智能感应、自适应调整等智能化管理模式。采集产品数据、运营数据、价值链数据和外部数据，实现经营、管理和决策的智能优化，增强产业集聚区制造业的竞争优势。

4. 现代服务业智慧化提升

以促进结构转型升级为导向，突出新需求引领、新技术应用、新领域拓展，大力发展现代物流、金融服务、商务服务等生产性服务业。一是智慧物流。实施现代物流业重点企业培育计划，积极探索"互联网+"物流应用，建立快速便捷的城乡配送物流体系，解决城乡居民配送"最后一公里"问题，打造辐射产业集聚区范围的物流枢纽。二是智慧金融。以物联网信息技术为基础，通过感知化、互联化、智能化的方式，建设智慧金融大数据中心、智慧金融信息管理和服务平台、中小微企业服务平台，全面提升信息技术在金融领域的应用。

（二）高新区与产业集聚区一站式创新创业服务平台

运用云计算、大数据、移动互联等新一代信息技术，通过移动办公、网络问政、政务微信公众号等手段，将线下活动移至线上，打造一个统一受理、综合管理、集中办理、主动服务的"一站式"创新创业服务平台，使办事流程透明化、规范化，并在用户自行获取信息的基础上，实现以信息推送为代表的主动服务模式。

1. 整合全要素创新创业资源

通过数据交换中心直接或间接地获取创新创业要素资源信息，实现对创业服务中心、研发平台、创业载体、融资平台等创新创业服务机构，一票通、科创币等创新创业服务产品，创新创业综合体、大学生科技园、电子商务产业园等创新创业载体和人才、科技、资金和产业等创新创业企业资源的高度整合。

2. 完善线上线下结合办事大厅

建设集企业苗圃期、孵化期、加速期、衰亡期于一体的全周期的网上办事系统，整合企业生命周期中各阶段所需的注册申报、投融资、企业培训、中介服务、技术支持、专家团队等要素资源。完善线下办事大厅，建立以发改委牵头，科技局、工信委、工商局、税务局、人才办协助的一站式窗口等政务服务机构，保障创新创业组织机构、政策法规、科技计划、研发资金、人才项目、高新企业认定等服务的高效性和透明性，规范网上办事流程，为企业和个人提供个性化、定制化的贴身服务。

3. 建立创新创业数据开放平台

建立涵盖科技统计、监察考核、决策支持的创新创业大数据平台。在创新创业云平台的基础上，通过移动互联、数据共享等手段，对创新创业数据信息进行统计，全面了解企业发展的情况，并针对不同的企业进行监察考核，为企业服务提供决策支持。

4. 建立创新创业互动服务系统

建立涵盖信息推送、状态查询、在线参与和互动反馈的动态服务系统。依托创新创业服务平台，根据注册企业的规模、类型、发展阶段等特征判断企业所需要的生产要素，智能、主动地推送创业辅导专家、创业资助、科技奖励等服务。在平台上设置便捷的状态查询模块，方便企业查询项目名称、申报单位、联系人、业务种类、审核状态等；在平台上设置在线访谈、民生实事、意见征求、业务咨询、监督投诉、主任信箱等在线参与和互动反馈模块，实现创新创业信息资源的实时、动态服务。

5. 建立实时的绩效评估系统

借助大数据、云计算等新一代信息技术，建立科技创业统计及定期发布制度，建立健全创新创业绩效评价机制，建立涵盖体制机制创新、服务标准规范、创业人才引进和企业成长培育等内容的立体化评估体系，实现科学、完整、合理、高效的创新创业绩效评估。

四、加强区域高质量发展战略实施与组织领导

"十四五"时期，科技改革任务艰巨，要想实现区域高质量发展目标任务，需要进一步加强组织领导，深化分类指导，加强督查动态考评。

（一）加强组织领导

加强组织领导与分类管理，制定科学合理的发展目标，继续深化体制机制改革，探索"封闭式管理、开放式发展"模式。坚持以新发展理念引领高质量发展，引导社会参与，建立共建、共治、共享的区域治理新格局，推进体制机制创新，加快融入全球创新体系，率先打造创新驱动发展示范区和高质量发展先行区。

1. 提升高新区管理水平

推进"放管服"改革，优化"小机构、大服务"服务体系，赋予充分的财政、土地、政策保障和应有的经济社会管理权限，支持企业、高校、科研院所、中介机构、社会组织参与制定发展规划、政策标准，支持建立学习型组织。

2. 建构智慧化管理系统

以新型智慧城市建设为抓手，加强区域联动，优化部门审批事项业务流程，建立"一网通办"业务协同办理新机制。深化信用信息应用，完善事中事后综合监管，强化"一网通办"的管理支撑，提升区域发展智慧化管理水平。

（二）深化分类指导

抓紧对区域发展进行分类，处理好产业发展的规模性和结构性矛盾，强化区域高质量发展的分类分级指导和精准定向施策。

1. 建立动态管理机制

加强对区域发展的分类指导与组织管理，建立综合考评与动态管理机制。加强对区域发展规划、产业发展和创新资源配置的统筹，加强对区域高质量发展的数据动态监测，编制创新驱动高质量发展导向的指标体系与考评体系。

2. 提升园区发展能效

突出国家自主创新示范区的引领作用，构建区域高质量发展"一区一优势一平台"建设。推动高新区成为创新驱动发展示范区和高质量发展先行区。抓好以创促建，支持有实力的省级高新区创建创新型科技园区、创新型特色园区。

（三）加强督查动态考评

建立创新驱动高质量发展导向考核评价指标体系，突出对高新区科技创新、创业发展、科技中小企业培育、新兴产业培育、绿色集约等方面的考评，加强区域高质量发展指数的数据监测和动态管理。

参 考 文 献

阿尔弗雷德·韦伯，1997. 工业区位论[M]. 李剑刚，陈志人，张英保，译. 北京：商务印书馆.

阿瑟·刘易斯，1989. 二元经济论[M]. 施炜，等译. 北京：北京经济学院出版社.

安虎森，1997. 区域经济非均衡增长与区域空间二元结构的形成[J]. 延边大学社会科学学报（1）：63-67.

安源，钟韵，2013. 研发和知识溢出对城市创新绩效作用的实证研究：基于广东 21 个地级市的空间面板数据分析[J]. 科技进步与对策（1）：54-58.

奥古斯特·勒施，1995. 经济空间秩序：经济财货与地理间的关系[M]. 王守礼，译. 北京：商务印书馆.

蔡德林，2006. 以新制度经济学的视角看政府改革[J]. 行政与法（6）：11-13.

陈鸿彬，王兢，陈娟，2010. 河南中心城市带动能力评价及提高对策[J]. 经济地理，30（4）：591-595.

陈耀，1991. 区域调整：结构改善的空间对策[J]. 中州学刊（2）：15-20.

德内拉·梅多斯，乔根·兰德斯，丹尼斯·梅多，2013. 增长的极限[M]. 李涛，王智勇，译. 北京：机械工业出版社.

邓向荣，李伟，2007. 中国区域创新极化趋势及其特征研究[J]. 科学管理研究（5）：5-9.

邓向荣，周密，李伟，2007. 我国科技创新极化度指数的构造及区域比较[J]. 财经研究（6）：67-76.

段利忠，刘思峰，2003. 技术扩散场技术扩散速度模型的理论研究[J]. 西北农林科技大学学报（社会科学版），3（3）：45-48.

韩伯棠，李强，张彩波，等，2005. 熵权法优属度矢量模型与高新区发展评价[J]. 中国管理科学（3）：144-148.

雷欣，陈继勇，2012. 行业间知识溢出与中国产业发展：基于贝叶斯层级模型的实证研究[J]. 经济评论（2）：54-61.

李仁贵，1990. 区域核心-外围发展理论评介[J]. 经济学动态（9）：63-67.

李小建，苗长虹，1993. 增长极理论分析及选择研究[J]. 地理学报（3）：45-55.

林毅夫，2011. 新结构经济学：重构发展经济学的框架[J]. 经济学（季刊）（1）：1-32.

刘大志，张扬，2012. 区域增长极群生命周期的演进机理[J]. 经济纵横（7）：84-96，93.

刘兆德，姚丽丽，虞孝感，2007. 20 世纪 90 年代以来长江三角洲地区空间极化研究[J]. 地理与地理信息科学，23（6）：82-86.

卢万合，刘继生，2010. 中国十大城市群城市流强度的比较分析[J]. 统计与信息论坛（2）：60-64.

陆大道，1998. 区域发展及其空间结构[M]. 北京：科学出版社.

倪鹏飞，2001. 提升中国城市竞争力的战略选择[J]. 中国城市经济（Z1）：30-33.

牛文元，2002. 可持续发展：21 世纪中国发展战略的必然选择[J]. 天津行政学院学报（1）：56-59.

宋丽思，陈向东，2009. 我国四大城市区域创新空间极化趋势的比较研究[J]. 中国软科学（10）：100-108.

孙平军，修春亮，丁四保，等，2011. 东北地区区域发展的非均衡性与空间极化研究[J]. 地理科学进展（6）：715-723.

王焕祥，2006. 区域创新的复合效率及其增进模式研究[J]. 科研管理（5）：17-22.

王缉慈，1992. 关于企业地理学研究价值的探讨[J]. 经济地理（4）：11-14.

吴敬琏，2002. 发展中国高新技术产业制度重于技术[M]. 北京：中国发展出版社.

吴良镛，等，2013. 京津冀地区城乡空间发展规划研究三期报告[M]. 北京：清华大学出版社.

伍世代，王强，2008. 中国东南沿海区域经济差异及经济增长因素分析[J]. 地理学报（2）：123-134.

叶大年，赫伟，李哲，等，2011. 城市对称分布与中国城市化趋势[M]. 合肥：安徽教育出版社.

叶磊，欧向军，2012. 长三角地区经济极化过程与空间演变分析[J]. 地理科学进展（12）：1668-1677.

赵磊，2013. 浙江省旅游景区空间分布差异化研究[J]. 经济地理（9）：177-183.

甄峰，顾朝林，沈建法，等，2000. 改革开放以来广东省空间极化研究[J]. 地理科学，20（5）：403-410.

周密，盛玉雪，2012. 非均质空间格局下经济极化对技术创新的影响效应研究：基于两阶段线性模型的实证分析 [J]. 南开经济研究（3）：65-78.

周元，王维才，2003. 我国高新区阶段发展的理论框架：兼论高新区"二次创业"的能力评价[J]. 经济地理，23（4）：451-456.

朱美光，2007. 基于区域知识能力的空间知识溢出模型研究[J]. 软科学（2）：1-4.

朱美光，2010. 环渤海和长三角经济带"技术追赶"问题研究[J]. 科学学与科学技术管理（8）：51-53.

朱美光，2014. 高新技术产业开发区创新发展内涵挖掘[J]. 科技进步与对策（20）：47-52.

ANSELIN L, 1990. Spatial Dependence and Spatial Structural Instability in Applied Regression Analysis [J]. Journal of Regional Science, 30:185-207.

ANSELIN L, 2003.Spatial Externalities Spatial Multipliers and Spatial Econometrics [J]. International Regional Science Review, 26:153-166.

ARROW, 1962. The Economic Implications of Learning by Doing[J]. Review of Economics, 29: 155-173.

BARRO R, MANKIW N G, Sala-I-Martin X,1995. Capital Mobility in Neo-classical Models of Growth [J]. American Economic Review, 85(1): 103-115.

BASS F M, 1969. A New Product Growth for Model Consumer Durables [J]. Management Science, 15(5):216-227.

CANIËLS M J, 1996. Regional Differences in Technology: Theory and Empirics [M]. Maastricht: Maastricht Economic Research Institute on Innovation and Technology.

CANIËLS M J, 2000. Knowledge Spillovers and Economic Growth: Regional Growth Differentials Across Europe [M]. Cheltenham: Edward Elgar.

CHRISTALLER W, 1933. Die Zentralen Orte in Suddeutschland [M]. Jena: Gustav Fischer.

ESTEBAN J, RAY D, 1996. On the Measurement of Polarization [J]. Econometrica, 62(2):819-852.

FREEMAN C, 1987. Technology, Policy, and Economic Performance: Lessons from Japan[M]. London: Pinter Publishers.

FRIEDMANN J R, 1966. Regional Development Policy: A Case Study of Venezuela [M]. Cambridge: M.I.T. Press.

HAGERSTRAND T, 1968. Innovation Diffusion as a Spatial Process[M]. Chicago: University of Chicago Press.

HAKEN H, 1983. Synergetics: An Introduction [M]. Berlin: Spring-Verlag.

HAMILTON J, THISSE J F, ZENOU Y, 2000. Wage Competition with Heterogeneous Workers and Firms [J]. Journal of Labor Economics, 18(3):453-472.

KEILBACH M, 2000. Spatial Knowledge Spillovers and the Dynamics of Agglomeration and Regional Growth[D]. New York: Physica-Verlag Heidelberg.

KIRCHERT D, 2001. The Impact of Knowledge Diffusion and Absorptive Capacity on Regional Economic Development in China 1978 to 1998 [R]. CCC's Eighth Annual Colloquium for Doctoral Student Research, ICCE.

KRUGMAN P, 1979. A model of Innovation, Technology Transfer, and the World Distribution of Income [J]. Journal of Political Economy, 87(2): 253-266.

KRUGMAN P R, 1991. Increasing Returns and Economy Geography [J]. Journal of Political Economy, 99:483-499.

LESAGE J P, FISCHER M M, 2010. Estimates of the Impact of Static and Dynamic Knowledge Spillovers on Regional Factor Productivity [J]. International Regional Science Review, 35(1):103-127.

MARSHALL A, 1890. Principles of Economics[M]. London:Macmillan.

MARSHALL A, 1919. Industry and Trade[M]. London:Macmillan.

OHMAE K, 1985. Triad power: The Coming Shape of Global Competition [J]. Journal of Product Innovation Management, 2(4):274-276.

PORTER M E, 1990. The Competitive Advantage of Nations [M]. New York: Free Press.

PORTER M E, 1998. Competitive Advantage of Nations [M]. Boston: Harvard Business School Publishing.

ROGERS E M, 1963. Diffusion of Innovations [J]. Journal of Farm Economics, 5(4):898-899.

ROGERS E M, 1995. Diffusion of Innovations [M]. London:Macmillan Publishers.

ROMER P M, 1990. Endogenous Technological Change [J]. Journal of Political Economy, 98(5):S71-S102.

SPEARMAN C E, 1904. The Proof and Measure-ment of Association between Two Things [J]. American Journal of Psychology, 15: 72-101.

VERSPAGEN B, 1991. A New Empirical Approach to Catching up or Falling Behind[J]. Structural Change and Economic Dynamics, 2(2):359-380.

WANG Y Q, TSUI K Y, 2000. Polarization Orderings and New Classes of Polarization Indices [J]. Journal of Public Economic Theory, 2(3): 349-363.

WEBER A, 1909. Theory of the Location of Industries [M]. Chicago: The University of Chicago Press.

WILLIAMSON J G, 1965. Regional Inequality and the Process of National Development: A Description of the Patterns[J]. Economic Development and Cultural Change, 13(4):3-45.

WOLFSON M C, 1994. When Inequalities Diverge In Papers and Proceedings of the Hundred and Sixth Annual Meeting of the American Economic Association [J]. American Economic Review, 84(2):353-358.

YOGUEL G, NOVICK M, MARIN A, 2002. Production Networks: Linkages, Innovation Processes and Social Management Technologies. A methodological Approach Applied to the Volkswagen Case in Argentina [R]. Electronic papers, Danish Research Unit Industrial Dynamics.

后 记

时光荏苒，国家社会科学基金项目"我国区域增长极的极化与扩散效应研究"（项目编号：09CJL042）已结项，承担的国家自然科学基金项目"基于知识溢出的区域空间结构优化与空间互动发展——以河南省产业集聚区为例"（项目编号：U1304709）研究和两个河南省软科学重点研发与推广专项也已结束，但国家社会科学基金重点项目"众包平台的共生危机纾解与反垄断规制研究"（项目编号：23AGL041）开启了学术研究的新征程。

回首研究过程，有科研团队的跨区域交流和思想的碰撞，也有攻克关键技术难题的焦灼和忧思。经历过风雨之后，方知"路漫漫，其修远兮。吾将上下而求索"科研道路的曲折和艰辛。后续研究要实现"扑下身子、脚踏实地，放下浮华、务求实效"的学术研究转型，为我国区域经济非均衡协调发展，为平台经济和数智管理赋能，为中原经济区建设、中原崛起和振兴河南目标提供理论支撑的道路任重而道远。

在此，感谢国家社会科学基金项目"我国区域增长极的极化与扩散效应"和国家自然科学基金项目"基于知识溢出的区域空间结构优化与空间互动发展——以河南省产业集聚区为例"课题组和河南省软科学重点研发与推广专项课题组所有团队成员。郑州大学丁海欣博士、王亚红副教授、郑鹏副教授、万宇艳副教授、樊瑞莉博士等对区域极化度和扩散度综合评价、产业空间集聚与承接产业转移、区域非均衡协调发展过程中的政府调控与市场调节等内容提供了一定的支持，研究生邢丹凤、晋启迪、牛豆豆、齐有为、李宇航等对文稿进行了校对，在此一并表示感谢。另外，感谢所有为课题研究提供过帮助的专家、学者和各级领导。最后，感谢我的工作单位郑州大学管理学院对本书的出版提供的支持和帮助。

朱美光

2023 年 8 月

于郑州大学盛和苑